L'EXPÉRIENCE DE LA PENSÉE
DANS LA
PHILOSOPHIE DE DESCARTES

DU MÊME AUTEUR

Une démence ordinaire, Paris, PUF, 2009.
Proust, les horreurs de l'amour, Paris, PUF, 2008.
Préjugés et paradoxes, Paris, PUF, 2007.
Descartes et ses fables, Paris, PUF, 2006.
Le livre de Judas, Paris, PUF, 2006.
Traité de la banalité, Paris, PUF, 2005.
Socrate, le sorcier, Paris, PUF, 2004.
Bref traité du désenchantement, Paris, LGF, 2004.
Traité des solitudes, Paris, PUF, 2003.
L'homme disloqué, Paris, PUF, 2001.
Ambiguïtés de la liberté, Paris, PUF, 1999.
Le travail : communion et excommunication, Paris, PUF, 1998.
Études cartésiennes : Dieu, le temps, la liberté, Paris, Vrin, 1996.
Le soufre et le lilas : essai sur l'esthétique de Van Gogh, Paris, Encre
    marine, 1995.
L'Ardent sanglot : cinq études sur l'art, Paris, Encre marine, 1994.
Partie réservée à la correspondance, Paris, Encre marine, 1994.
Ontologie du temps : l'attente et la rupture, Paris, PUF, 1993.
La Jalousie : étude sur l'imaginaire proustien, Arles, Actes Sud, 1993.
Le Désir et le temps, Paris, Vrin, 1992.
Six études sur la volonté et la liberté chez Descartes, Paris, Vrin, 1988.
L'Art ou la feinte passion : essai sur l'expérience esthétique, Paris,
    PUF, 1983.
Aliénation et liberté, Paris, Masson, 1972.

Édition de DESCARTES R., *La Morale : textes choisis*, Paris, Vrin,
    1992.

Sous la direction de N. Grimaldi et J.-L. Marion, *Le* Discours et sa
    méthode *: colloque pour le 350 [e] anniversaire du* Discours de la
    methode, Paris, PUF, 1987.

BIBLIOTHÈQUE D'HISTOIRE DE LA PHILOSOPHIE

Fondateur : Henri GOUHIER   Directeur : Jean-François COURTINE

Nicolas **GRIMALDI**

L'EXPÉRIENCE DE LA PENSÉE
DANS LA
PHILOSOPHIE DE DESCARTES

Second tirage

PARIS

LIBRAIRIE PHILOSOPHIQUE J. VRIN

6 place de la Sorbonne, V e

2010

© *Librairie Philosophique J. VRIN*, 1978
Imprimé en France

ISSN 0249-7980
ISBN 978-2-7116-0334-3

www.vrin.fr

« Nul ne saurait vraiment comprendre un philosophe s'il ne se rend semblable à lui. »

Ferdinand ALQUIÉ,
Signification de la Philosophie, p. 79.

« On doit admettre que le génie du philosophe, découvre, comme malgré lui, des sortes d'essences... »

Ibidem, p. 110.

NOTES BIBLIOGRAPHIQUES

Toutes nos références renvoient à l'édition des *Œuvres de Descartes* par Charles Adam et Paul Tannery, onze volumes in-4°, nouvelle présentation en co-édition avec le Centre National de la Recherche Scientifique, Paris, J. Vrin, 1964-1974. Nous désignons cette édition par les initiales AT, suivies de l'indication du tome (en chiffres romains) et de la page (en chiffres arabes).

Nous avons cependant tenu compte de ce que le public dispose, depuis 1973, de l'admirable édition que Ferdinand Alquié a donnée des *Œuvres philosophiques de Descartes*, trois volumes in-16°, Paris, Garnier, 1963-1973. Nous l'avons désignée par les initiales FA, en mentionnant à la suite le tome et la page.

Comme cette édition de F. Alquié a la commodité d'indiquer dans ses marges, pour tous les ouvrages de Descartes, les références correspondantes dans l'édition Adam et Tannery, c'est à cette dernière que nous renvoyons uniquement, chaque fois que c'est le cas.

Pour les textes écrits par Descartes en latin, nous avons pris le parti de faire suivre leur référence dans l'édition AT, de leur traduction et de leur référence dans l'édition FA.

Quant à l'établissement du texte, à la datation d'une lettre, ou à l'identification de son destinataire, comme l'édition de Ferdinand Alquié a bénéficié de l'incomparable connaissance qu'il a du cartésianisme, c'est toujours elle que nous avons suivie.

Enfin, sauf indication particulière, les textes soulignés l'ont été par nous.

*
**

Les principales études sur Descartes auxquelles nos analyses se réfèrent sont les suivantes :

F. ALQUIÉ, *La Découverte métaphysique de l'Homme chez Descartes*, Presses Universitaires de France, Paris, 1950, 2ᵉ éd. 1966.
— *Descartes*, Hatier-Boivin, Paris, 1956.

H. GOUHIER, *Descartes : Essais sur le Discours de la Méthode, la Métaphysique et la Morale*, J. Vrin, Paris, 1937, 3ᵉ éd. 1973.
— *Les Premières Pensées de Descartes*, J. Vrin, Paris, 1958.
— *La Pensée métaphysique de Descartes*, J. Vrin, Paris, 1962, 2ᵉ éd. 1969.

M. GUEROULT, *Descartes selon l'ordre des raisons*, 2 vol., Aubier, Paris, 1953.
— *Nouvelles réflexions sur la preuve ontologique de Descartes*, J. Vrin, Paris, 1955.

J. LAPORTE, *Le rationalisme de Descartes*, P.U.F., Paris, 1945.

J.-L. MARION, *Sur l'ontologie grise de Descartes*, J. Vrin, Paris, 1975.

G. RODIS-LEWIS, *La Morale de Descartes*, P.U.F., Paris, 1957.
— *L'Œuvre de Descartes*, J. Vrin, Paris, 1971.

AVANT-PROPOS

Au confluent de diverses interrogations sur l'expérience de la pensée, sur la constitution d'une philosophie, sur la genèse d'une doctrine et sur la logique de son développement, cette étude est un essai d'épistémologie philosophique.

Après que tant de remarquables travaux aient été consacrés à la pensée de Descartes, il ne s'agissait pour nous ni d'en exposer la doctrine, ni d'en relater les étapes, encore moins d'en rechercher les sources ou de déceler quelles influences s'y exercent. Nous n'avons considéré le texte ni comme un événement prenant place dans une succession de faits qui en puisse rendre raison, ni comme un objet fini dont on puisse rendre compte par les conditions de sa production : analysant chaque texte intrinsèquement, indépendamment de ce qui le précède ou le suit, ce travail n'emprunte rien à la méthode historique. Sans doute, pour nous comme pour l'historien, le texte est un résultat ; mais alors que le but de l'historien est de rendre raison du texte par ce qui lui est extérieur, le nôtre est de faire rendre raison au texte de ce qui lui est intérieur.

Notre méthode a donc simplement consisté à analyser réflexivement les pensées de Descartes en suivant l'ordre chronologique de leur apparition. Nulle

pensée n'étant isolée mais toujours prise dans un
champ d'attraction des concepts, notre analyse s'est
efforcée de découvrir quelles conditions étaient pos-
tulées par chaque idée et quelles conséquences elle
entraînait. Une pensée étant donnée, à quelles autres
pensées nous engage-t-elle aussi ? Où s'enracine-t-
elle ? Jusqu'où pousse-t-elle ses ramifications ? Jusqu'où exerce-t-elle son pouvoir de régulation ? A ces
questions nous avons tenté de répondre en analysant
la pensée de Descartes et en essayant d'en reconstituer la genèse.

Cherchant à élucider ses postulations, à inventorier ses implications, à caractériser sa structure
génétique, à retrouver les impulsions de son développement, à découvrir cette logique en rhizome qui
en détermine souterrainement les diverses efflores-
cences, nous avons entrepris de refaire pour notre
compte *l'expérience de la pensée* dans la philosophie
de Descartes.

En faisant affleurer les concepts recouverts par le
texte, nous avons dégagé de l'impensé les soubasse-
ments logiques de la pensée manifeste. Découvrant
ainsi les intuitions et les expériences originaires
qui constituent l'armature d'une pensée, l'analyse
réflexive s'est naturellement approfondie comme une
archéologie de la pensée de Descartes.

Toutefois, autant cette méthode était propre à
manifester la continuité d'une pensée puisqu'elle
s'efforçait d'en inventorier le champ logique, autant
elle devait par le fait nous en manifester aussi les
points de rupture. C'est ainsi qu'elle nous a conduits
à découvrir que la pensée de Descartes est constituée selon *trois ordres*.

Un ordre est celui de *la vérité*, découverte réflexivement dans la pureté originaire de l'esprit. Dominé
par le modèle des mathématiques, cet ordre gou-

verne toute la logique cartésienne, le projet d'une *mathesis universalis,* la doctrine de l'intuition, les règles de la méthode, les lois fondamentales de la nature, et toute la métaphysique.

Par pure réflexion, ou par déduction, on ne peut toutefois découvrir ni la nature des éléments, ni la raison de leurs différences, ni le processus de la digestion, ni celui de la respiration, ni la nature du sang, ni comment il circule, ni comment le cœur bat... Pour cela, on ne peut procéder que par cette sorte d'induction technologique qu'est l'analogie. Aussi dans les recherches scientifiques qui l'occupent presque exclusivement à partir de 1630, c'est un tout autre ordre qui gouverne la pensée de Descartes, selon un tout autre souci. Il s'agit non plus d'élucider les conditions fondatrices de notre pensée, mais d'agir utilement sur le monde et de savoir assez comment disposer les causes pour déterminer et maîtriser les effets. Savoir comment les phénomènes sont effectivement produits dans la nature et quelles sont leurs véritables causes, n'est pas ce qui importe alors, mais de découvrir des agencements et des moyens analogues qui suffisent à produire des effets tout semblables. Comme l'effet ainsi produit serait semblable au réel, la science qui ordonne sa production est semblable à la vérité. Autre que celui de la vérité est donc cet *ordre de l'utilité et de la vraisemblance* selon lequel la science développe ses explications et ses analogies.

Découvert en 1637, approfondi en 1645, tout autre encore est *l'ordre de la béatitude.* Uniquement fondé sur l'expérience de notre liberté et de l'infinité de notre volonté, il consiste en effet, hors toute science et toute vérité, sans rien connaître ni posséder du monde, à jouir dès cette vie de la parfaite félicité en découvrant en nous la présence de l'infini.

Vérité, utilité, béatitude : correspondant à des

expériences différentes, satellisant des ensembles de concepts différents, il s'agit bien de trois ordres. Nous avons rapport à la vérité en tant que nous sommes purement un esprit ; nous avons rapport à l'utilité en tant que notre esprit est uni à un corps ; nous sommes capables de béatitude en tant que nous découvrons en nous la ressemblance et la marque de Dieu.

Il arrive cependant que les concepts enracinés dans un ordre s'exercent encore dans un autre ordre, ou que les conséquences de l'un fondent les implications d'un autre. Ainsi, par exemple, les lois fondamentales de la nature qui servent de règles aux explications scientifiques, sont déduites de l'idée innée de Dieu, connue réflexivement par intuition. L'homogénéité de la matière et le mécanisme, impliqués par la méthode, sont des conditions nécessaires à l'exercice de l'analogie. L'ordre de la vérité et celui de la béatitude sont absolument indépendants l'un de l'autre, mais comme c'est l'infinité de Dieu qui crée les vérités et qui fonde la conformité de l'ordre du réel à l'ordre de nos certitudes, c'est elle aussi qui crée l'infinité de notre volonté et notre liberté d'où vient notre béatitude. En un autre sens, comme l'infinité de notre volonté et notre liberté sont les conditions de notre béatitude, elles sont aussi les conditions de notre expérience de la vérité, puisque nous ne pourrions sans elles ni éprouver la déception de notre finitude, ni entreprendre de nous en régénérer, ni douter, ni éviter la précipitation, ni revenir de notre naturelle prévention, ni découvrir jamais aucune évidence.

Selon la doctrine, l'infinité et la simplicité de Dieu unifient et fondent tous les ordres. Mais ce n'est pas l'ordre des raisons et du système que nous avons voulu suivre, car tout autre est l'expérience de la pensée.

CHAPITRE PREMIER

LES PROMESSES D'UN SONGE

Si soucieux qu'on soit « de ne jamais éclairer un texte par un texte chronologiquement postérieur »[1], on ne peut cependant manquer de remarquer, lorsqu'on lit l'œuvre de Descartes dans l'ordre chronologique, la précoce apparition d'idées, de thèmes, de projets, que l'approfondissement de la pensée développera, systématisera, intégrera ultérieurement. S'agit-il de simples matériaux épars, recueillis et remisés, et utilisés ensuite pour l'édification du savoir ? Ou bien la pensée n'est-elle pas plutôt comme un texte constitué, mais secret, caché, ignoré, dont les premières réflexions feraient affleurer certaines harmonies ou certaines armatures dont le développement nous manifestera ensuite l'ampleur et le sens ?

Non pas pour montrer que tout le cartésianisme était implicitement contenu dans les premiers écrits

---

1. Cf. F. Alquié, *La découverte métaphysique de l'homme chez Descartes*, Paris, 1950, p. 10.

de 1618 et de 1619 comme le fruit dans la graine, mais au contraire pour en mesurer tout l'écart, nous voudrions caractériser d'abord sur quelques exemples quelles furent originellement les exigences directrices de la pensée cartésienne et quels cheminements intérieurs étaient déjà tracés dès les premières expressions qu'en manifestent les pièces communiquées par Clerselier et les relations de Baillet [2].

1. *La mécanique des sons.*

Dès l'*Abrégé de la Musique,* que la traduction du P. Poisson assure « fait en 1618, à l'âge de 22 ans » [3], nous trouvons l'application, et par conséquent comme l'implicite prémonition de ce qui sera l'essentiel de la méthode scientifique cartésienne. Remarquant que lorsque deux notes consonnent, « la plus grave est de loin plus forte que l'autre et la contient en quelque sorte ; ainsi qu'on observe sur les cordes de luth où, lorsqu'on pince l'une, celles qui sont plus aiguës d'une octave ou d'une quinte vibrent et résonnent d'elles-mêmes, mais non pas celles qui sont plus graves » [4], Descartes conjoint dans cette observation encore quelque chose d'une physique animiste et déjà l'intuition de sa physique mécaniste. Lorsqu'il rapporte la vibration des cordes des notes plus

---

2. Sur le problème de l'authenticité des textes cartésiens de cette période, publiés par Adam et Tannery sous le titre d'*Opuscules* et de *Cogitationes privatae* (AT, X, 179-204 et 213-218), cf. H. Gouhier, *Les premières pensées de Descartes,* Paris, 1958, p. 11-18.

3. Cf. AT, X, 82.

4. Cf. AT, X, 96-97 : « ex duobus terminis, qui in consonantia requiruntur, illum qui gravior est, longe est potentiorem, atque alium quodammodo in se continere. Ut patet in nervis testudinis, ex quibus dum aliquis pulsatur, qui illo octava vel quinta acutiores sunt, sponte tremunt et resonant ; graviores autem non ita, saltem apparenter ».

aiguës à quelque spontanéité (« *sponte tremunt* »)
il argumente encore comme il faisait en attribuant
la résonance ou le silence des tambours à quelque
« sympathie ou antipathie »[5]. Mais lorsqu'il l'explique
en *réduisant* le grave à l'aigu comme un composé
à ses composants, déjà met-il en œuvre certaines des
intuitions fondamentales de sa pensée. Qu'on se
rende en effet attentif au processus de cette explication et à *l'analogie* sur laquelle elle se fonde. « En
voici, poursuit Descartes, l'explication démontrée : le
son est au son comme la corde à la corde. Or chaque corde contient celles qui sont plus petites
(minores) qu'elle, mais non celles qui sont plus
grandes *(longiores)*. Par conséquent, en quelque son
que ce soit tous les sons plus aigus sont contenus,
mais non les plus graves en un plus aigu. Il devient
clair par là qu'un terme plus aigu peut être obtenu
(inveniendum) par la division d'un plus grave, et que
cette division doit être arithmétique... »[6] On voit
apparaître dans ce texte par quels processus est obtenue l'intelligibilité rationnelle[7] d'un phénomène.

---

5. Cf. AT, X, 90 et FA, 30-31 : « Id tantum videtur vocem humanam nobis gratissimam reddere, quia omnium maxime conformis
est nostris spiritibus. Ita forte etiam amicissimi gratior est, quam
inimici, *ex sympathia et dispathia affectuum* : eadem ratione qua
aiunt ovis pellem tensam in tympano obmutescere, si feriatur,
lupina in alio tympano resonante. » (Il semble que ce qui fait que
la voix de l'homme nous agrée plus que les autres, c'est seulement parce qu'elle est plus conforme à la nature de nos esprits.
C'est aussi peut-être cette sympathie ou antipathie d'humeur et
d'inclination qui fait que la voix d'un ami nous semble plus
agréable que celle d'un ennemi, par la même raison qu'on dit
qu'un tambour couvert d'une peau de brebis ne résonne point et
perd entièrement son son, lorsque l'on frappe sur un autre tambour couvert d'une peau de loup.)

6. Cf. AT, X, 97 ; FA, I, 31.

7. *Ibidem* : « cujus ratio sic demonstratur » (on en rend raison
par cette démonstration).

Elle consiste en premier lieu à *réduire* la hauteur et la diversité des sons à la grandeur des cordes, c'est-à-dire à *réduire* ce qui est simplement audible (les sons) à ce qui est visible et tangible (les cordes). Cette *analogie* (sonus ad sonum *ut* nervus ad nervum) postule que les mêmes rapports régissent tous les divers phénomènes, si bien que la même explication qui vaut pour les uns vaut aussi pour tous les autres. Rien ne se produit autrement pour les sons que pour les cordes, dans l'ordre de l'audition que dans celui de la vue et du toucher. La connaissance des uns suffit à procurer celle des autres. Ainsi le connu administre l'inconnu : l'inconnu est une colonie du connu. L'hétérogénéité physique est réductible à une homogénéité logique.

En deuxième lieu une telle explication *réduit* la pure qualité des sensations à une pure quantité, nombrable et mesurable : la longueur des cordes. Cette quantité est conçue, comme l'étendue géométrique, si homogène qu'un son plus aigu est « contenu » dans un plus grave, comme un segment dans une droite ou comme un nombre dans un autre plus grand. Du même coup pressent-on qu'il n'y a rien de si unique, ni particulier dans la nature qu'il ne soit exprimable par de simples rapports géométriques. Aussi Descartes se flatte-t-il d'ailleurs auprès de Beeckmann de n'avoir rien expliqué dans son Traité de Musique qui ne soit « mathématiquement démontré »[8]. Et déjà pouvons-nous donc comprendre

_____

8. Cf. A Beeckmann, 24 janvier 1619, AT, X, 153 : « si diligenter advertas... invenies omnia quae de consonantiarum, graduum, et dissonantiarum intervallis annotavi, mathematice demonstrari... » (Si vous examinez soigneusement ce point..., vous verrez que tout ce que j'ai noté sur les intervalles des consonances, des degrés et des dissonances est mathématiquement démontré), FA, I, 36.

pourquoi, en 1628, Descartes citera la musique parmi l'astronomie, l'optique et la mécanique, comme des « parties de la mathématique » [9].

En troisième lieu, cette élucidation rationnelle du phénomène ne consiste précisément en rien d'autre qu'une *explication*. En effet elle est un démontage logique qui réduit selon un ordre irréversible le composé en ses éléments comme un nombre en ses unités. Ainsi trouve-t-on l'aigu par division, décomposition, démontage du grave, et inversement le grave par réitération, augmentation, composition de l'aigu. Déjà pouvons-nous donc avoir, par son application implicite à un cas particulier, la prémonition de cette méthode explicative qui résout toute obscurité en réduisant le complexe au simple comme un composé en ses éléments.

Enfin on peut remarquer, en quatrième lieu, la collusion de l'explication scientifique et d'un procédé technique. L'explication nous apprend en effet par quel processus le phénomène est produit. Elle nous le rend intelligible en le déconstruisant ; et en le déconstruisant elle nous apprend à le construire. Ainsi les mêmes moyens qu'elle nous procure pour le penser doivent nous suffir pour le produire. C'est pourquoi Descartes tire de la logique de son explication le moyen technique de produire le phénomène : « De là s'ensuit avec évidence le moyen d'obtenir une note plus aiguë par la division d'une plus grave. » [10] La science n'est un moyen d'expliquer un phénomène qu'autant que l'explication est un moyen de le produire. Apprenant à démonter et remonter,

9. Cf. *Regulae*, IV (AT, X, 377) : « Astronomia etiam, Musica, Optica, Mechanica, aliaeque complures, Mathematicae partes dicantur. » (L'astronomie, la musique, l'optique et bien d'autres sciences, sont dites des parties de la mathématique).

10. Cf. AT, X, 97, lignes 11-12.

décomposer et composer les phénomènes, la science cartésienne apparaît bien, dès 1618, comme une technologie du réel.

*
* *

On trouve également tout au début de cet *Abrégé sur la Musique* une observation psychologique dont la teneur peut paraître banale, mais à laquelle les méditations ultérieures de Descartes sur la liberté, le bonheur et la morale donneront une particulière importance. Il s'agit de cette simple constatation que « les élégies et les tragédies nous plaisent d'autant plus qu'elles excitent en nous plus de peine », en sorte qu'il n'est pas étonnant que les mêmes « chants puissent être en même temps tristes et agréables » [11]. Vingt-six ans plus tard, dans sa correspondance avec la princesse Elisabeth, Descartes se rappellera cette observation. Par deux fois [12] il en tirera argument pour montrer que la plus parfaite joie n'est pas incompatible avec bien des sujets de tristesse, et que cette tristesse même sert d'occasion à l'expérience de cette joie. Sur cette analyse se fondera ce que la morale cartésienne a de plus essentiel et de plus original : la distinction entre le bonheur ou le malheur qui viennent de l'extérieur et que nous éprouvons par rencontre comme les événements des comédies ou des tragédies sur les planches, et la béatitude qui ne vient que de soi comme la joie que nous avons au théâtre alors même que nous y pleurons. Ainsi, cette observation que fait Descartes en 1618 de ce paradoxe du théâtre, où la même chose nous afflige en même temps qu'elle nous plaît, porte

---

11. Cf. AT, X, 89 ; FA, I, 30.
12. Cf. A Elisabeth, 18 mai 1645, AT, IV, 202-203 (FA, III, 566) ; et 6 octobre 1645, AT, IV, 309 (FA, III, 613).

réflexivement en elle la distinction de la passion et de l'action, de la dualité métaphysique de notre nature, et par conséquent la découverte de l'infinité de notre volonté et de notre liberté.

2. La science comme logique appliquée.

Au printemps de 1619, sur le point de s'embarquer pour Dantzig, Descartes prend congé de Beeckmann en lui faisant part de ses dernières découvertes mathématiques et des espérances qu'il en tire. Sa lettre du 26 mars porte ainsi un témoignage du cheminement naturel qui conduira sa pensée de la mathématique à la méthode, et de la méthode à la métaphysique comme à son fondement et à la physique comme à sa conséquence.

A cette époque, les questions qui préoccupent Descartes sont uniquement mathématiques. Il s'agit par exemple de trouver comment « diviser un angle en autant de parties égales qu'on veut »[13], ou comment résoudre les diverses formes d'équations du troisième degré[14]. Or à peine Descartes a-t-il exposé l'objet de sa recherche[15], aussitôt il s'en promet non seulement de plus nombreuses et plus vastes découvertes[16] mais encore une rénovation radicale de la science elle-même[17]. A cela Descartes n'imagine que

13. Cf. A Beeckmann, 26 mars 1619 ; AT, X, 154-155 (FA, I, 36).

14. AT, X, 155 et FA, I, 35-36.

15. « Quae omnia nondum discussi... » ; AT, X, 155 (je n'ai pas encore achevé la discussion de toutes), FA, I, 37 ; « Aliud est quod jam quaero..., si reperero... » (Et déjà je cherche autre chose... si je le trouve...), FA I, 37.

16. AT, X, 155 : « facile... quod in unis repperi ad alia applicabo » (Ce que j'ai trouvé pour les unes, je l'appliquerai facilement à d'autres), (FA, I, 37).

17. *Ibidem*, p. 156 : « scientiam illam plane digeram in ordinem » (Je mettrai entièrement en ordre cette science), FA, I, 37.

deux obstacles possibles : sa paresse naturelle et les traverses de l'existence [18]. Ni la finitude de l'esprit, ni sa nature, ni le statut de l'objet, ni la complexité du réel ne peuvent donc imposer aucune limite à l'entreprise du savoir. Cette attitude mentale optimiste et ambitieuse postule implicitement tout un système épistémologique sans lequel elle n'aurait ni fondement ni sens. Parce qu'il nous semble que les années ultérieures ne feront que poursuivre cette ambition, expliciter ce système, et en caractériser le fondement, il nous paraît utile d'élucider la conception qu'en 1619 Descartes se fait subrepticement de la science.

Ayant trouvé la résolution de différents cas d'équation du troisième degré, Descartes en tire l'assurance qu'il trouvera de la même façon la résolution des autres. « Je n'ai pas encore achevé la discussion de toutes, confie-t-il ; mais, à mon sens, ce que j'ai trouvé pour les unes, *je l'appliquerai* facilement à d'autres. » [19] Cette démarche tout uniment tranquille manifeste déjà implicitement toute une doctrine logique.

1° Elle suppose l'homogénéité du champ logique. Les problèmes sont contigus les uns aux autres. Les essences mathématiques s'ensuivent continûment les unes des autres. Descartes écarte *a priori* la possibilité d'aucun hiatus, d'aucune discontinuité, d'aucune rupture entre les diverses équations, la position des divers problèmes, et les diverses essences mathématiques.

---

18. *Ibidem* : « si desidiam innatam possim vincere, et fata liberam vitam indulgeant » (pourvu que je puisse vaincre ma paresse naturelle et que le destin m'accorde la faveur d'une vie libre), FA, I, 37.

19. AT, X, 155 ; FA, I, 37.

2° Elle suppose du même coup que l'inconnu n'est que le prolongement du connu, une réplique, une duplication, une complication du connu. L'inconnu, c'est du connu *appliqué* sur lui-même, comme dans un édifice on parvient à construire le dernier étage en *appliquant* le premier un certain nombre de fois sur lui-même.

3° Si on peut découvrir l'inconnu par simple *application* du connu c'est que, comme un module, comme un élément transportable et répétable, le connu ne consiste pas tant dans la matérialité singulière de ce qui est connu que dans la forme universalisable par laquelle on le connaît. Ce qui fait qu'une chose est connue ne vient donc pas de cette chose même, mais de la manière par laquelle on la connaît. Des choses indéfiniment diverses peuvent donc être connues de la même façon : il suffit d'appliquer à toutes cette même manière par laquelle on les connaît.

4° Si l'application est « facile » [20], cela suppose que l'élément appliqué est simple. Cela suppose aussi par conséquent, comme une chaîne si longue soit-elle est composée d'anneaux tous simples et identiques les uns aux autres, que la connaissance ne soit qu'un enchaînement d'éléments formels simples, et que les divers objets connus soient tous réductibles aux divers agencements, enchaînements et compositions d'éléments formalisables. Cet élément simple et partout applicable est donc une *cellule logique,* et comme la maille ou la fibre dont tout le tissu de la pensée est constitué. La découverte, l'élucidation, l'explication, la réduction de l'inconnu au connu s'opèrent donc par *une greffe de cellule,* qui transporte dans le corps inconnu l'élément organique fon-

20. *Ibidem.*

damental. Telle est *l'ana-logie* : une récurrence de l'élément logique originaire, une greffe du logos.

5° Apparaît ainsi la conception implicitement, secrètement, mais spontanément technologique que se fait Descartes de la science mathématique. Si l'application du même module logique suffit pour résoudre tous les problèmes, c'est que tous les objets mathématiques ne sont qu'autant de diverses compositions et réplications de ce même module. Ce module logique est l'élément originaire utilisé pour la composition de chaque objet comme pour un montage. Il ne doit dès lors y avoir entre les différents objets d'autre différence que celle de l'ordre et de la complication de leur montage.

Déjà se trouvent donc impliqués dès 1619 les principes logiques qu'expliciteront neuf ans plus tard les *Regulae* [21] et que ramasseront dans le *Discours* les règles de la fameuse méthode. Tout objet mathématique n'étant que le résultat d'autres plus simples composés ensemble, l'ordre même de cette composition étant aussi celui de leur com-plication et de leur production il suffit de suivre le même ordre à l'envers pour avoir découvert celui de leur ex-plication.

Aussi comprend-on l'espoir dès ce moment exprimé par Descartes au sujet de l'algèbre de « mettre complètement en ordre cette science » [22]. Cette mise en ordre (*digestio*) consiste d'abord, comme l'indique l'expression latine, en une *division*, c'est-à-dire une résolution du complexe au simple. Cette division s'opère en suivant *l'arrangement* des parties, qui n'est autre chose que *l'ordre* de leur composition. Apparaît du même coup qu'il n'est rien de si obscur qu'on ne puisse facilement connaître pour peu qu'on

---

21. Cf. p. ex. *Regulae*, IV (AT, X, 372 et 379) ; VI (AT, X, 387).
22. Cf. à Beeckmann, 26 mars 1619, AT, X, 156 et FA, I, 37.

ait déterminé (par division, séparation, analyse) les éléments logiques constituants et l'ordre de leur agencement. Ainsi compris, l'ordre ne sera donc en toutes choses que la transposition analogique des cellules logiques élémentaires [23].

En tant que toute chose est réductible aux éléments simples qui la composent, les éléments simples sont le fondement de l'ordre qui les met en œuvre, comme l'ordre est le fondement de l'analogie qui le transpose. Nature simple, ordre, analogie : telles seront jusqu'en 1637 les catégories de la pensée cartésienne.

3. La chaîne des sciences.

S'exprime aussi, dès cette lettre de 1619, le caractère totalitaire du projet théorique de Descartes : « Pour vous dévoiler simplement l'objet de mon entreprise, je désire donner au public non un *Ars brevis* de Lulle, mais une science aux fondements nouveaux, permettant de résoudre en général toutes les questions que l'on peut proposer en n'importe quel genre de quantité, tant continue que discontinue... » [24] En cette phrase même, à ce moment précis, Descartes prend congé de sa jeunesse dédiée à l'oisiveté des voyages et à la curiosité des rencontres ; et il se voue à ce qui sera sa destinée. Car si longue qu'elle soit toute une vie ne peut être que trop courte pour réaliser un aussi vaste projet. Il

---

23. D'où la fréquente utilisation par Descartes de la formulation *ut... ita...* qui transpose formellement ce qui est vrai d'un domaine dans un autre. Cf. p. ex., dans cette même lettre à Beeckmann (AT, X, 157) : « Ut enim in Arithmetica... ita in quantitate continua... » (De même qu'en arithmétique... de même j'espère démontrer que pour la quantité continue...), FA, I, 38.

24. Cf. AT, X, 156-157 (FA, I, 37-38).

ne s'agit de rien moins en effet que de fonder une
science dont il n'est objet qui ne relève, puisqu'il n'y
a pas un seul phénomène au monde qu'elle ne doive
être capable d'élucider. N'y ayant au monde objet
qui ne soit sensible, rien de sensible qui ne soit
matériel, rien de matériel qui ne soit étendu, une
telle science devrait donc embrasser le monde entier.
Aussi Descartes ne prétend-il pas qu'on en vienne
jamais à bout : « une telle tâche, déclare-t-il, est infinie, et ne peut être l'œuvre d'un seul »[25]. D'ores et
déjà, en même temps qu'il conçoit ce projet, il imagine donc que plusieurs y pourraient concourir et
que sa réalisation pourrait se poursuivre et se développer tout au long des générations : « nec unius »
écrit-il en ce printemps de 1619 ; idée longuement
reprise en 1637 dans la sixième partie du *Discours*[26].
Mais de même qu'en 1637 il ne compte pouvoir être
ni compris, ni aidé, de même en 1619 il ne croit pas
qu'un tel projet puisse être tenu pour raisonnable :
« une telle entreprise, confesse-t-il, est si ambitieuse
qu'elle en est incroyable »[27]. Et s'il l'avoue à Beeckmann (« *tibi nude aperiam quid moliar* »), la
« nudité » de cette sincérité nous semble expliquer
pourquoi, quant à l'ordinaire des rencontres, Descartes s'oblige à « masquer » l'étrange orgueil d'un si
accaparant souci : « *larvatus prodeo* »[28]. Le fameux
« masque » n'est que l'incognito d'un impartageable
souci.

D'ailleurs, pourquoi cette évocation de Raymond
Lulle[29] ? Nous y voyons trois raisons. La première

25. *Ibidem*, **AT**, X, 157 ; **FA**, I, 39.
26. Cf. **AT**, VI, 65-67, 72, 75.
27. Cf. **AT**, X, 157 ; **FA**, I, 39.
28. (Je m'avance masqué) *Praeambula*, **AT**, X, 312 ; **FA**, I, 45,
cf. sur ce thème le commentaire d'H. Gouhier in *Les premières
pensées de Descartes*, p. 67-68 ; et l'explication de G. Rodis-Lewis
in *L'Œuvre de Descartes*, Paris, 1971, p. 37-38.

est qu'après plus de trois siècles l'œuvre de Lulle suscite l'intérêt et connaît une sorte de faveur : on en parle. La seconde est qu'Agrippa en avait publié des *Commentaires,* que possédait Beeckmann, et dont il s'était entretenu avec Descartes. La troisième, s'ensuivant des deux précédentes, est que le projet d'une science capable de « résoudre en général toutes les questions » ne pouvait alors manquer de rappeler par son formalisme et par son extension l'entreprise même de Lulle. Or l'échec en avait été patent. A moins d'un fou, de qui eut-on pu croire alors qu'il la voulût recommencer ? C'est en ce sens aussi qu'un tel projet est « incroyable ». De là encore cette autre raison pour Descartes de « masquer » son ambition, de garder son projet secret jusqu'à en être justifié par les premiers résultats [30], et de ne pas laisser confondre par ses confidents l'œuvre qu'il prépare avec celle de Lulle.

A ce moment, Descartes est certes encore fort éloigné de concevoir cet arbre de la science dont il énumérera les parties à l'abbé Picot dans la fameuse lettre-préface des *Principes,* en 1647. Mais déjà il pressent qu'il y a *un* ordre pour s'élever d'une

29. Sur la connaissance que Descartes pouvait avoir de l'œuvre de R. Lulle, cf. H. Gouhier, *op. cit.,* p. 27 ; cf. aussi A Beeckmann, 29 avril 1619, AT, X, 164-165 (FA, I, 42-43) ; *Discours* II, AT, VI, 17 ; A Mersenne, 25 décembre 1639, AT, II, 629.

30. C'est d'ailleurs pourquoi, lorsqu'en 1637 Descartes rendra pour la première fois publics ses travaux scientifiques, il les présentera seulement comme des applications de sa méthode, des témoignages de son efficacité, des exemples de son universalité. Cf. p. ex. A Mersenne, mars 1636, AT, I, 339 (FA, I, 516) : « il y aura quatre traités, tous français, et le titre en sera : *Le projet d'une Science Universelle, qui puisse élever notre nature à son plus haut degré de perfection. Plus, la Dioptrique, les Météores, et la Géométrie, où les plus curieuses matières que l'auteur ait pu choisir, pour rendre preuve de la Science universelle qu'il propose, sont expliquées...* »

science à une autre comme on va du plus proche au plus lointain et du plus facile au plus complexe, c'est-à-dire du plus simple au plus composé. En effet, c'est dans ses carnets de 1619 qu'il évoque la claire représentation de « la chaîne des sciences » et qu'il en compare la liaison à « la série des nombres » [31]. Or il suffit d'analyser cette métaphore, si souvent utilisée ensuite [32], pour élucider les implications épistémologiques et ontologiques de cet ambitieux projet annoncé par Descartes à Beeckmann.

1° Cette métaphore manifeste très explicitement la rigoureuse continuité de toutes les connaissances. Pour comprendre quelque phénomène que ce soit il suffit d'avoir parcouru comme autant de maillons l'ordre des connaissances qui concourent à son explication. La géométrie serait donc à la fois le témoignage et l'exemple de ce que pourrait être toute science [33] : de même qu'on parvient par le simple enchaînement continu des théorèmes à la démonstration des plus complexes, de même il n'est au monde phénomène si obscur, ni si complexe, que l'enchaînement simple et continu des connaissances ne doive finalement nous conduire à élucider.

---

31. Cf. *Praeambula*, AT, X, 215 (FA, I, 46) : « A celui qui voit complètement la chaîne des sciences, il ne semblera pas plus difficile de le retenir que de retenir la série des nombres. » Cette comparaison de « l'ordre entre toutes les pensées » avec celui « naturellement établi entre les nombres » sera reprise dans la lettre à Mersenne du 20 novembre 1629 (AT, I, 80 ; FA, I, 230).

32. Cf. p. ex. *Regulae* I, AT, X, 361 ; *Discours* I, AT, VI, 8-9.

33. C'est ce que développera Descartes dans la quatrième partie du *Regulae* (AT, X, 373) et qu'il relatera dans la deuxième partie du *Discours* (cf. AT, VI, 19) : « Ces longues chaînes de raisons, toutes simples et faciles, dont les géomètres ont coutume de se servir, m'avaient donné occasion de m'imaginer que toutes les choses qui peuvent tomber sous la connaissance des hommes s'entresuivent en même façon... »

2° Cet enchaînement de toutes les connaissances
et de toutes les sciences entre elles nous suggère
qu'il suffit de suivre assez continûment l'ordre des
maillons entre eux pour qu'il n'y en ait de si éloigné
auquel on ne parvienne infailliblement, si bien que
notre connaissance pourra s'étendre indéfiniment
par *un progrès continu* [34] jusqu'à « atteindre au faîte
de la connaissance humaine » [35]. A cet instant si
décisif du commencement la démarche de Descartes
peut donc être comprise de deux façons : soit régressivement que son ambition d'un savoir totalitaire
postule comme sa condition cet enchaînement des
sciences, soit progressivement que la certitude de
cet enchaînement ait pour conséquence d'ouvrir à
son espérance de savoir une carrière infinie. Quoi
qu'il en soit, du moins voyons-nous déjà poindre
dans cette idée d'un enchaînement de toutes les
sciences le thème si caractéristique et si constant
chez Descartes d'un savoir infini [36] qu'il se donne
pour tâche de fonder.

34. Cf. *Regulae*, IV, AT, X, 372 : « gradatim semper augendo
scientiam » (en accroissant son savoir par un progrès continu),
FA, I, 91.
35. Cf. *Regulae*, II, AT, X, 364 : « ad cognitionis humanae fasti-
gium ascendamus » (atteindre au faîte de la connaissance humaine), FA, I, 82.
36. Déjà signalé, ce thème apparaît maintes fois dans les *Regulae*
(cf. aussi *Regulae*, VIII, AT, X, 393). Le 13 novembre 1629, Descartes confie à Mersenne l'étendue de son projet, si vaste qu'il
n'est rien qu'il ne prétende maîtriser : « au lieu d'expliquer un
phénomène seulement, je me suis résolu d'expliquer tous les phénomènes de la nature » (AT, I, 70). Cette résolution, il l'annonçait d'ailleurs au chapitre VII de son *Traité du Monde*, en pro-
mettant « des démonstrations *a priori* de tout ce qui peut être
produit dans ce nouveau monde » (cf. AT, XI, 47) ; et il la fon-
dait, dans la lettre à Mersenne du 15 avril 1630, sur la création
des vérités éternelles et l'innéité des axiomes, d'où résultait qu'il
n'y a dans la nature « aucune (loi) en particulier que nous ne
puissions comprendre si notre esprit se porte à la considérer ».

3° La certitude d'un tel enchaînement entre les sciences, l'assurance d'une telle continuité entre les phénomènes, autant qu'elles ouvrent à notre opiniâtreté et à notre vigilance un progrès infini [37] des

(Cf. AT, I, 145). C'est ce même thème qui sera indéfiniment repris, et dès le début du *Discours* par l'assurance « d'augmenter par degrés notre connaissance et l'élever peu à peu au plus haut point » (cf. AT, VI, 3), et à la fin de la cinquième *Méditation* par la certitude « d'acquérir une science parfaite touchant une infinité de choses » (cf. AT, IX-1, 56), et encore en 1647 en persuadant le lecteur « qu'il n'est pas besoin de chercher d'autres principes que ceux qu'(il) a donnés pour parvenir à toutes les plus hautes connaissances dont l'esprit humain soit capable » (AT, IX-2, 11), et « qu'on pourra, en les cultivant, ...acquérir avec le temps une parfaite connaissance de toute la philosophie et monter au plus haut degré de la sagesse ». (Cf. lettre-préface aux *Principes*, AT, IX-2, 18).

37. S'agissant d'exposer la doctrine cartésienne, rien certes ne devrait être dit *infini* que Dieu même. Comme la suite des nombres, l'enchaînement des idées et le progrès de nos connaissances ne devraient alors jamais être conçus que comme *indéfinis*. Est infini en effet, selon Descartes, cela seul dont *nous voyons* qu'il ne peut avoir aucune fin ; et indéfini, à l'inverse, ce dont *nous ne voyons pas* qu'il ait une fin. A cet égard, l'infini est une notion positive exprimant la perfection de l'être connu ; tandis que l'indéfini est une notion négative manifestant plutôt l'imperfection de notre connaissance. (Sur cette distinction, cf. *Premières Réponses*, AT, IX-1, 89 ; *Principes*, I, 26-27 ; A Morus, 5 février 1649, § 4, AT, V, 274 ; FA, III, 882 ; Entretien avec Burman, AT, V, 167). Dans ce livre, toutefois, parce que nous nous efforçons d'élucider l'expérience de la pensée et non pas de présenter un ordre du système, notre langage ne tiendra pas compte de cette distinction. Trois raisons conspirent d'ailleurs à nous en détourner. La première est que Descartes n'est amené que tardivement à faire cette distinction, après avoir pris connaissance des objections de Caterus : loin d'être spontanée dans la pensée de Descartes, cette distinction n'est donc qu'une réaction à une réaction. La deuxième raison est que le langage même de Descartes, avant 1641, ne répugne nullement à constater que « je suis sujet à une infinité d'erreurs » ou que « je me trouve exposé à une infinité de manquements » (cf. *Méditation quatrième*, AT, IX-1, 43), qu'il y a « peut-être une infinité de choses dans le monde, dont je n'ai aucune idée en mon entendement » (*ibidem*, AT, IX-1, 45), et que la connaissance que nous avons de la perfection et de la

connaissances, nous font comprendre deux sentiments proprement cartésiens. Le premier est un
dépit irrité contre la vaine gloire des savants et des
philosophes dont toute l'ingéniosité s'est dépensée à
maquiller leurs opinions en vrai-semblances [38], faute
de s'être jamais obligés à suivre avec rigueur cet
ordre même selon lequel s'enchaînent toutes les
connaissances [39], si bien qu'au bout du compte,
après que tant de générations et de talents se soient
évertués, il n'est rien dont on ne dispute encore [40] :
en tant de sciences qu'on ait prétendu exceller, la
science n'a pas encore commencé. Suscité par cette
déception [41], le deuxième sentiment de Descartes,
outre celui de sa solitude, est la tenace et orgueil-
leuse opiniâtreté d'un pionnier. Jusqu'alors on n'a
encore fait que se divertir dans les sciences ; il

véracité divines nous donne « le moyen d'acquérir une science
parfaite touchant une infinité de choses ». (cf. *Méditation cinquième*, AT, IX-1, 56). La troisième raison est plus philosophique.
Nous accordons, en effet, une particulière importance à ce passage d'une lettre du 25 décembre 1639 (AT, II, 628 ; FA, II, 153)
où Descartes confie à Mersenne que « le désir que chacun a
d'avoir toutes les perfections qu'il peut concevoir, et par conséquent toutes celles que nous croyons être en Dieu, vient de ce
que Dieu nous a donné une volonté qui n'a point de bornes. Et
c'est principalement à cause de cette volonté infinie qui est en
nous qu'on peut dire qu'il nous a créés à son image ». Descartes
nous donne à comprendre ici qu'une volonté infinie est volonté
de l'infini. Or, nous tenterons de montrer que l'entreprise scientifique de Descartes correspond, *dans le premier moment de sa
pensée*, à l'espérance d'accomplir l'infinité de sa volonté en
obtenant une infinité de connaissances par lesquelles il viendrait
à pouvoir dominer une infinité de choses.

38. Cf. p. ex. *Regulae*, III, AT, X, 366-367 ; *Discours* I, AT,
VI, 8-9.

39. Cf. *Regulae*, III, AT, X, 367-368.

40. Cf. *Regulae*, II, AT, X, 363 ; *Discours* I, AT, VI, 8.

41. Cf. p. ex. *Discours* I, AT, VI, 5 : « il n'y avait aucune doctrine dans le monde qui fût telle qu'on m'avait fait auparavant
espérer ».

s'agit maintenant de s'y appliquer enfin sérieusement. C'est ainsi qu'en 1637, évoquant les expériences et les sentiments de sa jeunesse, il se rappellera qu'ayant regardé « d'un œil de philosophe les
diverses actions et entreprises de tous les hommes »
il n'en avait trouvé « quasi aucune » qui ne lui eût
semblé « vaine et inutile »[42]. Elles étaient « vaines »
étant éphémères et tout de simulation. Elles étaient
« inutiles » étant inefficaces, toujours contestées,
ébranlées, ravalées, et sans cesse remises sur le
chantier. Parce que rien ne commence que ce qui
continue, cette science jamais continuée n'a jamais
commencé. En découvrant la science comme enchaînement Descartes découvre la science comme continuité et par conséquent le fondement de la science.
C'est pourquoi l'entreprise qu'il se prépare à mener
lui paraît la seule sérieuse[43]. Il le dira encore, vingt-
deux ans plus tard, au début de la *Première Méditation* : « il me fallait entreprendre sérieusement...
si je voulais établir quelque chose de ferme et de
constant dans les sciences »[44]. « Ferme », c'est ce qui
ne peut être ébranlé ; « constant », ce qui ne peut
changer : inébranlables, infrangibles, incontestables,
irréfragables, indubitables, voici enfin la certitude
et la vérité, — éternelles. Mais la condition de cette
certitude et de cette vérité dans les sciences, c'est
précisément cet enchaînement de toutes les connaissances et de toutes les sciences entre elles, pressenti
dès 1619.

4° Mais comme « la série des nombres » n'est possible que parce qu'il y a un premier nombre qui est

42. *Ibidem*, p. 3.
43. *Ibidem* : « si, entre les occupations des hommes purement
hommes, il y en a quelqu'une qui soit solidement bonne et importante, j'ose croire que c'est celle que j'ai choisie ».
44. Cf. AT, IX-1, 13.

l'unité, de même « la chaîne des sciences » n'est possible que s'il y a un premier maillon, c'est-à-dire
une connaissance première et originaire dont toutes
les autres s'ensuivent sans qu'elle soit précédée par
aucune. A nulle connaissance certaine on ne peut
donc parvenir si on ne part du premier maillon.
Rien ne peut commencer que par ce commencement.

Cette idée sera explicitée en 1628, lorsque Descartes nommera « absolues » [45] ces connaissances
dont toutes autres dépendent sans qu'elles dépendent d'aucune, et qui ne peuvent être qu'innées [46].

5° Toute entreprise scientifique sérieuse [47] devra
donc rechercher d'abord cette première connaissance
originaire à laquelle toutes les autres s'enchaînent.
En effet, quoi qu'on prétende savoir, on n'en a pas
de véritable science tant qu'on ne connaît pas
exhaustivement la série des enchaînements qui y
conduisent [48]. Par conséquent *la première démarche
doit être régressive,* afin de pouvoir ensuite progresser rigoureusement d'anneau en anneau à partir du
premier chaînon et « commencer » ainsi « tout de
nouveau dès les fondements » [49]. Cette exigence de
méthode requise par l'image même d'une « chaîne
des sciences », sera exprimée dans les *Regulae* [50],

---

45. Cf. *Regulae*, VI, AT, X, 381-382 ; sur ce thème cf. aussi la
lettre supposée de Descartes à Mersenne en 1639 (AT, II, 651-652),
malgré les réserves que F. Alquié élève sur son authenticité dans
son édition des *Œuvres* (t. II, p. 154).

46. Cf. *Regulae*, XII, AT, X, 419.

47. *Ibidem*, VIII, AT, X, 395 : « qui serio student... » (tous ceux
qui s'appliquent sérieusement) ; *Première Méditation*, AT, IX-1, 13 :
« il me fallait entreprendre sérieusement... »

48. Cette idée affleurera et sera explicitée dans la troisième des
Regulae, AT, X, 369-370.

49. Cf. *Première Méditation*, AT, IX-1, 13.

50. Cf. *Regulae*, V et VI, AT, X, 379-382 ; et VIII, AT, X, 395 :
« nihil prius cognosci posse quam intellectum, cum ab hoc caete-

reprise dans la deuxième partie du *Discours*[51], mise en œuvre dans sa quatrième partie[52] puis dans les deux premières *Méditations*[53].

6° Si toutes les connaissances s'enchaînent on comprend que toute science ne vaut que ce que valent ses maillons, et que le souci qu'on a de l'une n'est pas séparable de celui qu'on doit avoir de la force des autres. Aussi verrons-nous Descartes n'avoir plus pressante exigence que de définir, caractériser et expertiser la force de ces chaînons. Ainsi découvrira-t-il en 1628 que tous les anneaux de la chaîne sont comme le premier[54], dont l'infrangible résistance consiste dans l'évidence de l'intuition[55]. Il affinera cette investigation en découvrant en 1637 la clarté et la distinction comme les caractères de cette infrangibilité[56]. Enfin, s'interrogeant non plus sur le métal de l'évidence mais sur la résistance de l'enchaînement, il découvrira en 1641 la perfection de Dieu garante de la validité de cet enchaînement[57].

7° Impliquée par cette métaphore d'une « chaîne des sciences », postulée par l'idée d'une connaissance

---

rorum omnium cognitio dependeat, et non contra... » (on ne peut rien connaître antérieurement à l'entendement, puisque c'est de lui que dépend la connaissance de tout le reste, et non l'inverse), FA, I, 118.

51. Cf. *Discours* II, AT, VI, 18.

52. *Ibidem*, AT, VI, 31-32.

53. Cf. aussi *Principes* I, 7.

54. C'est ce qu'il explique en montrant que la chaîne des connaissances s'allonge de déduction en déduction, mais que toute déduction est réductible à une intuition. Cf. *Regulae*, III, AT, X, 369 ; cf. aussi XI, AT, X, 407-408 : « simplicem vero deductionem... fieri per intuitum », « ...illam per intuitum videri... » (la déduction simple d'une chose à partir d'une autre se fait intuitivement... elle se voit par intuition), FA, I, 130, 131.

55. Cf. *Regulae*, III, AT, X, 368-369 ; XII, AT, X, 425.

56. Cf. *Discours* IV, AT, VI, 33.

57. Cf. *Méditation cinquième*, AT, IX-1, 54-56.

absolue et originaire d'où toutes les autres s'ensuivent, par celle de leur continuité et de leur progrès indéfini, se trouve la notion d'*ordre*. En effet, de même que « la série des nombres » n'est possible que par l'irréversibilité de l'ordre par lequel on ne cesse de s'élever à des nombres de plus en plus grands à partir de l'unité, de même si on peut indéfiniment poursuivre « la série des connaissances » [58] c'est à condition de suivre l'ordre irréversible selon lequel elles s'enchaînent et se composent entre elles comme les nombres entre eux. C'est pourquoi, autant la première préoccupation de Descartes sera celle de la méthode, autant cette méthode elle-même ne consistera qu'à suivre l'ordre [59] d'enchaînement des connaissances entre elles.

8° Si toutes les sciences s'enchaînent, s'il y a donc entre elles une parfaite continuité logique, il faut bien aussi qu'il n'y ait entre leurs divers objets nulle rupture, nul hiatus, nulle irréductible particularité. Leur continuité logique postule *l'homogénéité* ontologique de leurs objets. De même par conséquent que dans l'*Abrégé de la Musique*, la hauteur et la diversité des sons était réductible à la grandeur des cordes, de même qu'en 1628 Descartes assimilera « l'astronomie, la musique, l'optique, la mécanique,

---

58. Cf. *Regulae*, VI, AT, X, 383.

59. « Toute la méthode consiste dans une mise en ordre » annonce en effet la cinquième des *Regulae* (AT, X, 379). Dans la dixième, la méthode est définie comme n'étant « le plus souvent que l'observation scrupuleuse d'un ordre » (« non alia... quam ordinis... constans observatio » (AT, X, 404). Dans la quatorzième, Descartes assure que « cette méthode n'apprend guère autre chose qu'à découvrir l'ordre ». (AT, X, 451 et aussi 452). Enfin, dans la deuxième partie, le *Discours* promet la découverte de toutes les connaissances « pourvu seulement... qu'on garde toujours l'ordre qu'il faut pour les déduire » (AT, VI, 19) ; et rappelle que ce que la méthode enseigne, c'est à « suivre le vrai ordre » (AT, VI, 21).

et beaucoup d'autres sciences » à des « parties de la mathématique » en tant que l'ordre et la mesure suffisent à en rendre raison [60], de même les phénomènes de la vie ne seront pas expliqués autrement en 1633, ni les passions en 1649 [61]. Ainsi, comme il n'est pas de nombre, si grand soit-il, dont on ne rende raison par l'unité, il n'est pas de phénomène, si complexe soit-il, dont on ne puisse rendre raison par les premières intuitions de la grandeur, de la figure, et du mouvement.

9° Enfin, comme tous les maillons d'une chaîne sont semblables entre eux, comme la série des nombres progresse indéfiniment par l'addition toujours semblable de l'unité au dernier nombre obtenu, c'est de façon toujours semblable que s'enchaînent entre elles les diverses connaissances. *De même* que la première s'enchaîne à la seconde, *de même* la seconde s'enchaîne à la troisième, et cela indéfiniment. La raison selon laquelle toutes choses s'enchaînent est indéfiniment répétée : chaque relation d'un maillon à celui qui le précède ou qui le suit est *analogique* de tous les enchaînements. *L'analogie* est ce maillon épistémique qui assure la continuité de toutes les connaissances entre elles et garantit l'enchaînement de l'inconnu au connu. Impliquée dans cette métaphore de 1619, elle sera évoquée en 1628 comme procédé méthodologique [62], et constituera dès 1633 la structure logique de toute la physique cartésienne.

---

60. Cf. *Regulae*, IV, AT, X, 377-378.

61. Cf. Réponse du 14 août 1649 à la deuxième lettre servant d'avertissement aux *Passions de l'Ame* (AT, XI, 326, FA, III, 949) : « mon dessein n'a pas été d'expliquer les passions en orateur, ni même en philosophe moral, mais seulement en physicien ».

62. Le fondement de l'analogie consiste en ce que tous les phénomènes s'enchaînent entre eux de la même façon. Le même procédé d'explication se reproduisant et se répétant indéfiniment, il s'agit d'une logique en écho. Dans l'édition que F. Alquié a

4. Petite technologie de la simulation.

Hors les recherches logiques qu'il entreprendra sur les conditions d'une science régénérée jusqu'en ses fondements et dont, malgré leur inachèvement, les *Regulae* seront le résultat, sa correspondance nous montre que Descartes n'aura d'autre souci jusqu'en 1633 que de compléter ses explications du *Monde* et d'achever son traité de *L'Homme*. A ce moment, si on excepte ce qu'il y ajoutera dans *Les Météores*, sa physique sera quasiment achevée. La *Dioptrique* de 1637 et les trois derniers livres des *Principes* ne feront guère qu'en reprendre et en systématiser l'exposé.

Mais de ce que furent les premiers essais de Descartes comme physicien [63], nous ne savons que peu de choses [64]. Certaines observations qu'il consigne en 1619 ou 1620 dans ses *Experimenta* [65] sont des témoignages d'autant plus précieux de ses intérêts et des objets qu'il recueillait pour sa réflexion. En toutes ces remarques il ne s'agit que de divers procédés pour produire des illusions. Or rien qu'une analyse de ces quelques textes [66], apparemment si

donnée des œuvres de Descartes, M. J. Brunschwig traduit donc fort subtilement par *analogie* (cf. t. I, p. 117 et 167) ce progrès des connaissances « per imitationem » ou « ex similitudine » qu'évoquent la huitième et la quatorzième des *Regulae* (cf. AT, X, 395 et 438).

63. Cf. A Beeckmann, 26 mars 1619, AT, X, 159 : « de Mechanicis nostris mitte quid sentias... » (dites-moi ce que vous pensez des mécaniques), FA, I, 41 ; 23 avril 1619, AT, X, 162 : « Si alicubi immorer... statim tibi polliceor me Mechanicas... » (si je m'arrête quelque part, je vous promets d'entreprendre aussitôt de mettre en ordre la mécanique), FA, I, 41.

64. Cf. H. Gouhier, *Les premières pensées de Descartes*, p. 25.

65. Cf. *Cogitationes privatae*, AT, X, 215-216 (FA, I, 48-49).

66. « On peut faire en un jardin des ombres qui représentent diverses figures, telles que des arbres et les autres :

anodins, suffit à faire affleurer certains thèmes que
rendra essentiels le développement de la pensée cartésienne.

1° Il est d'abord remarquable que ces diverses
observations commencent toutes par la constatation
d'un pouvoir technique : « on peut faire... » La découverte que fait ici Descartes est celle de la technique
non comme transmutation ou comme prolifération
de la réalité mais comme *simulation* de la réalité.
Les « diverses figures » que le monde présente, la
technique peut en effet les « représenter ».

2° En tous ces exemples, l'objet présent (ombres,
palissades, rayons lumineux) est tout autre que l'objet représenté (arbres, figures, chariots de feu...) et
néanmoins produit en nous une image équivalente.
Une chose est ainsi représentée par une autre ; nous
prenons l'une pour l'autre : il s'agit ici *d'une technologie du quiproquo*. Or telle est la fameuse définition scolastique du signe : *aliquid stat pro aliquo*.
Tous ces divers procédés nous donnent donc à penser que notre représentation n'est peut-être pas tant
produite par des objets auxquels elle soit semblable
que par des objets agissant sur elle à la manière de
signes. C'est ce que dira Descartes dans le premier
chapitre de son *Monde* [67].

» *Item*, tailler des palissades, de sorte que de certaine perspective elles représentent certaines figures :
» *Item*, dans une chambre, faire que les rayons du soleil, passant
par certaines ouvertures, représentent divers chiffres ou figures :
» *Item*, faire paraître, dans une chambre, des langues de feu,
des chariots de feu et autres figures en l'air ; le tout par de certains miroirs qui rassemblent les rayons en ces points-là :
» *Item*, on peut faire que le soleil, reluisant dans une chambre,
semble toujours venir du même côté, ou bien qu'il semble aller
de l'Occident à l'Orient, le tout par miroirs paraboliques... »

67. Cf. AT, XI, 4.

3° Puisque la technique peut produire la représentation qu'il y a des arbres là même où il n'y a que des ombres, ou que le soleil va d'Occident en Orient, il est possible que nous nous représentions de tout autres choses qu'en réalité et peut-être même quelque chose alors qu'il n'y a rien. La technique est donc capable de produire ce que produisent les songes : une équivoque ontologique. En expérimentant ses pouvoirs, nous faisons l'expérience du peu de réalité de notre représentation.

4° Ces prestiges de la technique font naître en outre le soupçon de ce que, si quelque artifice peut abuser quelques-unes de nos représentations, toutes nos représentations aussi bien pourraient être abusées par quelque génie artificieux. Quel dieu ne pourrait à l'infini ce que peut un jardinier ?

5° Puisque des objets aussi dissemblables que des ombres ou des arbres, des palissades ou des animaux, peuvent produire des représentations semblables au point qu'elles les confondent, nous venons à comprendre d'une part qu'il n' y a pas de connivence ou d'affinité originaires entre notre représentation et les choses, et d'autre part que nos représentations sont produites non par la présence même des objets extérieurs mais par quelque mécanisme en nous sur lequel ils agissent.

6° Ce pouvoir qu'a en outre la technique de produire des phénomènes semblables aux plus extraordinaires prodiges laisse présumer que ces prodiges eux-mêmes sont produits par des causes tout aussi géométriques et naturelles que celles que décrivent ici les expériences d'optique. Du même coup c'est la nature tout entière qui est laïcisée, et Descartes s'en trouve préparé à penser, comme il l'écrira en 1629, « qu'il y a une partie des mathématiques » qu'on peut nommer « la science des miracles » [68]. D'une telle science Descartes donnera d'ailleurs un exemple, en 1637, à la fin des *Météores*, se souvenant « d'une invention pour faire paraître des signes dans le ciel, qui pourraient causer grande admiration à ceux qui en ignoreraient les raisons » [69].

7° Enfin, dès qu'à ces diverses observations Descartes aura ajouté de nombreuses autres semblables [70], il ne pourra qu'être enclin à voir dans les pouvoirs de la technique une exacte réplique des pouvoirs de la nature. La technique alors expliquera la nature en enseignant par quels procédés construire des phénomènes semblables à ceux qu'elle produit. En ce sens, comme la technique est une simulation de la réalité, la science sera une simulation de la vérité. La science n'expliquera donc que ce que la technique serait capable de produire : non pas le monde, ni la réalité, ni l'être moins encore, rien qu'un monde conforme à notre représentation.

5. *Le songe de novembre.*

Vint un songe. Descartes y aperçut un dictionnaire et un recueil poétique. Tout continuant à dormir, « il jugea que le dictionnaire ne voulait dire autre chose que toutes les sciences ramassées ensemble et que le recueil des poésies marquait en particulier, et d'une manière distincte, la philosophie et la

68. Cf. Lettre à un destinataire inconnu, septembre 1629, AT, I, 21 (FA, I, 221). Dès qu'existe « une science des miracles », il n'y a plus qu'un seul miracle : c'est que la science existe. Descartes développera d'ailleurs cette intuition dans ses lettres à Mersenne de 1630.

69. Cf. *Les Météores*, discours huitième, AT, VI, 343.

70. Cf. p. ex. dans les *Regulae*, XIII, AT, X, 164-165 ; dans le Traité de *l'Homme*, AT, XI, 130-131.

sagesse jointes ensemble » [71], et finalement se persuada « que c'était l'Esprit de Vérité qui avait voulu lui ouvrir les trésors de toutes les sciences par ce songe » [72]. Ni que Descartes ait rêvé, ni ce qu'il a rêvé n'importent à la formation ni à la compréhension de sa philosophie. Mais il est certes bien remarquable qu'un tel rêve soit immédiatement interprété de la sorte. En l'occurrence, on oserait presque dire que l'interprétation a précédé le rêve, comme il arrive que les réponses précèdent les questions. Nous avons vu en effet Descartes pressentir que toutes les sciences puissent être « ramassées ensemble » comme tous les anneaux d'une chaîne, si bien que tenant l'une il suffirait de tirer pour attraper toutes les autres. L'idée d'une « chaîne des sciences » le lui suggérait ; ses premières découvertes mathématiques semblaient le lui annoncer ; un rêve le lui confirme. La lettre à Beeckmann du 26 mars 1619 avait révélé « l'incroyable ambition » que résistaient seulement à réaliser son « oisiveté ordinaire » [73] et sa « paresse naturelle » [74] : ce rêve lève toute résistance ; l'Esprit de Vérité s'est manifesté [75] ; il n'y a plus qu'à obéir.

Ce rêve montrait encore « la philosophie et la sagesse jointes ensemble ». Il répudiait donc ces besognes séparées, ces quêtes en tous sens, ces entreprises hétéroclites enseignées sous ces noms dans les collèges. Il promettait qu'il n'y aurait de certitude théorique qui n'eût sa sanction pratique, que la connaissance de la vérité procurerait le discerne-

71. Cf. *Olympica*, AT, X, 184.
72. *Ibidem*, p. 185. Sur les interprétations de ce songe du 10 novembre 1619, cf. H. Gouhier, *op. cit.* p. 51-58.
73. Cf. A Beeckmann, 24 janvier 1619, AT, X, 151, (FA, I, 35).
74. Cf. A Beeckmann, 26 mars 1619, AT, X, 156, (FA, I, 37).
75. Cf. aussi *Olympica*, AT, X, 186 : « La foudre dont il entendit l'éclat, était le signal de l'Esprit de Vérité qui descendait sur lui pour le posséder. » (FA, I, 59).

ment et le succès dans l'action, enfin qu'il suffirait de bien juger pour bien faire.

« *Quod vitae sectabor iter ?* » [76] se récitait Descartes en son rêve. Mais en ce rêve même voici la vie déjà choisie et le chemin tracé : c'est celui qui conduit des premières connaissances au « trésor de toutes les sciences », infailliblement.

Il ne restait plus qu'à commencer.

6. *Les Olympiques.*

Le projet de Descartes ainsi caractérisé dès 1619, on peut être tenté d'en éclairer certaines de ces notes disparates qu'il avait rassemblées dans ses *Olympica* [77]. Outre celui fort obscur du symbolisme [78] entre les choses naturelles et les surnaturelles, quatre thèmes indispensables à sa pensée s'y exercent en effet : celui de l'analogie, celui du mécanisme, celui de l'admiration, et celui de la simplicité originaire.

Lorsque Descartes y assure que « l'homme ne connaît les choses naturelles que par analogie (*similitudo*) avec celles qui tombent sous le sens » et lorsqu'il estime avoir « philosophé avec le plus de vérité celui qui a pu, avec plus de succès (*felicius*), assimiler (*assimilare*) les choses cherchées à celles qui sont connues par le sens » [79], il postule l'homogénéité de la nature qui garantit que tout se passe ailleurs comme ici, dans ce que nous ne percevons pas comme en ce que nous percevons, et dans ce

76. *Ibidem*, p. 183 et 184 (FA, I, 55 et 56).

77. Sur certaines de leurs interprétations possibles, cf. H. Gouhier, *op. cit.*, p. 79-103.

78. Cf. *Cogitationes privatae*, AT, X, 217, I. 12-16 (FA, I, 61) ; p. 218, I. 8-18 (FA, I, 62-63).

79. *Ibidem*, AT, X, 218-219.

que nous ignorons comme en ce que nous connaissons. Il postule donc *a priori* que rien dans la nature ne peut jamais être radicalement nouveau, et que toute science n'est que l'empire de la banalité. Cette réductibilité infinie en droit du lointain au prochain, du moins connu au plus connu, du complexe au simple, postule par conséquent que tout dans la nature est réductible à la matière, et que tout dans la matière est réductible à l'étendue : mais ainsi c'est toute finalité et tout hasard, tout jeu, toute puissance et toute vie qui sont *a priori* interdits. De la sorte Descartes postule aussi que tout s'accomplit partout de la même façon, si bien que l'inconnu s'enchaîne au connu aussi uniformément que toutes les choses connues s'enchaînent comme les plus usuelles : l'effervescence de la chaux ou la fermentation du foin expliquent la digestion [80] ; le lait qui bout explique la dilatation du cœur [81] ; le cœur bat comme bat une porte [82] ; l'usage que nous avons d'une fronde explique aussi bien les tourbillons des petits corps célestes [83], la pesanteur [84], ou comment notre œil est atteint par la lumière [85]. L'explication de la chose la plus simple est l'explication de toutes. Dans l'ensemble de son œuvre scientifique, Descartes ne pensera ni ne procédera autrement.

L'analogie comme *assimilation* logique (« *similitudo* », « *assimilare* ») postule donc que tout soit ontologiquement *semblable* dans la nature, mais aussi que tout s'y produise et par conséquent s'y

---

80. Cf. *L'Homme*, AT, XI, 121.
81. *Ibidem*, p. 123.
82. *Ibidem*, p. 124.
83. Cf. *Principes*, III, 60.
84. Cf. *A Mersenne*, 27 août 1639, AT, II, 573 (FA, I, 137).
85. *Ibidem*, AT, II, 572-573.

explique de *semblable* façon. Comme dans la nutrition l'assimilation consiste à transformer un corps étranger en corps propre, à réduire l'autre au même, de même l'analogie fait de la science une boulimie logique ramenant tout ce que nous ignorons dans la nature à ce que nous savons faire, c'est-à-dire tout ce qui est indépendant de nous à ce qui en dépend. L'analogie met ainsi la nature à la merci de la science, et la science à la mesure de la technique.

Ainsi réduite par la science à n'être qu'une immense machinerie réductible à la banalité d'instruments familiers, la nature selon Descartes ne permet le surgissement d'aucun prodige ni le bouleversement d'aucune novation. Cette assimilation logique qu'est l'analogie y rend tout uniformément semblable. L'inconnu n'y est que le sursis du déjà connu. A l'infini, la chaîne des phénomènes n'y est jamais composée que des mêmes anneaux. Ni surprise donc, ni admiration jamais possibles [86] : tout y est semblablement déductible, explicable, démontrable et démontable. Rien n'étant admirable ni merveilleux que l'imprévisible et l'inexplicable, mais tout dans la nature pouvant être expliqué et prévu, l'admiration ne peut trouver à s'exercer que pour ce qui n'est pas naturel et que nous pouvons donc nommer métaphysique. Que la nature existe ; qu'elle soit fondée sur ces lois originaires dont tout dépend mais qui ne dépendent que de Dieu ; que tout y soit explicable et déductible à partir des premiers principes qui ne se peuvent déduire de rien et que Dieu seul a donc pu mettre en nous ; que dans ce monde où tout est mécanique, réductible et prévisible, existe,

---

86. Sur ce thème, on ne peut que renvoyer aux analyses de F. Alquié dans *La découverte métaphysique de l'homme chez Descartes*, ch. II, particulièrement p. 41-42 et 51-53.

irréductible et imprévisible, la liberté de l'homme ;
que pour racheter l'homme de l'usage failli de cette
liberté Dieu se soit incarné dans son Fils, voilà les
admirables prodiges, les effarantes merveilles. Or
c'est dès 1620 que Descartes les assigne à son admiration : « Le Seigneur a fait trois merveilles (*tria
mirabilia*) : les choses de rien, le libre-arbitre, et
l'Homme-Dieu. »[87] Uniques, insolubles, irréductibles,
inimitables et inassimilables, hors toute analogie :
merveilles !

Mais, autant la nature cessait d'être admirable en
s'expliquant toute par analogies, autant cette « assimilation » de toute réalité naturelle aux choses
« connues par les sens » devait conduire *a priori*
Descartes à répudier que la vie eût aucune réalité
propre, et par conséquent, dès 1620, à ne tenir les
animaux que pour des automates, comme autant de
machines. Et en effet une note des *Olympica* nous
révèle que Descartes était déjà sur le chemin de
cette pensée. « Certaines actions des animaux sont
si parfaites, remarque-t-elle, qu'elles nous font soupçonner qu'ils n'ont pas de libre arbitre. »[88] On peut
rapporter cette observation à quelque réflexion sur
le libre arbitre[89]. Il ne nous semble pas moins juste
de la rapporter à quelque réflexion sur les animaux.
Sur le libre arbitre, elle rappellerait simplement qu'il
est une puissance de se déterminer indépendamment
de tout, même du meilleur. Par rapport à l'enseignement des jésuites de La Flèche et à la réflexion des
théologiens, il ne s'agirait alors, sous une forme
piquante, que d'une banalité : la dignité de l'homme
est que la perfection ne lui soit pas donnée ; c'est à
lui de se donner à elle, pour la mériter. Mais pour-

87. Cf. *Olympica*, AT, X, 218 (FA, I, 63).
88. Cf. AT, X, 219 (FA, I, 63).
89. Cf. H. Gouhier, *op. cit.* p. 84.

quoi cette référence aux animaux, s'agissant d'une idée si commune dans la pensée chrétienne ? Plutôt que pour montrer que les hommes ne sont pas des animaux, il nous semble que ce soit tout à l'envers pour montrer que les animaux ne sont pas comme les hommes. Pour Aristote, les hommes sont des animaux *plus* le raisonnement. Au contraire, remarque Descartes, ce sont les animaux qui ont *en plus* la perfection, mais parce qu'ils ont *en moins* le libre arbitre, c'est-à-dire la volonté, c'est-à-dire la spontanéité de la pensée. Leurs démarches ne sont si souvent infaillibles que parce qu'ils sont *faits pour* elles comme le rouet pour filer ou les horloges pour sonner les heures[90]. Rien n'est donc en eux parfait qu'autant que nécessaire, rien n'est nécessaire qu'autant que déductible, et rien n'est déductible dans l'étendue qu'autant que géométrique : géométriquement constitués, les animaux sont des machines.

Enfin, pour assimiler l'inconnu au connu il faut qu'il y ait d'abord quelque chose de connu avant toute assimilation, et par conséquent une connaissance immédiate originaire. Si toutes les connaissances, comme nous l'avons vu, doivent s'ensuivre ainsi qu'en une chaîne, encore faut-il qu'il y ait un

90. Cette idée sera d'ailleurs explicitée dans le *Discours*, 5ᵉ partie, AT, VI, 58-59 : «C'est aussi une chose fort remarquable que, bien qu'il y ait plusieurs animaux qui témoignent plus d'industrie que nous en quelques unes de leurs actions, on voit toutefois que les mêmes n'en témoignent point du tout en beaucoup d'autres : de façon que ce qu'ils font mieux que nous ne prouve pas qu'ils ont de l'esprit, car à ce compte ils en auraient plus qu'aucun de nous et feraient mieux en toute chose ; mais plutôt qu'ils n'en ont point, et que c'est la nature qui agit en eux, selon la disposition de leurs organes : ainsi qu'on voit qu'une horloge, qui n'est composée que de roues et de ressorts, peut compter les heures, et mesurer le temps, plus justement que nous avec toute notre prudence. »

premier maillon qui ne soit précédé d'aucun autre.
Tels sont les premiers principes, qui ne peuvent être
qu'innés, et auxquels doivent correspondre un petit
nombre de lois fondamentales dans la nature. A soutenir l'idée de premiers principes innés conspire cette
note par laquelle Descartes emprunte aux Stoïciens
l'image de certaines « semences de science qui
seraient en nous »[91]. Il fera usage de cette métaphore
aussi bien dans les *Regulae*[92] et dans le *Discours*[93]
qu'en 1647 dans la traduction française des *Principes*[94]. La métaphore est en soi fort instructive. Elle
nous donne en effet à penser que les idées innées
n'ont qu'à se développer pour que *toutes* les connaissances s'ensuivent, ainsi qu'il suffit à la graine de
germer pour que se développe l'arbre et qu'en
tombent les fruits. En ce sens, la métaphore des
semences de vérité serait solidaire et de l'idée de
l'unité des sciences nettement affirmée dès 1628, et
et de cette autre métaphore de l'arbre de la science
à laquelle recourt Descartes en 1647 : originairement
issue des idées et des axiomes innés toute connaissance serait donc obtenue analytiquement, déductivement[95]. Toutefois il est également vrai que la

91. Cf. *Olympica* AT, X, 217, (FA, I, 61) : « sunt in nobis semina
scientiae... » ; cf. sur cette réminiscence stoïcienne les éclaircissements apportés par H. Gouhier, *op. cit.* p. 93-94, et par G. Rodis-
Lewis, *op. cit.* p. 457-458, note 10.
92. Cf. *Regulae*, IV, AT, X, 373 et 376.
93. Cf. *Discours* VI, AT, VI, 64.
94. Cf. *Principes*, II, 3.
95. Cet idéal d'une science pure, fondée sur la seule expérience
des idées parcourra toute l'œuvre de Descartes, depuis le projet
d'une *mathesis universalis* exposé dans la quatrième des *Regulae*
(AT, X, 374) jusqu'à la fin de la *Cinquième Méditation* qui garantit
l'acquisition « d'une science parfaite touchant une infinité de
choses », même celles « qui appartiennent à la nature corporelle,
en tant qu'elle peut servir d'objet aux démonstrations des géomètres, lesquels n'ont point d'égard à son existence » (cf. AT,

graine tire sa nourriture des sucs de la terre qu'elle
assimile pour se développer ; de même notre connaissance croîtrait en *assimilant* les phénomènes que
l'expérience nous fait observer[96], c'est-à-dire en les
réduisant à la structure logique originaire des premiers principes : telle est l'analogie.

A cette réduction de toute connaissance à quelques
premiers principes innés semble se rapporter aussi
cette note de Descartes selon laquelle « les maximes
des sages peuvent être ramenées à un très petit
nombre de règles générales »[97]. On peut certes voir
là une première intuition de cette sagesse que la
morale formée par provision prétendra obtenir par la
conformité à trois règles seulement[98]. Toutefois, ce
texte suivant immédiatement celui sur « les semences
de science » que « les philosophes font affleurer par la
raison et que les poètes font éclore par leur imagination », la *sapientia* dont il s'agit nous paraît signifier autant la connaissance du fondement que la
possession du bonheur[99]. D'ailleurs, le fameux songe
du 11 novembre 1619 n'avait-il pas révélé à Descartes
qu'il fallait joindre ensemble la philosophie et la
sagesse ? C'est pourquoi ce « très petit nombre de
règles générales » auxquelles se résument « les

IX, 56). Il s'agit donc bien d'une science infinie, purement déduc-
tive, et où les existences ne peuvent être que conformes aux
essences. Sur ce thème, cf. aussi A Mersenne 15 avril 1630 (AT,
I, 145) (FA, I, 260) ; *Le Monde*, ch. VII (AT, XI, 47) ; *Discours* V
(AT, VI, 41) ; *Discours* VI (AT, VI, 63) ; A Mersenne, 1er mars 1638
(AT, II, 31) ; 9 février 1639 (AT, II, 497) ; 11 mars 1640 (AT, III, 39).

96. Sur le nécessaire recours à l'expérience cf. *Regulae*, XII
(AT, X, 427) ; *Discours* II, fin (AT, VI, 22) ; *Discours* VI (AT, VI,
64-65) ; *Principes*, III, 46.

97. Cf. AT, X, 217 (FA, I, 62).

98. Cf. J. Sirven, *Les années d'apprentissage de Descartes*, Paris,
1928, p. 256.

99. Nous rejoignons donc là-dessus l'avis de H. Gouhier in
op. cit. p. 82.

maximes des sages » nous paraît désigner le « très petit nombre » d'axiomes ou de premiers principes innés qui suffisent à révéler les quelques lois fondamentales de la nature et dont il n'est connaissances ni règles de conduite qu'on ne déduise.

A ce « très petit nombre de règles » dans la connaissance doit en outre correspondre un très petit nombre de lois dans la nature. A la simplicité des voies dans la connaissance doit correspondre la simplicité des voies dans la création. Aussi Descartes note-t-il à la suite qu'« il n'y a dans les choses qu'une seule force active » [100]. Amour, charité, harmonie n'en sont, comme autant de figures, que diverses expressions. L'amour réalise entre deux esprits ce que la charité obtient entre tous, et qui est *analogiquement* cette même unité et correspondance que l'harmonie maintient entre toutes choses dans la création.

Si infiniment diverses soient les choses, un même principe les fonde et les explique. Comprendre les choses : découvrir le principe.

*
* *

Épars, disparates, tantôt annonçant elliptiquement quelques découvertes mathématiques ou le secret d'extraordinaires projets, tantôt expliquant quelques phénomènes physiques, tantôt relevant quelque expérience, tantôt consignant quelque enseignement de méthode, tantôt notant quelque maxime convenant à ses pensées, tantôt relatant un rêve, ces textes fragmentaires écrits entre 1618 et 1620 nous sont pourtant apparus à l'analyse supportés par une

---

100. Cf. *Olympica* AT, X, 218 (FA, I, 62) : « Una est in rebus activa vis, amor, charitas, harmonia. » (Il y a dans les choses une force active unique : l'amour, la charité, l'harmonie).

rigoureuse cohérence. Implicitement, postulativement, sourdement mais nécessairement, chacun requérait comme son fondement des notions qui, dans l'œuvre de Descartes, ne recevront qu'ultérieurement leur statut explicite, leur sens, et leur fonction. Ce que nous avons vu, c'est Descartes d'ores et déjà penser comme seul pourrait faire un cartésien.

D'où vient cette sourde mais profonde congruence entre les premières pensées de Descartes et le système cartésien ? Alors que Descartes n'a pas même encore commencé son entreprise philosophique, d'où vient que presque chaque intérêt qu'il exprime, presque chaque remarque qu'il fait pourraient prendre place dans son système qui n'existe pas encore ? Devons-nous penser qu'une commune démarche unit ces textes à ceux qui les suivront ? Mais ceux-là résultent tous d'un ordre et d'une méthode qui, s'ils sont pressentis, du moins en 1620 ne sont pas même découverts. S'agit-il alors de certaines intuitions originaires ici démembrées, éparpillées, isolées, et qu'ultérieurement l'œuvre unifiera en les développant ? C'est bien ce que l'analyse de ces fragments nous a semblé manifester. Nous y avons en effet rencontré non seulement des notations, des expériences dont Descartes fera ensuite usage, mais aussi un thème aussi important que celui de l'analogie, des notions aussi caractéristiques que l'enchaînement des sciences ou la technologie du vrai, des postulations aussi fondamentales que celles des idées innées, de l'homogénéité de la matière, du mécanisme, ou de la corrélation de la pensée et de l'étendue.

Or comment l'œuvre à venir va-t-elle unifier cette charpie épistémique ? En quel sens pouvons-nous dire que c'est en développant ces intuitions qu'elle les unifiera ? Ce développement ne doit pas être entendu de façon conséquente comme celui de la monade leibnizienne qui accomplit les prédicats implicités dans sa notion, mais plutôt de façon antécédente comme l'explicitation des principes qui fondent une notion et la rendent possible. C'est en effet *en analysant* les postulations de chaque notion ou de chaque remarque que nous avons déchiffré, comme en transparence dans leur trame logique, certaines figures essentielles du cartésianisme. Tout se passe donc comme si les premières pensées d'un philosophe s'imposaient à lui comme des faits attestant par leur propre existence l'existence même de leurs conditions. Sa philosophie ne consisterait ensuite qu'à inventorier et systématiser les conditions des pensées qui s'imposèrent à lui les premières.

A ce moment de 1620, pour la grande entreprise qu'il médite, ne manquent à Descartes ni les témoignages qu'il reçoit des mathématiques, ni les confirmations qu'il tire de son optique, ni la confiance dans l'enchaînement continu de toutes les connaissances, ni même les signes surnaturels de sa mission : il ne lui reste qu'à forger son instrument. Anneaux, enchaînements, ancrage, ordre des maillons : la méthode fournira tout cela.

CHAPITRE II

LE PROJET CARTÉSIEN

Ce qui rend l'entreprise cartésienne philosophiquement exemplaire, c'est la claire définition des buts qu'elle poursuit. Pourquoi Descartes philosophe-t-il ? Qu'attend-il de la philosophie ? Qu'est-ce que philosopher ? A chaque moment il nous en instruit ; et nous ne saurions comprendre ni sa démarche, ni ses résultats, si nous n'avons élucidé ce qu'il vise. Certes nul lecteur de Descartes ne peut manquer de remarquer quelle histoire d'un esprit s'éploie et se débat en cette œuvre [1], non parce que lui-même a pris soin de nous la retracer [2], mais parce qu'à mesure les thèmes d'abord privilégiés deviennent moins essentiels et plus fondamentaux ceux d'abord négligés. Obsédant en 1630 le thème de l'analogie a disparu en

---

1. A ce sujet, on ne peut que se référer aux analyses de F. Alquié, in *La découverte métaphysique de l'Homme chez Descartes*, Paris, 1950, et particulièrement au chapitre VII, p. 134-158.
2. Sur ce récit « historiquement vrai sans être véritablement historique », cf. H. Gouhier, *Essais sur le Discours de la méthode, la métaphysique et la morale*, 3ᵉ éd., Paris, 1973, p. 30-33, 50-54, 283-286 ; cf. aussi F. Alquié, *op. cit.*, p. 18-19.

1641. La méthode dont le souci est si accaparant en 1628 et en 1637 cesse alors même d'occuper Descartes. L'expérience de la liberté si essentielle à partir de 1641, celle de la béatitude caractérisée en 1645, la notion de générosité définie seulement en 1649, ne sont que sourdement quoique profondément présentes dans le *Discours*. L'infinité de la volonté dont Descartes ne parle jamais avant la Noël de 1639 est pourtant le ressort de l'entreprise tout entière dès son commencement. Découvert en 1637 comme la première vérité, le Cogito révélera en 1641 plus originairement encore la hantise de l'infini qui le fonde[3]. Caractérisé dès 1628 le statut de la déduction ne sera cependant fondé en vérité que par la bonté de Dieu, qui n'intervient pas avant les *Méditations*. Mais cette vie de la pensée, privilégiant, délaissant, approfondissant, retrouvant, transformant ses éléments, nous paraît tout un avec sa continuité. Loin de la menacer, son histoire approfondit et renforce sa cohérence. Il est d'ailleurs bien remarquable que les trois expositions que donne Descartes de sa doctrine (dans le *Discours*, les *Méditations* et les *Principes*) sont autant d'itinéraires, mais dont chacun suit pour l'essentiel le même chemin qu'avait fait le précédent. D'ailleurs lorsqu'il s'agira de physique, en 1647 comme en 1643, le deuxième livre des *Principes* ne fera généralement que reprendre les argumentations de 1633 dans le *Monde*, ou de 1637 dans *La Dioptrique* et *Les Météores*. Concernant la physiologie, plus d'un article du *Traité des Passions* se borne à rendre publiques des explications données seize ans auparavant en écrivant *L'Homme*. Quant à la morale, lorsque Descartes en entretiendra la princesse Elisabeth en 1645, il ne

---

3. Cette différence a été tout particulièrement relevée et analysée par F. Alquié, *op. cit.*, p. 146-147 et 150-153.

croira pas devoir rien ajouter à ce que le *Discours* avait enseigné en 1637. Sans doute, à mesure qu'avance et s'approfondit son entreprise, nous voyons affleurer de nouveaux thèmes, apparaître de nouvelles argumentations, mais rien n'est pour autant abandonné. Plus radicalement il nous semble même, le plus souvent, que chaque nouvelle idée était requise par les plus anciennes, au point que bien des thèmes tardivement explicités paraissent déjà postulés dans le *Discours*, et parfois dès les *Regulae*. En ce sens les œuvres ultérieures n'éclairent celles qui précèdent qu'autant que l'analyse de celles-ci manifeste avec nécessité l'exigence de celles-là.

Comme l'examen des premiers textes nous l'a fait pressentir, une rigoureuse cohérence porte l'œuvre tout entière à partir du projet initial qui la définit. Mais cette cohérence est elle-même portée par une intuition strictement logique qui s'impose à Descartes, et par une intuition et une expérience proprement métaphysiques par rapport auxquelles toute autre pensée et toute autre expérience prennent sens. Cette intuition logique est celle de la *mathesis universalis*, d'où s'ensuivent les deux thèmes que jusqu'en 1637 Descartes se consacrera à explorer : la méthode comme découverte de l'ordre, et l'analogie comme principe d'explication.

L'intuition métaphysique qui accompagne toute la pensée de Descartes à partir de 1630 est celle de *la création des vérités éternelles*. Quant à l'expérience métaphysique fondamentale de Descartes, c'est celle de *l'infinité de notre volonté*, c'est-à-dire de ce qui à la fois nous unit à l'infini et nous en fait éprouver notre séparation.

A partir de ces trois données immédiates de la pensée cartésienne, quelque affinité originaire des concepts entre eux, leur solidarité interne, une attraction logique, suffisent à conduire le développement de la doctrine. C'est ce que nous voudrions tenter de montrer, simplement en élucidant cette attraction naturelle des concepts entre eux.

On comprend dès lors que nous nous refusions à tirer argument de l'émergence historique d'un concept dans tel texte précisément daté pour refuser de reconnaître sa présence et sa vitalité logiques dans tel autre texte antérieur qui l'implique sourdement. C'est pourquoi, afin d'élucider le sens de l'entreprise cartésienne, nous ne croirons pas devoir examiner les textes dans l'ordre strictement chronologique de leur composition. Ne font pas autrement d'ailleurs tous ces commentateurs qui n'hésitent pas à trouver dans ce qu'écrit Descartes en 1637 des éclaircissements sur ce qu'il pensait vers 1614 en quittant le collège de La Flèche.

Autre chose, pensons-nous au demeurant, est de reconstituer l'aventure singulière d'un esprit, autre chose d'élucider sa pensée. Car tel est peut-être l'un des principaux enseignements que l'œuvre de Descartes nous livre à son insu : notre pensée précède nos pensées.

1. *Une déception.*

L'entreprise proprement cartésienne commence avec l'expérience d'une déception. Or la description qu'en donne Descartes nous importe grandement, car elle nous permet de caractériser *a contrario* le sens de son projet et ce qu'il attend de la philosophie.

Lorsqu'il la relate, en 1637, elle est si globale que rien n'en semble pouvoir réchapper. Où qu'on se tourne, quoi qu'on considère, tout est précaire, et branlant, et postiche, et dérisoire : « Regardant d'un œil de philosophe les diverses actions et entreprises de tous les hommes, il n'y en (a) quasi aucune qui ne me semble vaine et inutile. »[4] Peut-être tenons-nous en cette confidence un des secrets du retranchement de Descartes. Nous pouvons en effet penser que son exil volontaire eut pour but de maintenir ce regard de philosophe qu'il portait sur l'existence, mais qui n'est possible qu'à condition de n'être engagé ni dans les actions communes, ni dans les ordinaires entreprises dont les hommes recherchent d'autant moins le sens et la validité qu'ils se laissent d'autant plus captiver en y livrant leur vie. Quoiqu'il n'y ait là qu'apparences, faux-semblants, masques et grimages, comme le plus sûr moyen de ne se laisser prendre au jeu est encore de ne pas jouer, et comme pour n'être pas abusé par l'illusion comique le plus sûr est encore de n'aller pas au théâtre, soucieux de ne jouer ni personnage ni rôle Descartes s'en va[5]. Il s'éloigne, pour se maintenir en cet éloignement qu'est la philosophie. Pour s'entretenir en cette lucide rupture, il rompt. Ce qu'il fuit en s'exilant, c'est donc cet ordinaire divertissement et cette accoutumance par lesquels nous venons à ne plus même remarquer la futilité de nos occupations ni éprouver l'inanité de notre vie[6]. Si peu complaisant à nos usages, à nos ambitions, à nos jeux et à nos simagrées, ce « regard de philosophe » exprime donc certaines exigences originaires de la pensée cartésienne.

Il manifeste d'abord une infaillible vigilance méta-

---

4. Cf. *Discours*, première partie, AT, VI, 3.
5. N'est-ce pas quelque illusion comique qui nous fait juger la réalité par l'apparence, l'homme par son habit, et trouver par exemple « fort extravagantes » des coutumes « qui ne laissent pas d'être communément reçues et approuvées par d'autres grands grands peuples » ? (cf. *Discours*, première partie, AT, VI, 10).
6. Bien loin donc que Descartes soit « le philosophe au masque », c'est précisément par refus de porter aucun masque et de ne sauver aucune apparence qu'il se détermine à l'exil.

physique, une inflexible méfiance[7] à ne pas aven-
turer son existence en la pacotille d'intérêts incer-
tains. Or, cette vigilance et cette méfiance postulent :

1° Que nous sommes comptables de notre vie, et
qu'il ne dépend que de nous de la sauver ou de la
perdre. Le premier postulat est donc celui de notre
liberté[8] ;

2° Que cette liberté s'exerce dans le pouvoir de
juger, de refuser ou de s'engager, c'est-à-dire dans
notre volonté[9] ;

3° Que nous pouvons en effet « regarder d'un œil
de philosophe les diverses actions et entreprises »,
c'est-à-dire les *voir* telles qu'elles sont en réalité. Le
troisième postulat est donc celui de *la lumière naturelle* qui éclaire notre jugement et nous laisse voir
toutes choses en vérité[10] ;

---

7. Cf. *Discours*, I, AT, VI, 3 : « Je penche toujours du côté de
la défiance. » S'attachant à caractériser la structure mentale de
Descartes, F. Alquié commence d'ailleurs son premier chapitre en
reconnaissant la méfiance comme armature de la pensée cartésienne : « Descartes craignit toujours d'être trompé. » Cf. *op. cit.*
p. 17.

8. Cette notion n'apparaîtra explicitement pour la première fois
qu'en 1640, dans une lettre à Regius du 24 mai. Cf. AT, III, 65
(FA, II, 245).

9. La distinction entre la faculté de concevoir et la faculté de
juger est faite par Descartes dès 1628. Cf. *Regulae* I, AT, X, 361
et XII, AT, X, 420.

10. La lumière naturelle est caractérisée, dès la première des
Regulae (AT, X, 361) comme la condition d'un choix éclairé, et par
conséquent de la liberté dont nous usons ou non de conduire notre
vie. Lorsque Descartes nous y invite à « l'augmenter » (*augere*)
nous comprenons qu'il s'agit de l'étendre, de la répandre sur un
nombre de plus en plus grand d'objets, c'est-à-dire de concevoir
de plus en plus de choses complexes avec autant de distinction
que nous concevons les plus simples. D'ailleurs, dans la lettre à
Mersenne du 16 octobre 1639, la lumière naturelle est définie
comme un « instinct purement intellectuel » et comme « *intuitus
mentis* » (cf. AT, II, 599, FA, II, 146). Si elle est un « instinct »,

4° Que ne connaissant pas ce qui est réellement sérieux et utile nous soyons toutefois capables de le reconnaître, puisqu'aussi bien nous savons reconnaître ce qui ne l'est pas. Le quatrième postulat est donc celui de la vérité comme réminiscence [11].

Si nous élucidons pourquoi « les diverses actions et entreprises de tous les hommes » apparaissent presque toutes vaines et inutiles au regard d'un philosophe, nous aurons caractérisé négativement ce que Descartes attend de la philosophie et en quoi elle est la seule occupation « solidement bonne et importante ».

Cent textes stoïciens, dont Spinoza recueillera la leçon au début de son *Traité sur la réforme de l'entendement,* attribuent l'inutilité de ces entreprises à leur échec et leur vanité à la méconnaissance des vrais biens. Or on chercherait en vain chez Descartes une telle critique de la recherche des plaisirs, ou des honneurs, ou des richesses. Les seules entreprises qu'il considère sont en effet scientifiques, manifestant ainsi que les seuls vrais biens sont ceux que notre industrie nous procure immanquablement parce que notre science nous en instruit nécessairement. Au regard d'un philosophe cartésien nous n'avons en

c'est sans doute d'une part en tant qu'elle est innée, d'autre part en tant qu'elle nous dispose et nous adapte originairement à la vérité, enfin en tant qu'elle peut s'atrophier comme une faculté qu'on n'exerce pas (cf. AT, II, 598).

11. La conception de la vérité comme réminiscence sera explicitée dans le quatrième paragraphe de la *Cinquième Méditation,* AT, VII, 64 : « non tam videar aliquid novi addiscere, quam eorum quae jam ante sciebam reminisci... » (Il ne me semble pas que j'apprenne rien de nouveau, mais plutôt que je me ressouvienne de ce que je savais déjà auparavant), FA, II, 470. La même idée est reprise dans les *Réponses aux troisièmes objections* (cf. réponse à la 11e objection, AT, VII, 189) où Descartes assure que « nous avons en nous-mêmes la faculté de faire affleurer (*eliciendi*) certaines idées ».

effet nul sujet de nous louer d'aucune action réussie
par fortune : un bien n'est possédé en vérité que
lorsque l'acquisition n'en saurait être manquée et
qu'il ne dépend que de nous et de nous le procurer
et de le conserver. De tout le reste, qui peut nous
être à tout moment aussi incompréhensiblement
ôté qu'il nous fut incompréhensiblement donné,
la possession est donc vaine. Et hors celle qui nous
apprendrait à nous procurer infailliblement ce que
nous désirons, toute étude est inutile. Par conséquent,
pour n'être ni vaines ni inutiles, il faut que nos
occupations nous procurent l'efficacité de nos actions
par la seule rectitude de notre jugement, et que la
véracité de notre jugement ne dépende que du libre
usage de notre volonté. Voilà donc par quelle postulation Descartes résume la vanité des occupations de
presque tous les hommes à celle des sciences qu'ils
cultivent : quoi qui en ait pu résulter ce qui n'a pas
été jugé en vérité ne fut jamais qu'inutilement fait.
Sans bien juger, point de bien faire.

*
* *

D'où viennent alors la vanité et l'inutilité des
sciences ?

1° Toutes les sciences sont vaines, étant toutes
controversées. Dès 1628 Descartes en fait l'amère
constatation : « Dans les sciences, ...on trouverait
difficilement une seule question sur laquelle des
hommes de talent ne se soient trouvés souvent en
désaccord » [12] ; de sorte qu'« il n'y a presque rien
qui n'ait été dit par l'un, et dont le contraire n'ait

12. Cf. *Regulae*, II, AT, X, 363.

été affirmé par quelque autre » [13]. La même observation et le même désenchantement seront exprimés dans le *Discours* [14]. Or cette disparité d'opinions suffit à Descartes pour les révoquer toutes [15]. Cette même raison, dès 1628, il l'avait excipée pour récuser la véracité de toutes les sciences telles qu'elles furent jusqu'alors pratiquées [16]. Or cette argumentation

13. *Ibidem*, III, AT, X, 367. J. Brunschwig estime que c'est aux philosophes que pense ici Descartes (FA, I, p. 86, note 2). Nous croyons néanmoins qu'il s'agit d'une critique beaucoup plus vaste visant toutes les diverses théories proposées en tous domaines. Les lignes qui précèdent nous avertissent en effet de l'utilité que nous pouvons retirer de la lecture des Anciens, car elle nous instruit « des problèmes qui restent à résoudre *dans toutes les disciplines* ». Toutefois, ajoute Descartes, cet enseignement n'est que négatif et risque de nous persuader plutôt que de nous instruire car ces auteurs (*scriptores*) camouflent le clair enchaînement de leur augmentation. Or ces auteurs nous semblent être les inventeurs de théories aussi bien de physique, ou d'astronomie, ou de médecine, — que de philosophie. D'ailleurs la philosophie s'entend généralement, dans le vocabulaire cartésien, comme le corps doctrinal du savoir. (Cf. lettre-préface des *Principes*, AT, IX-2, 2 : « ce mot philosophie signifie l'étude de la sagesse, et... par la sagesse on n'entend pas seulement la prudence dans les affaires, mais une parfaite connaissance de toutes les choses que l'homme peut savoir, tant pour la conduite de sa vie que pour la conservation de sa santé et l'invention de tous les arts ». Cf. aussi p. 14 : « toute la philosophie est comme un arbre... le tronc est la physique, et les branches qui sortent de ce tronc sont toutes les autres sciences... » ; p. 15 : « Par la *Dioptrique*, j'ai eu dessein de faire voir qu'on pouvait aller assez avant en la philosophie, pour arriver par ce moyen jusqu'à la connaissance des arts qui sont utiles à la vie, à cause que l'invention des lunettes d'approche, que j'y expliquais, est l'une des plus difficiles qui aient jamais été cherchées. »

14. Cf. *Discours*, première partie, AT, VI, 8.

15. *Ibidem :* « considérant combien il peut y avoir de diverses opinions, touchant une même matière, qui soient soutenues par des gens doctes, sans qu'il puisse y en avoir jamais plus d'une seule qui soit vraie, je réputais presque pour faux tout ce qui n'était que vraisemblable ».

16. Cf. *Regulae*, II, AT, X, 363 : « Chaque fois que sur le même

même révèle que Descartes ne tient les sciences en
un tel discrédit que parce qu'*il sait* ce que doit être
la science. N'ayant appris aucune vérité, il sait néanmoins sans l'avoir appris ce qu'est la vérité. L'idée
de vérité doit donc être en lui originairement, de
façon innée, comme une irréfragable exigence, de
sorte qu'elle lui permette, à défaut de connaître ce
qui est vrai, au moins de reconnaître ce qui ne l'est
pas : la vérité est donc chez Descartes une notion
transcendantale [17]. Avant toute étude et toute science,
et même comme leur fondement, s'atteste ainsi en
nous une connaissance originaire : nous savons trans-
cendatalement que si quelque proposition est vraie,
elle l'est universellement ; que cette universalité
consiste dans l'impossibilité pour aucun esprit de se
soustraire à la puissance du vrai ; que si nul esprit
ne peut refuser la vérité, c'est parce qu'il ne peut la
nier sans se nier lui-même et que la constitution de
la vérité est donc constitutive de l'esprit ; enfin

sujet le jugement de deux hommes se porte à des avis contraires,
il est certain que l'un des deux au moins se trompe ; et même
aucun des deux, apparemment, ne possède la science ; car si le
raisonnement de l'un était certain et évident, il pourrait le proposer à l'autre de telle manière qu'il finirait par lui gagner aussi
l'adhésion de son entendement. »

17. Cf. *A Mersenne*, 16 octobre 1639, à propos du livre d'Edouard
Hébert qu'il lui avait envoyé, AT, II, 596-597, (FA, II, 144) : « Il
examine ce que c'est que la vérité ; et pour moi, je n'en ai jamais
douté, me semblant que c'est une notion si transcendantalement
claire, qu'il est impossible de l'ignorer : en effet, on a bien des
moyens pour examiner une balance avant que de s'en servir, mais
on n'en aurait point pour apprendre ce que c'est que la vérité, si
on ne la connaissait de nature. Car quelle raison aurions-nous de
consentir à ce qui nous l'apprendrait, si nous ne savions qu'il
fût vrai, c'est-à-dire si nous ne connaissions la vérité ? » Et en
effet, comment pourrait-on même jamais douter de rien si on
n'avait originairement l'exigence et le sens de l'indubitable ? Et
comment pourrait-on jamais soupçonner si nous n'avions en nous
le sens et l'exigence de l'insoupçonnable ?

qu'étant indépendante de tout esprit mais s'imposant nécessairement à chacun, la vérité est une passion. C'est cette passion que l'on nomme évidence.

2° Les sciences sont également vaines en tant qu'elles sont éphémères. Étant plus soucieux de gloire que de vérité et plus épris d'affirmations que de certitudes, ceux qui s'y vouent se croiraient humiliés de borner leur savoir à l'évidence. C'est pourquoi, « ne se satisfaisant pas de reconnaître des choses claires et certaines, (ils) n'ont pas craint d'en affirmer aussi d'obscures et d'inconnues, qu'ils n'atteignaient que par des conjectures probables », et « venant ensuite à s'en persuader eux-mêmes, ils les ont mélangées sans s'en rendre compte (*sine discrimine*) à celles qui étaient vraies et évidentes, si bien qu'enfin ils n'ont rien pu conclure qui ne semblât résulter de quelque proposition de ce genre, et n'en fût rendu incertain »[18]. Ainsi, toutes parées et mélangées d'incertitude mais rendues fragiles par leur impureté même, ces théories ne tardent pas à périr sous les coups de la controverse. Alors, inviable par nature, une telle science mort-née valait-elle qu'on lui donnât le jour ? Construction de ruines : inutilité, vanité.

18. Cf. *Regulae*, III, AT, X, 367-368 ; cf. aussi *Regulae*, II, AT, X, 362 : « Toute science est une connaissance certaine et évidente ; et celui qui doute de beaucoup de choses n'est pas plus savant que celui qui n'y a jamais pensé... C'est pourquoi il vaut mieux ne jamais étudier, plutôt que de s'occuper d'objets si difficiles que, dans l'incapacité où nous serions d'y distinguer le vrai du faux, nous soyons contraints d'admettre comme certain ce qui est douteux » et p. 364 : « beaucoup négligent les choses faciles et ne s'occupent que des difficiles, à propos desquelles ils agencent très habilement (*valde ingeniose*) des conjectures certes très subtiles des supputations hautement probables ; mais après bien des efforts ils finissent par se rendre compte, mais trop tard, qu'ils n'ont augmenté que leurs doutes et qu'ils n'ont acquis aucune science ».

Tout à l'inverse, nous comprenons que le propre d'une science sérieuse sera de s'en tenir à ce que l'évidence manifeste, de suivre rigoureusement l'ordre selon lequel les évidences s'enchaînent, de ne jamais mêler le probable au certain, et pour s'en mieux assurer de ne pas faire par conséquent plus de cas de ce qui est vraisemblable que s'il était manifestement faux.

3° Enfin, telles que Descartes les rencontre dans leurs présentations, exhibitions et compétitions, les sciences sont vaines en tant que vaniteuses. Tantôt en effet, tout occupés de persuader et de séduire, il n'est si pauvre raison que les auteurs ne convoquent à la grande parade de leur argumentation [19]. Tantôt au contraire, tout préoccupés d'étonner, ils brouillent les pistes, escamotent les raisons, et camouflent l'argumentation [20]. Ou ils fondent le faux, ou ils masquent le vrai.

Vaines aussi ces sciences où, courant çà et là, épiant, guettant, fouinant, on espère trouver la vérité comme il arrive aux chiffonniers de trouver un trésor. « C'est ainsi que besognent presque tous les chimistes, la plupart des géomètres, et plus d'un philosophe. » [21] Mais, ramassées entre tant d'erreurs, ces vérités de fortune sont d'inutiles trouvailles. En effet, ignorant autant ce qui les fonde que ce qui en dépend, et par conséquent ne sachant pas même ce qui fait qu'elles sont vraies, on n'en peut rien tirer. Avec une ignorance de moins, on n'a pas une connaissance de plus.

19. Cf. *Regulae*, III, AT, X, 366.

20. *Ibidem*, p. 366-367 ; cf. aussi l'attitude des anciens géomètres qui ont fait usage d'une sorte d'analyse « bien qu'ils l'aient jalousement cachée à la postérité » (*Regulae*, IV, AT, X, 373 ; cf. également p. 376-377).

21. Cf. *Regulae*, IV, AT, X, 371.

Mais du même coup Descartes nous donne à penser qu'en une science sérieuse, il n'est vérité cherchée à laquelle on ne parvienne directement et nécessairement. Le sérieux scientifique postule donc que les vérités s'ensuivent les unes des autres, selon un ordre nécessaire et univoque, que toute la tâche est de découvrir et de suivre. Ce ne sont donc pas *les vérités* qu'il faut chercher comme des champignons dans la forêt, mais *l'ordre* selon lequel elles se composent et se produisent comme des figures en géométrie. Ce strict cheminement selon l'ordre, c'est la méthode. La méthode est donc la première condition d'une science sérieuse [22].

2. *Futilité des mathématiques.*

Restent les mathématiques. Dès la deuxième des *Regulae,* Descartes les met à part de toutes les autres sciences. De tout cet ingénieux fatras d'affirmations et de controverses « il *ne* subsiste, remarque-t-il, *que* l'arithmétique et la géométrie » [23] où le clair ne soit pas mêlé à l'obscur, ni les certitudes aux hypothèses. Il le dira encore en 1637 : « entre tous ceux qui ont ci-devant recherché la vérité dans les sciences, il *n'y* a eu *que* les seuls mathématiciens qui ont pu trouver quelques démonstrations, c'est-à-dire quelques raisons certaines et évidentes » [24]. C'est pourquoi d'ailleurs Descartes se rappelle avoir eu pour elles une particulière inclination : « Je me plaisais *surtout* aux mathématiques, à cause de la certitude et de l'évidence de leurs raisons. » [25] Il ne tardera pas pourtant

---

22. *Ibidem* : « Plutôt que de le faire sans méthode, mieux vaut renoncer à chercher aucune vérité. »
23. cf. *Regulae*, II, AT, X, 363.
24. Cf. *Discours*, deuxième partie, AT, VI, 19.
25. *Ibidem*, première partie, AT, VI, 7.

à s'en détourner et à s'en déclarer las. « Pour des problèmes, écrit-il à Mersenne dès 1630, je vous en enverrai un million pour proposer aux autres si vous le désirez ; mais je suis si las des mathématiques, et en fais maintenant si peu d'état, que je ne saurais plus prendre la peine de les résoudre moi-même. »[26] En 1638, il le lui répétera encore : « N'attendez plus rien de moi, s'il vous plaît, en géométrie ; car vous savez qu'il y a longtemps que je proteste de ne m'y vouloir plus exercer. »[27] « Je suis las de leur géométrie. »[28]

D'où vient alors qu'après un tel intérêt Descartes éprouve pour les mathématiques une telle lassitude ? Une lettre de 1633 nous en suggérerait une raison : je fuis, y écrit-il, « les occasions de m'y exercer le plus qu'il m'est possible, à cause du temps qu'elles emportent »[29]. Or il ne peut s'agir là que d'une conséquence : le temps passé aux mathématiques ne peut être en effet perdu que s'il serait mieux employé à autre chose. La vraie raison est donc ailleurs. C'est dès 1628 que Descartes l'a formulée, dans la quatrième des *Regulae*. Car « en vérité rien n'est plus vain que de s'occuper de nombres vides et de figures imaginaires, au point de sembler vouloir se complaire dans la connaissance de pareilles balivernes *(nugae)* ; et rien n'est aussi plus vain que de s'appliquer à ces démonstrations superficielles »[30]. De ce point de vue nous voyons donc qu'entre toutes les sciences vaines les plus vaines sont les mathématiques : *nihil inanius est*, une pure inanité. Procédant démonstrativement à partir d'irrécusables évidences,

26. A Mersenne, 15 avril 1630, AT, I, 139 (FA, I, 256).
27. A Mersenne, 12 septembre 1638, AT, II, 361-362.
28. A Mersenne, 11 octobre 1638, AT, II, 401 (FA, I, 108).
29. A Stampioen, fin 1633, AT, I, 275.
30. Cf. *Regulae*, IV, AT, X, 375.

emportant l'universelle adhésion, en quoi l'arithmétique et la géométrie peuvent-elles être déclarées
absurdes ? Est absurde *(inanis)* ce qui n'a aucun sens.
Or, pense Descartes, il n'y a nul sens à s'occuper
comme elles font de « nombres vides » *(numeri nudi)*
et de « figures imaginaires ». En effet, les nombres
dont traite l'arithmétique sont *nudi* [31] en tant qu'ils
sont dévêtus de toute qualité sensible, dépouillés de
toute détermination, vidés de tout contenu concret,
et par conséquent privés de toute réalité. De même,
les figures géométriques n'appartiennent à l'imaginaire *(imaginariae)* que par opposition au réel : le
point sans dimension, les pures longueurs sans largeur, les pures surfaces sans épaisseur sont de pures
fictions, c'est-à-dire de pures irréalités. De même
encore les démonstrations mathématiques ne peuvent
être dites superficielles *(superficiariae)* qu'en tant que
n'ayant ni fond, ni contenu, elles n'ont rien de
sub-stantiel. Etablissant avec nécessité d'exactes relations entre de purs êtres de raison ou de purs êtres
d'imagination, les mathématiques sont donc une
langue parfaite, d'une syntaxe rigoureuse, mais dont
aucune réalité ne correspond aux mots qu'elle
emploie : avec une exemplaire correction on n'y
parle que pour ne rien dire.

Voilà pourquoi les mathématiques ne sont que
balivernes *(nugae)* et absurdités *(nihil inanius, inania
problemata)* tout juste bonnes à divertir les désœu-
vrés *(otiosi)* [32]. A ceux-là qui n'ont d'autre souci que

---

31. *nudus* qui signifie d'abord nu, déshabillé, prend ensuite le
sens de dépouillé, de misérable ; puis de vide, de désert, et enfin
de privé de substance, et par suite d'abstrait. Georges le Roy tra-
duisait « de nombres vides ». Jacques Brunschwig traduit « de
nombres abstraits », ce qui toutefois paraît moins significatif.

32. Cf. *Regulae*, IV, AT, X, 373 : « neque enim facerem magni
has regulas, si non sufficerent nisi ad inania problemata, quibus

de passer le temps les mathématiques peuvent en effet servir de passe-temps. Mais elles ne pourraient qu'inutilement distraire Descartes de la grande tâche qu'il s'est fixée, et pour laquelle le temps ne pourra que manquer. Car si de la science Descartes attend la manifestation de la *vérité*, c'est pour obtenir de la vérité la possession et la domination de la *réalité*. Il ne s'agit donc nullement de rechercher la vérité pour la vérité comme d'autres pratiqueront l'art pour l'art : s'il cherche à fonder et à étendre son savoir, c'est « non pour résoudre telle ou telle difficulté d'école mais pour qu'*en chaque occasion de sa vie* son entendement montre à sa volonté le choix qu'il faut faire » [33] ; s'il a si peu de hâte de faire connaître ses découvertes, « c'est, dit-il, que j'ai plus de soin et crois qu'il est plus important que j'apprenne *ce qui m'est nécessaire pour la conduite de ma vie*, que non pas que je m'amuse à publier le peu que j'ai appris » [34] ; s'il entreprend de se défaire de toutes les opinions, c'est dans l'unique espoir, explique-t-il, « que par ce moyen *je réussirais à conduire ma vie* beaucoup mieux que si je ne bâtissais que sur de vieux fondements » [35] ; et enfin s'il avait « toujours un extrême désir d'apprendre à distinguer le vrai d'avec le faux » c'était « *pour voir clair en (ses) actions et marcher avec assurance en*

---

logistae vel geometrae otiosi ludere consueverunt ; sic enim me nihil aliud praestitisse crederem, quam quod fortasse subtilius nugarer quam caeteri ». (je ne ferais pas en effet grand cas de ces règles, si elles n'avaient d'autre office que de résoudre les problèmes creux avec lesquels les arithméticiens ou les géomètres ont coutume d'amuser leurs loisirs ; car je croirais de la sorte n'avoir rien fait d'autre que m'occuper de bagatelles, avec plus de subtilité peut-être que les autres).

33. Cf. *Regulae*, I, AT, X, 361.
34. A Mersenne, 15 avril 1630, AT, I, 137, (FA, I, 255).
35. Cf. *Discours*, deuxième partie, AT, VI, 14.

cette vie ». [36] N'ayant pour objet que des vérités sans réalité, de pures essences sans existence, — et par conséquent inutiles à la vie, les mathématiques aussi sont donc vaines.

Alors donc que toutes les autres sciences étaient invalidées pour leur déficience logique, c'est au contraire d'une déficience ontologique que souffrent les mathématiques. Or, pense Descartes, autant elles sont inutiles, autant sont-elles même pernicieuses. Là-dessus, et quoiqu'il ne les ait jamais reprises ultérieurement, ses analyses de 1628 nous semblent particulièrement significatives. Les mathématiques lui paraissent alors capables d'exercer l'esprit mais aussi de le dévoyer [37]. C'est pourquoi, s'il souhaite un lecteur ayant certes le goût des mathématiques, il préfère toutefois « qu'il ne s'en soit pas encore occupé, plutôt que d'y avoir été formé à la manière ordinaire » [38]. En effet, alors que la connaissance mathématique ne devrait avoir affaire qu'à des notions communes, pures, et originaires [39], Descartes remarque qu'elle est cependant « obscurcie par une foule de principes ambigus et mal conçus », que les doctes y font usage « de distinctions si subtiles qu'ils brouillent la lumière naturelle et qu'ils trouvent des ténèbres même là où ceux qui n'ont jamais étudié ne sont jamais ignorants » [40].

En quoi les mathématiques sont-elles donc capables

36. *Ibidem*, première partie, AT, VI, 10.
37. Cf. p. ex. *Regulae*, XIV, AT, X, 446 : « ipsae enim artes arithmetica et geometrica, quamvis omnium certissimae, nos tamen hic fallunt ». (car les disciplines de l'artihmétique et de la géométrie, tout en étant les plus certaines de toutes, nous égarent pourtant sur ce point).
38. *Ibidem*, AT, X, 442.
39. *Ibidem* : « quaedam per se nota et unicuique obvia » (des notions connues par elles-mêmes et qui sont à la portée de chacun).
40. *Ibidem*, AT, X, 442 ; 1. 22-25.

de dévoyer l'esprit de ceux qui s'y appliquent ? Comment peuvent-elles enténébrer la raison ? A ce moment de sa pensée la réponse de Descartes va être pour nous grandement instructive. Concernant l'étendue, les doctes mathématiciens se demandent « s'il s'agit d'un corps véritable ou seulement d'un espace » [41]. Ils se persuadent que « si l'on réduisait à rien tout ce qui est étendu dans la nature », il serait néanmoins possible « que l'étendue continuât à exister à elle toute seule » [42]. Ils croient aussi se représenter les lignes indépendamment de toute surface, les surfaces indépendamment de tout volume [43], et que ces abstractions peuvent avoir en soi quelque réalité. Il n'est jusqu'aux arithméticiens qui ne considèrent les nombres comme des êtres réels indépendants des choses nombrées [44]. Si on n'y prenait garde, à quel platonisme et même à quel pythagorisme [45] ne serait-on alors subrepticement conduit ?

Descartes va donc réfuter cette tentation de platoniser que risquent de donner les mathématiques. D'une part aucun objet mathématique, ni nombre, ni figure, ne sont représentables sans quelque sujet nombré ou quelque sujet figuré [46]. D'autre part, on ne peut venir à les prendre pour des réalités que par une confusion grossière entre les choses logiquement ou nominalement distinguées et celles qui sont réel-

---

41. *Ibidem*, l. 18-19.
42. *Ibidem*, AT, X, 442, l. 29 et 443, l. 2.
43. *Ibidem*.
44. *Ibidem*, p. 446, l. 17-20.
45. *Ibidem*, p. 445-446 : « sicuti faciunt illi qui numeris mira tribuunt mysterias... » (c'est ce que font ceux qui attribuent aux nombres d'étonnantes et mystérieuses propriétés), FA, I, 175.
46. *Ibidem*, p. 443 : « illa entia abstracta... nunquam tamen in phantasia a subjectis separata formentur ». (ces entités abstraites... ne se forment jamais dans la fantaisie séparément de tout sujet), FA, I, 172.

lement distinctes [47]. Enfin ce n'est que par un para-
logisme qu'on peut tenir pour réels une surface
engendrée par une ligne ou un volume engendré par
une surface, et à la fois affirmer que la ligne n'a
réellement aucune largeur ou que la surface n'a réellement aucune épaisseur [48] ; car même en géométrie
la multiplication de rien avec l'infini ne peut jamais
produire que rien, et la figure engendrée par rien
n'est rien. Il faut donc reconnaître, montre Descartes,
que lorsque nous pensons l'étendue nous ne pensons
rien d'autre qu'*une chose* étendue : « par étendue on
ne désigne rien de distinct ni de séparé du sujet
lui-même » [49].

Or qu'expriment profondément cette critique des
mathématiques et cette réfutation d'un réalisme des
essences mathématiques ? En hypostasiant de simples
relations logiques les mathématiciens procèdent
comme si notre pensée n'était véritablement accordée
qu'à une réalité qui n'est pas celle du monde. Au lieu
de destituer les objets mathématiques de toute
dignité ontologique, ils destituent le monde de sa
dignité logique. Du même coup, comme dans le platonisme, notre pensée est l'attestation de notre
condition émigrée et irrémédiablement précaire en
ce monde : pas plus qu'il n'est celui de la vérité il
ne peut être celui où se réalisent nos espérances, ni

---

47. *Ibidem*, p. 444, et 448-449.
48. *Ibidem*, p. 446.
49. *Ibidem*, p. 442 : « per extensionem non distinctum quid et
ab ipso subjecto separatum designari » (on ne désigne ici par
étendue rien qui soit distinct et séparé du sujet lui-même), FA,
I, 171 ; cf. aussi p. 443 : « eamdem (extensionem) non aliter conci-
piendam esse putamus quam extensum » (bien qu'à notre sens on
ne doive pas concevoir l'étendue autrement que ce qui est étendu),
FA, I, 173 ; et aussi p. 446 : « si agamus de figura, putemus nos
agere de subjecto extenso... » (si nous traitons d'une figure, pensons que nous traitons d'un sujet étendu), FA, I, 176.

ne doit être par conséquent l'objet de nos soucis. Or c'est contre cette métaphysique de l'exil et contre cette ontologie de la précarité que s'élève, dès 1628, la critique cartésienne. Contrairement à ces billevesées inspirées par les mathématiques traditionnelles, comme la représentation de l'étendue ou d'un nombre ne peut être celle que d'*une chose* étendue ou d'*une chose* nombrée, il est de la nature de la pensée non de réifier ses idées mais que ses idées soient comme des images des *choses*. Toute pensée est pensée de quelque *chose*. Implicitement, de façon latente, Descartes tend donc à affirmer ici ce qui ne pourra être établi qu'à partir de la *Cinquième Méditation* : « du connaître à l'être la conséquence est bonne » [50].

A une secrète philosophie de l'absence il oppose ainsi les exigences d'une philosophie de la présence. Car rien que cette connivence de l'être et du connaître peut autoriser cette espérance cartésienne de « voir clair en (nos) actions et marcher avec assurance *en cette vie* » [51] et de « nous rendre comme maîtres et possesseurs *de la nature* » [52].

Nous comprenons mieux désormais la déception et la lassitude que Descartes retire des sciences en général et des mathématiques en particulier. Portant sur la nature, sur notre corps, sur l'effectivité de notre action, toutes les sciences qui seraient utiles sont friables et incertaines. Seules les mathématiques sont incorruptibles et certaines ; mais ne donnant leur attention à un objet qu'autant qu'il leur semble ne pouvoir exister dans la nature, elles ne sont si rigoureusement vraies qu'en étant rigoureusement inutiles.

---

50. Cette fameuse formule apparaît en 1642 dans les *Réponses aux septièmes objections*, AT, VII, 520 : « a nosse ad esse valet consequentia ».
51. cf. *Discours*, première partie, AT, VI, 10.
52. cf. *Discours*, sixième partie, AT, VI, 62.

Mais quelle vérité peut-il y avoir qui ne soit l'expression de la réalité ? Quelle réalité y a-t-il qui ne soit celle où nos désirs s'éploient, et par conséquent qui ne soit celle de nos vies, de nos actions, des choses, et de la nature ? Ainsi nous paraît penser Descartes en 1628. La condition de sa grande entreprise s'en trouve du même coup caractérisée. Elle peut se résumer par cette question : *une science sérieuse est-elle possible ?* Cette question peut se traduire en son équivalent : *peut-on fonder une science utile qui ne soit pas incertaine et une science certaine qui ne soit pas inutile ? Comment traiter les choses de l'existence avec la même rigueur que les mathématiques traitent de pures essences ?* A ces questions répondra, dans la quatrième des *Regulae,* le projet d'une *mathesis universalis.* Mais ce n'est qu'en 1641, dans la dernière phrase de la *Cinquième Méditation,* qu'il leur sera enfin donné une réponse positive [53].

3. *Un projet strictement pratique.*

En 1619, Descartes confiait à Beeckmann son désir d'instituer « une science aux fondements nouveaux, permettant de résoudre en général toutes les questions que l'on peut proposer en n'importe quel genre de quantité, tant continue que discontinue » [54]. Si vaste fût-il, le projet qu'il annonçait alors était toutefois strictement théorique. Il s'agissait de trouver une méthode générale pour la solution de ces mêmes

---

53. Cf. *Méditation cinquième*, AT, IX-1, 56 : « Et à présent que je le connais (Dieu), j'ai le moyen d'acquérir une science parfaite touchant une infinité de choses, non seulement de celles qui sont en lui, mais aussi de celles qui appartiennent à la nature corporelle, en tant qu'elle peut servir d'objet aux démonstrations des géomètres, lesquels n'ont point d'égard à son existence. »
54. Cf. A Beeckmann, 26 mars 1619, AT, X, 156-157 (FA, I, 37-38).

problèmes que, neuf ans plus tard, il jugera n'être qu'« absurdes » [55]. C'est qu'à partir de 1628 son ambition sera devenue tout autre. Il ne s'agira plus alors de subtils divertissements [56] ni de doctes bavardages [57], mais bien « d'augmenter la lumière naturelle de notre raison, non pour résoudre telle ou telle difficulté d'école, mais *pour qu'en chaque occasion de la vie* l'entendement montre à la volonté le choix à faire » [58]. Là-dessus Descartes ne variera plus : désormais son projet est strictement pratique. En 1630, alors même qu'il travaille à son traité du *Monde*, il avoue à Mersenne ne l'écrire « que par contrainte » et seulement pour tenir la promesse qu'il en fit : « c'est, dit-il, que j'ai plus de soin et crois qu'il est plus important que j'apprenne *ce qui m'est nécessaire pour la conduite de ma vie*, que non pas que je m'amuse à publier le peu que j'ai appris » [59]. Nous retrouvons à nouveau, comme naguère au sujet des mathématiques, cette obsédante et unique exigence de ce qui est important [60], et par

---

55. Cf. *Regulae*, IV, AT, X, 373 : «nisi ad inania problemata resolvenda ».

56. *Ibidem* : « je ne ferais pas grand cas de ces règles, si elles n'avaient d'autre office que de résoudre les absurdes problèmes auxquels arithméticiens ou géomètres ont coutume d'amuser leurs loisirs ; car je croirais ainsi n'avoir rien fait d'autre que m'occuper de billevesées, peut-être plus subtilement que d'autres ». Cf. aussi *Discours*, première partie, AT, VI, 6 : « les mathématiques ont des inventions très subtiles et qui peuvent beaucoup servir, tant à contenter les curieux... »

57. Cf. *Discours*, première partie, AT, VI, 6 : « la philosophie donne moyen de parler vraisemblablement de toutes choses, et se faire admirer des moins savants ».

58. Cf. *Regulae*, I, AT, X, 361.

59. Cf. A Mersenne, 15 avril 1630, AT, I, 137, (FA, I, 255).

60. Cf. Lettre-préface aux *Principes*, AT, IX-2, 3 : « on peut dire que les hommes ont plus ou moins de sagesse, à raison de ce qu'ils ont plus ou moins de connaissance des vérités plus importantes ».

rapport à quoi toutes choses et toutes occupations sont jugées. Quelle est alors l'unique chose importante ? C'est de *conduire sa vie*. Voilà la grande affaire pourquoi tout est entrepris, et au succès de laquelle tout le reste concourt. Si Descartes doute, s'il révoque toutes les opinions, s'il tente en 1637 une fondation radicale du savoir, c'est parce qu'il espère de la sorte parvenir à mieux conduire sa vie [61]. La subordination de la théorie à la pratique comme des moyens à la fin est d'ailleurs clairement affirmée dans l'histoire que Descartes donne de ses pensées : les sciences sont toutes friables, les études furent uniformément décevantes, il n'y eut jusqu'aux voyages pour étendre encore cette expérience de la précarité, et pourtant Descartes ne verse à aucun moment dans le scepticisme. Au bout de tant de mécomptes son attente est aussi vive, et son impatience intacte : « J'avais toujours, se rappelle-t-il, un extrême désir d'apprendre à distinguer le vrai d'avec le faux. » [62] D'où vient un si opiniâtre, si invincible désir ? Descartes nous le dit. Hors la connaissance de la vérité, toute vie ne peut être qu'aventurée. C'est à quoi Descartes ne peut consentir : même au risque de ne rien gagner de sa vie il ne peut accepter le risque de la perdre. S'il espère donc si désespérément de la vérité, c'est pour ne pas avoir à désespérer de la vie. Car la connaissance de la vérité est l'unique moyen de soustraire notre vie aux hasards des rencontres, de « voir clair en (nos) actions, et de marcher avec assurance en cette vie » [63]. Il est d'ailleurs bien remarquable que, même en 1647, Descartes ne donne pas

---

61. Cf. *Discours*, deuxième partie, AT, VI, 14 : « Et je crus fermement que, par ce moyen, je réussirais à conduire ma vie beaucoup mieux que si je ne bâtissais que sur de vieux fondements... »
62. *Ibidem*, première partie, AT, VI, 10.
63. *Ibidem*.

d'autre définition ni d'autre sens à la philosophie. Son étude, écrit-il, « est plus nécessaire pour régler nos mœurs et *nous conduire en cette vie*, que n'est l'usage de nos yeux pour guider nos pas » [64]. Enfin, si la philosophie est effectivement « l'étude de la sagesse » et si la sagesse est bien « une parfaite connaissance de toutes les choses que l'homme peut savoir », cette connaissance ne contribue à la sagesse qu'autant que ces choses sont utiles « tant *pour la conduite de sa vie* que pour la conservation de sa santé et l'invention de tous les arts » [65]. Cette destination pratique de la philosophie est encore manifestée par Descartes dans la fameuse comparaison qu'il en fait avec un arbre. En effet, ajoute-t-il, « comme ce n'est pas des racines ni du tronc des arbres qu'on cueille les fruits, mais seulement des extrémités de leurs branches, ainsi la principale utilité de la philosophie dépend de celles de ses parties qu'on ne peut apprendre que les dernières » [66], c'est-à-dire de l'exercice de la médecine, de la mécanique, et de la morale. Par la philosophie il s'agit donc de devenir maîtres de soi et maîtres du monde.

Entre 1630 et 1637, de nombreuses lettres conspirent d'ailleurs à manifester le caractère pratique du projet cartésien. Ainsi, exprimant son ambition de « bâtir une physique claire, certaine, démontrée », Descartes ajoute avoir surtout souci qu'elle soit « plus utile que celle qui s'enseigne d'ordinaire » [67] ; et il entretient à mesure ses correspondants des espérances qu'il conçoit de parvenir à constituer la

---

64. Cf. lettre-préface aux *Principes de la philosophie*, AT, IX-2, 3-4.
65. *Ibidem*, AT, IX-2, 2.
66. *Ibidem*, AT, IX-2, 15.
67. Cf. A Villebressieu, été 1631, AT, I, 216 (FA, I, 295).

médecine en une science infaillible[68]. Ce fabuleux projet de longévité formulé dans la sixième partie du *Discours*, à la fin de l'année 1637 Descartes déclare à Huygens s'occuper à le poursuivre[69]. Mais c'est dans ce texte du *Discours* qu'ont été définitivement fixés les objectifs de l'entreprise philosophique : « des connaissances utiles à la vie », une philosophie pratique « par laquelle, connaissant la force et les actions du feu, de l'eau, de l'air, des astres, des cieux et de tous les autres corps qui nous environnent... nous les pourrions employer... à tous les usages auxquels ils sont propres et ainsi nous rendre comme maîtres et possesseurs de la nature. Ce qui n'est pas

---

68. Cf. A Mersenne, janvier 1630, AT, I, 105-106, (FA, I, 235) : « Je suis marri de votre érysipèle... je vous prie de vous conserver, au moins jusqu'à ce que je sache s'il y a moyen de trouver une médecine qui soit fondée en démonstrations infaillibles, qui est ce que je cherche maintenant. » Cf. aussi 25 novembre 1630, AT, I, 180, (FA, I, 286) : « après la Dioptrique achevée, je suis en résolution d'étudier pour moi et pour mes amis à bon escient, c'est-à-dire de chercher quelque chose d'utile en la médecine... » A Huygens, 5 octobre 1637, AT, I, 434, (FA ,I, 800) : « Pour ce qui est des mécaniques, il est vrai que je ne fus jamais moins en humeur d'écrire que maintenant... même je regrette tous les jours le temps que ce que le Maire a imprimé pour moi m'a fait perdre. Les poils blancs qui se hâtent de me venir m'avertissent que je ne dois plus étudier à autre chose qu'aux moyens de les retarder. »

69. Cf. A Huygens, 4 décembre 1637 (publié par AT, I, 507, à la date du 25 janvier 1638, FA, I, 818) : « Je satisferai ici au dernier point de votre lettre en vous disant à quoi je m'occupe. Je n'ai jamais eu plus de soin de me conserver que maintenant, et au lieu que je pensais autrefois que la mort ne me pût ôter que trente ou quarante ans tout au plus, elle ne saurait désormais me surprendre qu'elle ne m'ôte l'espérance de plus d'un siècle. Car il me semble voir très évidemment que... nous pourrions parvenir à une vieillesse beaucoup plus longue et plus heureuse que nous ne faisons : mais parce que j'ai besoin de beaucoup de temps et d'expériences pour examiner tout ce qui sert à ce sujet, je travaille maintenant à composer un Abrégé de Médecine... »

seulement à désirer pour l'invention d'une infinité d'artifices qui feraient qu'on jouirait, sans aucune peine, des fruits de la terre et de toutes les commodités qui s'y trouvent, mais principalement aussi pour la conservation de la santé, laquelle est sans doute le premier bien et le fondement de tous les autres biens de cette vie... On se pourrait exempter d'une infinité de maladies, tant du corps que de l'esprit, et même aussi peut-être de l'affaiblissement de la vieillesse, si on avait assez de connaissance de leurs causes... [70] Voilà donc ce qui paraît à Descartes important et, devant délivrer notre vie de toute aliénation, mériter qu'on l'y consacre. Aussi rend-il en même temps public l'engagement qu'il prend « d'*employer toute (sa) vie* à la recherche d'une science si nécessaire » [71].

Faut-il, dans la lecture de ces textes, s'y prendre moins naïvement, et ne pas croire que les objectifs que Descartes assigne à la philosophie en 1637 soient nécessairement ceux qu'il lui fixera encore après 1641 ? Pour nous rendre plus attentifs et plus fidèles à sa pensée, devons-nous penser que Descartes en ait changé ? A partir des *Méditations* voyons-nous Descartes définir un autre but à son entreprise ? Ce que montrent assurément ses œuvres et sa correspondance ultérieures, c'est qu'il ne tiendra pas l'engagement pris dans le *Discours*, et qu'il n'y emploiera pas toute sa vie. Toute l'originalité et la profondeur du commentaire de F. Alquié consistent d'ailleurs à avoir le premier remarqué cette césure et à en avoir élucidé le sens [72]. Néanmoins, il ne s'agit pas de

70. Cf. *Discours*, 6ᵉ partie, AT, VI, 62.

71. *Ibidem*, p. 63.

72. Cf. F. Alquié, *op. cit.* p. ex. p. 103, 110-111, 153-157. La lecture des lettres de Descartes dans leur ordre chronologique ne semble en effet permettre aucune discussion sur la succession des intérêts qu'elles manifestent. On ne peut pas récuser que jusqu'en

rupture. Dans l'histoire de Descartes, l'unique rupture est celle qui survient vers 1628, lorsque l'exigence d'une vie régénérée par la vérité le rendra dédaigneux de toute pensée qui ne soit pourvoyeuse de la réalité. Simplement, à mesure qu'il approfondit sa pensée, le sens de la réalité aussi s'approfondit. Il serait d'ailleurs plus exact de dire que ce qui n'a cessé d'occuper Descartes n'est pas tant le réel que la relation de notre pensée avec lui. C'est pourquoi, nous semble-t-il, nulle idée, nul projet ne sont jamais répudiés, ni désavoués, ni même abandonnés par Descartes : son attention seulement s'en est détournée ; mais ces thèmes qui furent les premiers éclairés ne cessent pas d'être encore présents à sa pensée. Nous en avons la preuve dans le fait qu'il reprend en 1644 dans les *Principes de la Philosophie* l'essentiel des questions et des explications de physique qu'entre 1630 et 1637 il avait exposées dans *Le Monde*, le traité de *L'Homme*, la *Dioptrique* et les *Météores*. Même, il y ajoutera quelques théorèmes nouveaux, par exemple touchant les lois de communication du mouvement[73]. De même, entretenant en 1645 la princesse Elisabeth du souverain bien et du parfait contentement, il ne croira pouvoir mieux faire que de rappeler les règles de la morale[74] qu'il avait prescrites en 1637 dans le *Discours de la Méthode*. Il le fera encore en 1647, dans sa lettre à

1628 il ne s'y agisse presque exclusivement de problèmes de mathématiques, que de 1628 à 1637 Descartes paraisse n'avoir souci que de physique et de médecine, et qu'à partir de 1638 il soit surtout préoccupé des rapports de l'âme et du corps, du bonheur et de la béatitude, de la liberté, des passions, et qu'il ne revienne à des sujets scientifiques que pour répondre à des questions suscitées par la publication des *Principes*.

73. Cf. *Principes* II, 46-53.

74. Cf. A. Elisabeth, 4 août 1645, AT, IV, 265-266, (FA, III, 588-589).

l'abbé Picot[75], en évoquant les exigences et les conditions de l'entreprise philosophique. En 1647 encore, dans cette même préface à un ouvrage qui lui importe d'autant plus qu'il a voulu y présenter toute sa doctrine dans un ordre systématique[76], Descartes définit le but de la philosophie de la même façon strictement pratique qu'il l'avait fait dans la sixième partie du *Discours* : la plus haute branche de la philosophie est « la morale, j'entends la plus haute et la plus parfaite morale, qui présupposant une entière connaissance des autres sciences, est le dernier degré de la sagesse »[77].

Sur le sens de la philosophie et le but qu'elle poursuit, la pensée de Descartes n'a donc pas varié depuis ce moment de 1628 où les mathématiques ne lui semblèrent plus que balivernes. Depuis lors, même s'il cessa de s'y vouer exclusivement et s'il en ajourna la réalisation, Descartes fut possédé d'une ambition prométhéenne : celle de parvenir au bonheur *par une technique infaillible*. En ce sens, *bien* faire c'est *faire* le bien, en connaître les ressorts, le produire, et le conserver.

Ainsi la méthode n'est qu'une propédeutique à la science comme la science n'est qu'une propédeutique à l'action[78].

75. Cf. Lettre-préface aux *Principes*, AT, IX-2, 13 et 15.

76. Cf. A Mersenne, décembre 1640, AT, III, 259, (FA, II, 288-289) ; Au P. Dinet, AT, VII, 577, (FA, II, 1084).

77. Cf. Lettre-préface aux *Principes*, AT, IX-2, 14.

78. Cf. *Discours*, 3e partie, AT, VI, 28 : « Et enfin je n'eusse su borner mes désirs, ni être content, si je n'eusse suivi un chemin par lequel, pensant être assuré de toutes les connaissances dont je serais capable, je le pensais être, par même moyen, de celle de tous les vrais biens qui seraient jamais en mon pouvoir... ».

4. *Une métaphysique en action.*

Le projet assigné par Descartes à la philosophie, s'il appelle pour se réaliser le développement d'une doctrine, est lui-même porté par une philosophie sourde qui l'inspire et qu'il implique. Dans la pensée explicite de Descartes, exprimée dans ses écrits et qui se déploie dans une histoire, cette philosophie sourde est ce dense noyau d'impensé qui structure, oriente, et nourrit la réflexion. Si nous voulons tenter de comprendre en quoi consiste l'expérience de la pensée et comment se développe une philosophie, c'est cette philosophie latente dans le projet exprimé qu'il nous faut élucider.

Qu'exprime et que postule le projet cartésien ?

1° La première expérience de Descartes, proprement métaphysique, est celle de sa liberté. Dès 1628, il attend « qu'en chaque occasion de sa vie son entendement montre à sa volonté le choix qu'il faut faire » [79], et en 1647 comme en 1637 et déjà en 1630 nous avons vu son entreprise inspirée par l'unique souci de « conduire sa vie » [80]. Or cette attente postule que nous pouvons nous déterminer à ceci plutôt qu'à cela, nous engager ou nous abstenir, qu'entre les divers possibles c'est notre volonté qui choisit, et que par conséquent nous sommes responsables de ce choix.

2° Comme dans la spiritualité chrétienne l'expérience de la liberté est une même chose avec celle du salut ou de la damnation, de même chez Descartes cete expérience transit l'existence toute entière d'une

---

79. Cf. *Regulae*, I, AT, X, 361.
80. Cf. A Mersenne, 15 avril 1630, AT, I, 137, (FA, I, 255) ; *Discours*, 2ᵉ partie (AT, VI, 14 et 16) ; lettre-préface aux *Principes* (AT, IX-2, 3-4).

tension dramatique. Par nous, tout ce qui n'aura pas été sauvé de notre vie en aura été perdu. Tout commence par la liberté, mais tout finit en destin. D'où ce climat de crise, cet état d'urgence, cette impatience et cette inquiétude dans lesquels se déploie l'aventure cartésienne entre 1628 et 1641. D'où aussi cette rupture, ce retranchement, et cette industrieuse solitude. Comme feront Le Maître, Séricourt et Lancelot au désert de Port-Royal-des-Champs, comme fera Rancé à l'abbaye de Soligny, en ses diverses résidences hollandaises comme en autant d'ermitages, Descartes se retire [81]. Mais alors que les Messieurs de Port-Royal ou Rancé choisirent la retraite par souci religieux de leur salut dans la vie éternelle, c'est par un souci strictement profane de son salut « *en cette vie* » [82] que Descartes se voue à la philosophie et se décide à cette longue solitude.

Ce que nous rencontrons donc de commun entre l'expérience religieuse du christianisme et l'expérience

---

81. Fuyant la foule, évitant le centre des villes, préférant même « les villages et les maisons détachées au milileu de la campagne », s'employant à rendre son adresse secrète, durant les vingt ans qu'il passa en Hollande, Descartes n'eut, à ce qu'en relate Baillet, « presque rien de plus stable que le séjour des Israélites dans l'Arabie déserte ». Il semble donc que nous puissions comprendre les nombreux déménagements de Descartes comme une inquiète errance de désert en désert.

82. En 1628 Descartes déclare que la recherche de la vérité, c'est-à-dire l'occupation d'un philosophe, n'a d'autre but que « d'étendre la lumière naturelle de sa raison... pour qu'*en chaque occasion de sa vie* son entendement montre à sa volonté le choix qu'il faut faire » (cf. *Regulae*, I, AT, X, 361). En 1637 il rappelle, dans la première partie du *Discours de la Méthode* que s'il avait « toujours un extrême désir d'apprendre à distinguer le vrai d'avec le faux », c'était « pour voir clair en ses actions et marcher avec assurance *en cette vie* » (cf. AT, VI, 10). En 1645 il explique à la princesse Elisabeth comment les grandes âmes obtiennent « la parfaite félicité dont elles jouissent *dès cette vie* » (cf. lettre du 18 mai, AT, IV, 202).

philosophique du cartésianisme, c'est l'expérience originaire que l'une et l'autre font du poids de la liberté. L'une et l'autre éprouvent en effet que dans le délabrement ontologique où nous sommes confinés nous sommes cependant libres pour l'absolu. C'est même parce que cette liberté nous unit de quelque façon à l'absolu que nous nous en éprouvons séparés et que nous ressentons cette séparation comme une insupportable humiliation ontologique. Nous aurons à comprendre et à déterminer comment, chez Descartes, cette expérience de la liberté nous affilie à l'absolu et comment elle peut être en elle-même une expérience de l'absolu. Mais d'ores et déjà nous voyons le projet cartésien postuler qu'il ne dépend que de nous de sauver notre existence de sa précarité originaire et d'obtenir en cette vie par le gouvernement de notre volonté cette même restauration ontologique que les hommes religieux espèrent obtenir par la grâce au-delà de la mort[83]. Telle nous semble être la très

---

83. Cf. *Discours*, 1re partie, AT, VI, 8 : « Je révérais notre théologie, et prétendais, autant qu'aucun autre, gagner le ciel ; mais ayant appris, comme chose très assurée, que le chemin n'en est pas moins ouvert aux plus ignorants qu'aux plus doctes, et que les vérités révélées, qui y conduisent, sont au-dessus de notre intelligence, je n'eusse osé les soumettre à la faiblesse de mes raisonnements, et je pensais que, pour entreprendre de les examiner et y réussir, il était besoin d'avoir quelque extraordinaire assistance du ciel, et d'être plus qu'hommes. » Cf. aussi lettre à X, août 1638 AT, II, 347, (FA, II, 81-82) : « il y a grande différence entre les vérités acquises et les révélées, en ce que, la connaissance de celles-ci ne dépendant que de la grâce... les plus idiots et les plus simples y peuvent aussi bien réussir que les plus subtils ; au lieu que, sans avoir plus d'esprit que le commun, on ne doit pas espérer de rien faire d'extraordinaire touchant les sciences humaines ». Ce surcroît d'esprit, par lequel Descartes semble manifester le caractère aristocratique de la science, ne doit pas être compris comme une particulière extension ou illumination de l'entendement, mais comme un meilleur gouvernement de nos jugements et par conséquent de nos volontés, c'est-à-dire comme un surcroît de générosité.

grande originalité de Descartes dans la première
moitié du XVIIᵉ siècle : attendre de la vérité que notre
existence dans la nature soit régénérée, comme la
religion attend de la grâce la régénération de notre
existence surnaturelle. Mais il va de soi que, comme
l'espérance religieuse est solidaire de la foi en Dieu,
l'ambition cartésienne postule l'existence d'une réalité absolue qui puisse servir d'immuable fondement
à toutes nos connaissances, et par elles à nos actions.

3° Le projet cartésien de « voir clair en (ses)
actions et marcher avec assurance en cette vie » postule en outre que nous puissions *pré-voir* toutes les
circonstances dont la moindre de nos actions est
entourée, et toutes les conséquences qui s'ensui-
vraient de chacun de nos choix. Il postule donc que
nous puissions avoir cette science de vision que
Leibniz ne reconnaîtra qu'à Dieu [84]. Mais du même
coup il postule aussi, comme dans le monde leibni-
zien, une ontologie de la nécessité. En effet, pour que
tout soit prévisible, il faut que tout l'avenir soit analytiquement compris dans l'essence du présent, en
sorte qu'il en puisse être rigoureusement déduit. Une
morale de la prévisibilité infinie postule donc une
ontologie analytique de la nécessité infinie. C'est ce
que postule encore le désir de pouvoir « marcher
avec assurance en cette vie ». En effet, nous ne pouvons être *certains* d'arriver au but vers lequel nous
marchons, nous ne pouvons être *assurés* de chacun
des pas que nous faisons vers lui, que s'il n'y a dans
l'existence ni traverse, ni intrusion, ni hasard. Cette
asurance aussi postule donc que la nature soit de
part en part soumise à la nécessité. A cette condition
la nature sera objet de raisonnements concluant avec
certitude, et la mathématique l'école de la physique.

84. Cf. Leibniz, *Causa Dei*, § 16.

4° Or, tout aussi originaire que cette exigence d'actions prévisibles et rigoureusement maîtrisables, nous avons vu que c'est l'expérience de notre liberté qui fonde le projet cartésien. C'est d'ailleurs parce que nous éprouvons cette liberté sans limites que nous sentons la responsabilité infinie que nous avons de notre existence. Et c'est précisément parce que Descartes assume cette responsabilité infinie, sans alibi et sans ex-cuse, qu'il veut voir clair en ses actions pour maîtriser sa vie. Mais du même coup voici que se manifeste cette dualité qui parcourra toute la philosophie de Descartes. Irrécusable, irréfragable, incessamment exigente, immédiatement évidente il y a, d'une part, *l'expérience de notre liberté.* Mais ce souci proprement cartésien d'assumer absolument cette liberté postule d'autre part *une ontologie de la nécessité.* Ainsi le projet même de Descartes se trouve sourdement renfermer le dualisme qu'explicitera sa doctrine : l'esprit est liberté, la nature est nécessité. Il faut donc que l'esprit soit indépendant de la nature et la nature d'une autre substance que l'esprit. Telles sont les postulations du projet cartésien. Reste toutefois à comprendre alors que la nature puisse être intelligible à l'esprit et que l'esprit puisse agir sur elle. Comme c'est par notre corps que nous sommes insérés dans la nature et que nous agissons sur elle, c'est à comprendre l'union de l'âme et du corps que tout problème alors ultimement se résumera.

5° De cette action de l'esprit sur la nature, que doit-il résulter ? Par l'exercice de notre liberté gouvernant nos volontés, qu'espérons-nous obtenir ? Quand il ne dépendrait que de nous de conduire notre vie, où la conduirons-nous ? Avec tant d'assurance que nous puissions marcher en cette vie, vers où nous mèneront nos pas ? Bref, qu'attend Descartes de la philosophie ? Quelle est la visée dernière de son projet ? Il l'a décrit dans la sixième partie du *Discours*. Or que nous annonce ce programme ? De la connaissance que nous aurons des éléments [85] viendra celle des grands corps de l'univers puis des choses les plus particulières, si bien que toute la nature sera à notre service comme les diverses machines au service des artisans. La nature n'aura donc plus pour nous aucun secret ; elle ne nous opposera plus aucune résistance ; nous n'y éprouverons plus aucune étrangeté : l'exil prononcé par la *Genèse* [86] alors aura pris fin. Nés proscrits, nous serons devenus les maîtres. De cette domination technologique s'ensuivra que nous jouirons « sans aucune peine, des fruits de la terre et de toutes les commodités qui s'y trouvent » [87]. De l'immémoriale malédiction il dépend donc de notre liberté que nous soyons relevés. Nous n'aurons plus affaire à une nature stérile ne nous pourvoyant que de ronces [88], mais à une nature soumise, à laquelle nous ferons produire d'abondantes délices [89]. Nous ne lui arracherons plus notre subsistance à force de sueurs et d'efforts [90], mais « sans

85. Cf. AT, VI, 62 : « connaissant la force et les actions du feu, de l'eau, de l'air, des astres, des cieux et de tous les autres corps qui nous environnent, aussi distinctement que nous connaissons les divers métiers de nos artisans, nous les pourrions employer en même façon à tous les usages auxquels ils sont propres... »

86. Cf. *Genèse*, 3, 23-24 : « Et emisit eum Dominus Deus de paradiso voluptatis... Ejecitque Adam... ».

87. Cf. AT, VI, 62.

88. Cf. *Genèse*, 3, 17-18 : « maledicta terra in opere tuo... Spinas et tribulos germinabit tibi... ».

89. Cf. lettre-préface des *Principes*, AT, IX-2, 20 : « connaître combien il est important de continuer en la recherche de ces vérités, et jusques à quel degré de sagesse, à quelle perfection de vie, à quelle félicité elles peuvent conduire... ».

90. Cf. *Genèse*, 3, 17-19 : « in laboribus comedes... In sudore vultus tui vesceris pane... ».

aucune peine ». Utilisant la nature comme une machine efficace et docile, nous la ferons servir « principalement pour la conservation de la santé », à ce point même « qu'on se pourrait exempter d'une infinité de maladies, tant du corps que de l'esprit, et même aussi peut-être de l'affaiblissement de la vieillesse ». Quand nous seraient épargnées « une infinité de maladies », il va de soi qu'il ne resterait pas même la plus bénigne dont nous puissions souffrir. Quand le corps ni l'esprit ne s'affaibliraient jamais, il nous faut bien comprendre que le temps alors ne durerait plus : il n'y aurait plus pour nous, à mesure qu'il passe, ni fatigue, ni lassitude, ni usure, et la vie serait une interminable jeunesse. Car dès lors qu'il n'y aurait plus ni maladie ni vieillesse, la mort aurait cessé de marcher à la rencontre de la vie et du même pas qu'elle. La dernière malédiction « *donec revertaris in terram* » serait donc aussi levée. Le but de la philosophie cartésienne apparaît par conséquent comme l'abrogation de la malédiction originaire qui a déchu notre condition métaphysique.

Or c'est de l'usage de notre liberté et de notre conversion à la vérité que Descartes attend cette restauration de notre condition. Mais si liberté et vérité peuvent nous rendre ce que nous avait ôté la colère de Dieu, c'est qu'il doit y avoir en elles quelque chose de divin, comme une filiation tombée en désuétude, longtemps oubliée, mais non rompue.

CHAPITRE III

LA MÉTHODE

1. *Une révolution copernicienne.*

Là-dessus la longue tradition de ses commentateurs ne s'est pas trompée : la première et principale originalité de Descartes, c'est bien sa méthode. Sans doute l'ampleur du projet, son ambition totalitaire [1], le plaçaient hors du commun. Mais, mise à part cette démesure, qu'y avait-il de plus banal que de vouloir mieux connaître pour mieux agir, et bien juger pour bien faire ? L'extraordinaire de ce cavalier, ce n'est pas qu'il « partit d'un si bon pas » [2], mais le chemin

---

1. Cf. p. ex. *Regulae* II, AT, X, 364 : « atteindre *au faîte* de la connaissance humaine » ; *Regulae* IV, AT, X, 372 : « parvenir à la connaissance vraie de *tout* ce dont on sera capable » ; *Regulae* VIII, AT, X, 393 : « se satisfaire soi-même en quelque science que ce soit, *au point de ne plus rien désirer* » ; *Discours*, I, AT, VI, 3 : « augmenter par degrés ma connaissance claire et assurée de *tout* ce qui est utile à la vie... » ; *Discours*, II, AT, VI, 28 : « pensant être assuré de l'acquisition de *toutes* les connaissances dont je serais capable, je le pensais être, par même moyen de *tous* les vrais biens... ».

2. Cf. Ch. Péguy, *Note conjointe*, Paris, 1935, p. 59.

qu'il prit. Il voulait se rendre maître et possesseur de la nature, domestiquer les éléments, réformer la médecine. Or, au lieu d'observer le monde plus patiemment et plus minutieusement encore, au lieu de soumettre les éléments à de nouvelles expériences, de tenter par mille essais et retouches d'ajuster notre pensée aux choses, — ne visant qu'à agir sur le monde c'est du monde même qu'il détourne sa connaissance.

Ce grand renversement, cette grande inversion épistémiques sont l'aboutissement de deux idées fondamentales. La première, c'est que le monde est un grand livre [3]. Nous nous appliquons à en démêler l'enchevêtrement des signes, nous y cherchons des similitudes et des correspondances, pour mieux en apercevoir le graphisme sinueux nous nous munissons de lunettes, nous inventons des codes, nous fomentons des grilles, l'un croit deviner ceci et l'autre pressentir cela : le livre reste énigmatique, simplement parce que nous en ignorons la langue. Or, quoiqu'il soit écrit selon une syntaxe, le livre du monde n'est pas une grammaire ; et quoique composé de mots, ce n'est ni un abécédaire ni un dictionnaire. Il ne peut donc pas suffire de l'épeler pour en apprendre la langue. C'est au contraire cette langue qu'il faut d'abord apprendre si nous voulons pouvoir le lire. Nécessairement commune à la pensée et aux choses, cette langue est le système de la vérité. La connaissance de ce système de la vérité est donc la condition pour que le monde nous soit rendu lisible. Mais, pas plus qu'un livre étranger ne nous en fait connaître la langue, la considération du monde ne nous en fait connaître la vérité.

C'est donc la vérité qu'il faut connaître d'abord.

3. Cf. *Discours*, 1re partie, AT, VI, 9 et 10.

Telle est la deuxième idée, si fondamentale, qui dirige la révolution cartésienne. Bien que Descartes ne la reproduise pas, il aurait pu reprendre à son compte, comme fera d'ailleurs Kant, la fameuse définition scolastique de la vérité comme *adaequatio rei et intellectus*. Or tout le problème est de savoir comment se produit cette *adaequatio*. Est-ce la pensée qui, pour être vraie, doit se corriger, se modeler, se façonner, s'ajuster au réel ? La vérité consiste-t-elle pour la pensée, à force de reprises et de retouches, à mouler le réel comme un vêtement moule le corps ? Ainsi pensent tous les savants, épuisant leur ingéniosité à bricoler des théories pour ajuster la pensée aux choses. C'est cette démarche même, cette science même que Descartes répudie. Pour lui, *la vérité n'est pas ce qui est conforme à la réalité ; c'est ce à quoi la réalité ne peut être que conforme*. Ainsi quiconque a une idée vraie sait qu'elle est vraie[4] sans avoir à rien considérer d'ailleurs ni à la confronter à aucune réalité. La vérité n'est pas un caractère extrinsèque de l'idée vraie. Si une idée ne devenait vraie que par une heureuse rencontre avec la réalité, *nous ne serions jamais certains* qu'une idée fût vraie jusqu'à ce qu'elle eût rencontré une réalité conforme, et même *nous ne serions jamais certains* qu'une telle idée continuât d'être vraie puisque nous ne serions nullement assurés que cette conformité durât. On voit ici combien la description spinoziste de l'idée adéquate sera fidèle à la pensée cartésienne[5]. On voit aussi quelle influence dut exercer sur sa conception de la

4. Cf. A Mersenne, 16 octobre 1639, AT, II, 596-597, (FA, II, 144).
5. Cf. p. ex. dans sa lettre LX à Tschirnhaus, la distinction que fait Spinoza entre « *l'idée vraie* » qui résulte de « l'accord de l'idée et de son idéat », et « *l'idée adéquate* » dont la vérité est inhérente à la nature de l'idée en elle-même (in *Œuvres*, éd. Pléiade, p. 1256).

vérité l'expérience qu'en fit d'abord Descartes dans ses recherches mathématiques, où la vérité d'une idée ne s'atteste que par *la certitude* qu'on en éprouve, indépendamment de toute réalité. Car tel est bien le postulat qui fonde toute la logique cartésienne et qui, par suite, gouverne le développement de toute la doctrine : nous ne pouvons jamais être assurés de posséder aucune *vérité* si nous ne sommes possédés de sa *certitude*[6]. La vérité ne se donne comme telle qu'à la certitude. La certitude est l'expérience métaphysique de la vérité, — spécifiquement. Or si la vérité est un caractère de l'objet en tant qu'il est connu, la certitude est un caractère du sujet en tant qu'il connaît. En faisant de la certitude la condition de détermination de la vérité, Descartes fait donc du sujet connaissant la condition de détermination de l'objet connu. De la sorte les conditions psychologiques de la certitude deviennent aussi les conditions logiques de la vérité, et les conditions de la vérité deviennent celles de la réalité. *Bien loin donc que, pour connaître, le sujet doive se faire le satellite de l'objet, c'est l'objet qui, pour être connu, doit être le satellite du sujet.* Telle est l'authentique *révolution copernicienne* qu'entraîne, chez Descartes, la détermination du statut de la vérité par l'expérience de la certitude. C'est elle qu'expriment le premier précepte des *Regulae*[7] et la première règle de la méthode dans le *Discours*[8] : le fondement de la certitude doit être le fondement de toute science.

6. L'importance de cette identification de la vérité par la certitude a été bien montrée par M. J.-L. Marion dans sa thèse *Sur l'Ontologie grise de Descartes*, Paris, 1975, p. 34-37.

7. Cf. *Regulae*, II, AT, X, 362 : « Il ne faut s'occuper que des objets dont notre esprit semble pouvoir acquérir une connaissance certaine et indubitable. » « Toute science est une connaissance certaine et évidente. »

8. Cf. *Discours*, 2e partie, AT, VI, 18.

Mais cette révolution copernicienne était déjà engagée dès cette distinction entre les arts et les sciences par laquelle débutait la première des *Regulae* [9]. En effet, remarque Descartes, un même homme se rend d'autant plus malhabile à tous les autres arts qu'il devient plus virtuose en un seul, « car ce ne sont pas les mêmes mains qu'on peut accoutumer à cultiver les champs et à jouer de la cithare ». Mais contrairement au préjugé qui y transpose les mêmes spécialisations et les mêmes limitations, les sciences n'ont pas les mêmes contraintes : plus on s'exerce dans l'une et plus on se rend capable d'avancer dans les autres. A la discontinuité, à l'hétérogénéité, au morcellement des techniques doivent donc s'opposer la continuité, l'homogénéité et l'enchaînement de toutes les sciences entre elles. En effet, dans les techniques, notre action est déterminée par son objet : de la diversité et de la particularité des objets suivent la diversité et la particularité des métiers ; le corps de l'artisan doit s'adapter à son objet ; c'est ainsi l'objet qui lui impose ses attitudes, ses gestes, sa démarche, le conditionne, le forme et le déforme. L'artisan ne peut maîtriser aucun objet qu'en s'y étant assujetti. C'est l'objet qui détermine le métier ; c'est le métier qui détermine l'artisan. *La technique fait du sujet un satellite de l'objet.* Tout à l'inverse, « toutes *les* sciences ne sont rien d'autres que *la* connaissance humaine, qui demeure toujours une et identique, si différents que soient les objets auxquels elle s'applique » [10]. De même en effet que c'est la lumière [11] qui rend les objets visibles, de même c'est

---

9. Cf. *Regulae*, I, AT, X, 359-360.

10. *Ibidem*, p. 360.

11. *Ibidem* : « la connaissance humaine ne reçoit pas plus de diversité des objets auxquels elle s'applique que n'en reçoit la lumière du soleil de la variété des choses qu'elle éclaire ».

notre faculté de connaître qui rend les objets connaissables. Comme la lumière est unique et identique
quelque divers que puissent être les objets qu'elle
éclaire, notre connaissance aussi est une et identique
si infiniment différents que soient les objets qu'elle
conçoive. Par conséquent, pas plus que la lumière ne
change comme changent ses objets, pas plus ne
change notre manière de connaître selon qu'elle
change d'objet. Les diverses sciences ne sont donc
pas diverses manières de connaître ou diverses
lumières sur divers continents, mais divers paysages
qu'éclaire la même lumière et que la même connaissance élucide. Ainsi, comme l'objet vu est dans la
dépendance de la lumière, l'objet connu est dans la
dépendance de notre faculté de connaître : *la science
fait de l'objet un satellite du sujet.*

Parce que la connaissance détermine le connu en
tant que tel, la connaissance du connu ne peut être
fondée que par celle du connaissant. *Seule la science
de la connaissance vraie permettra donc une vraie
connaissance des sciences.* Par conséquent, si nous
voulons pouvoir cueillir « les fruits légitimes des
sciences »[12], c'est-à-dire découvrir les vérités les plus
utiles « à la commodité de la vie », bien loin de nous
précipiter à l'observation et à l'étude d'objets particuliers, c'est à les rendre mieux visibles et mieux
connaissables que nous devons d'abord songer, en
sorte que notre premier et principal souci ne doit
être que « d'augmenter notre lumière naturelle »[13] et
de savoir comment les rendre connaissables. Voilà
pourquoi, chez Descartes, les recherches logiques sur
les conditions de la vérité précèdent toujours les
recherches scientifiques sur la véritable explication

12. *Ibidem*, p. 361.
13. *Ibidem*.

des choses : les *Regulae* de 1628 peuvent être tenues pour une propédeutique logique aux investigations physiques du *Monde* et du Traité de *L'Homme* de 1633 ; la deuxième et la quatrième partie du *Discours* servent de fondement logique à la cinquième ; de même la première partie des *Principes* assure la constitution de la vérité sur laquelle les trois autres parties sont fondées.

D'ores et déjà nous apparaît donc, manifestée par cette révolution copernicienne, que la plus ruineuse des précipitations n'est pas tant celle qui nous fait méconnaître l'ordre des choses connaissables que celle qui nous hâte de connaître aucune chose alors même que nous ignorons encore ce que c'est que connaître et comment la connaître [14]. Il y a donc, plus pernicieuse que celle qui nous fait négliger de suivre la méthode, la précipitation qui nous fait méconnaître que nulle connaissance ne commence que par la connaissance même de la méthode.

Il importe donc d'établir d'abord en quoi consiste cette lumière naturelle qui éclaire tous les objets de l'entendement, et en quoi consiste notre faculté de connaître.

2. *Les mathématiques comme modèle épistémique.*

Puisque la vérité est implicitement, chez Descartes, le contenu dont la certitude est l'irremplaçable forme, le problème devient celui de savoir ce qu'il y a dont nous soyons absolument certains. Là est le fondement. Là doit être le commencement. Mais à ce commencement il y a un commencement, qui est précisément la question de sa découverte : comment découvrir l'absolue certitude ? Comment découvrir l'indubitable ? Or Descartes passera presque dix ans

14. Cf. *Regulae*, IV, AT, X, 378 ; et *Regulae*, V, AT, X, 380.

avant de découvrir, en 1637, le moyen le plus rigoureux, le plus sûr, et en même temps le plus simple
pour découvrir l'absolument indubitable, — et qui
consistera à douter. Où le doute achoppera, là résis-
tera l'indubitable. Mais en 1628 Descartes ne s'y prend
pas encore ainsi.

Pour le moment, il se borne à un inventaire. Dans
cette débâcle générale des sciences, ruinées de contes-
tations et de controverses, n'y en a-t-il aucune pour
échapper à cette friabilité ? Notre exigence de certitude nous faisant désormais rejeter toutes celles qui
ne sont que probables, n'en est-il aucune pour triom-
pher de l'épreuve et s'imposer ? Descartes fait son
bilan. « Tout bien compté, constate-t-il, il ne subsiste
parmi toutes les sciences que l'arithmétique et la
géométrie. » [15] « Il n'y a qu'elles à n'être corrompues
d'aucune fausseté ni d'aucune incertitude. » [16] Il le
dira encore dans le *Discours* : « Il n'y a eu que les
seuls mathématiciens qui ont pu trouver quelques
démonstrations, c'est-à-dire quelques raisons certaines
et évidentes. » [17]

Les mathématiques vont donc servir de modèle
épistémique. La certitude de leurs raisons et de leurs
conclusions est *un fait logique exemplaire* qui nous
marque ce que nous devons exiger en toute science.
En ce sens, elles constituent un modèle de certitude
tel que « ceux qui cherchent le droit chemin de la
vérité ne devront s'occuper de rien qui ne puisse
être l'objet d'une certitude égale à celle des démonstrations d'arithmétique et de géométrie » [18]. Or, pense
Descartes, ce n'est pas de leur objet que les mathématiques reçoivent leur exemplaire certitude, mais des

15. Cf. *Regulae*, II, AT, X, 363.
16. *Ibidem*, p. 364.
17. Cf. *Discours*, 2ᵉ partie, AT, VI, 19.
18. Cf. *Regulae*, II, AT, X, 366.

principes et de l'ordre selon lesquels elles l'élucident. Ce n'est pas parce qu'ils sont géomètres que les bons géomètres raisonnent avec certitude ; c'est simplement parce qu'ils raisonnent bien que les géomètres progressent avec certitude dans leur science. Les mêmes causes produisant les mêmes effets, il suffirait donc de transporter sur de tout autres objets le même mode de raisonnement pour obtenir la même certitude en quelque science que ce soit. La certitude du raisonnement étant indépendante de son objet, elle ne peut résulter que de sa forme, et par conséquent de ses règles. Cet ensemble de règles nécessaires à la certitude du raisonnement, dès 1631 Descartes le nommera « sa Méthode naturelle »[19]. Les mathématiques n'en sont qu'une application limitée, restreinte aux plus imaginaires et aux moins utiles des objets. C'est pourquoi, si Descartes applique cette méthode « en des difficultés de mathématique », il s'efforce surtout de l'exercer en d'autres domaines pour résoudre d'autres difficultés qu'il pouvait « *rendre quasi semblables à celles des mathématiques* »[20].

19. Cf. A Villebressieu, été 1631, lettre transcrite par Baillet et parfois relatée ou résumée par lui au style indirect, AT, I, 213 : « Ce moyen d'éviter les sophismes n'était autre que sa règle universelle, qu'il appelait souvent sa *Méthode naturelle*... Le premier fruit de cette Méthode était de faire voir d'abord si la proposition était possible ou non, parce qu'il l'examinait et qu'elle l'assurait avec une connaissance et une certitude égales à celles que peuvent produire les règles de l'Arithmétique. » Cf. aussi *Regulae*, IV, AT, X, 373 : « Puisque l'utilité de *cette méthode* est si grande que sans elle il semble devoir être plutôt nuisible que profitable d'étudier, je me persuade facilement que depuis longtemps les meilleurs esprits, ou plutôt *ceux qui se laissent guider par la seule nature*, l'ont aperçue en quelque manière. »
20. Cf. *Discours*, 3e partie, AT, VI, 29. Cf. aussi, p. ex. A Mersenne, janvier 1630, AT, I, 106, lettre où il avoue vouloir « trouver une médecine qui soit fondée en démonstrations infaillibles ». A

Or si les notions, les difficultés, les problèmes de toutes les diverses sciences peuvent être rendus « quasi semblables » à ceux des mathématiques, c'est qu'il doit y avoir entre les mathématiques et toutes les autres sciences une qualité ou une propriété communes qui fonde leur quasi-similitude. Etant dissemblables par leurs objets, les mathématiques et les autres sciences ne peuvent être rendues semblables que par la communauté de leur démarche ou de leur raisonnement, c'est-à-dire de leur méthode. De cette méthode, parce qu'elles sont « les sciences les plus faciles », l'arithmétique et la géométrie sont une manifestation spontanée[21] : aussi bien la géométrie des anciens que l'algèbre des modernes en sont d'irréfragables témoignages[22]. Par leur certitude, *les mathématiques jouent donc un rôle de révélateur de la méthode* : bien loin qu'elles fondent la méthode, c'est au contraire la méthode qui est le fondement de leur certitude[23]. C'est donc cette méthode originaire qu'il importe de découvrir.

Villebressieu, été 1631 (AT, I, 216) il exprime son projet de « bâtir une physique claire, certaine, démontrée ». Le 11 mars 1640, ce projet est réalisé, et il le dit à Mersenne (AT, III, 39) : « Pour la physique, je croirais n'y rien savoir si je ne savais que dire comment les choses peuvent être sans démontrer qu'elles ne peuvent être autrement ; car, l'ayant réduite aux lois des mathématiques, c'est chose possible. » De même dans sa lettre à Plempius pour Fromondus, du 3 octobre 1637 (AT, I, 421) : « je me glorifie, écrit-il, ...de me servir d'une façon de philosopher où nulle raison n'est admise qui ne soit mathématique ou évidente. »

21. Cf. *Regulae*, IV, AT, X, 373.

22. *Ibidem*.

23. Cf. p. ex. *Regulae*, IV, AT, X, 373 : « Ces deux disciplines (l'arithmétique et la géométrie) ne sont rien d'autre que des fruits spontanément produits par les principes innés de cette méthode. » Cf. aussi *Regulae*, XIV, AT, X, 442 : « Cette partie de notre méthode n'a pas été inventée pour résoudre des problèmes mathématiques ; tout au contraire il ne convient de s'exercer à ceux-ci qu'autant qu'ils servent à cultiver celle-là. » Cf. aussi *Discours*, 2ᵉ partie, AT, VI, 19.

Comment procèdent les mathématiques ? D'où vient leur certitude ? Qu'est-ce qui caractérise leur méthode ? Descartes posera cette question une seule fois, dans la deuxième des *Regulae*[24]. Il y répondra cependant deux fois, d'abord dans les *Regulae*[25] puis dans le *Discours*[26], et moins clairement la seconde fois que la première. Il n'y aura cependant rien dans les règles de la méthode énoncées dans le *Discours* qui n'ait été fondé, explicité et développé dans les *Regulae*.

A quoi Descartes attribue-t-il donc, dans la deuxième des *Regulae*, le privilège des mathématiques ? Pour comprendre ce qui distingue la connaissance mathématique en particulier, il faut savoir en quoi consiste la connaissance en général. Celle-ci, remarque Descartes, ne peut être obtenue que de deux façons : « par l'expérience ou par la déduction ». Quant à la déduction, « elle ne peut jamais être mal faite, même par l'esprit le moins doué de raison »[27]. Il ne reste donc que l'expérience d'où puisse venir l'erreur. De cette expérience nulle connaissance ne saurait toutefois se passer, car la déduction ne saurait s'exercer si quelque chose n'était d'abord donnée, à partir de laquelle elle puisse en inférer une autre[28]. Or c'est par l'expérience que cette chose est d'abord donnée. Les divers statuts de la connaissance dépendent donc des divers statuts de l'expérience. De la précarité et de l'incertitude des diverses autres sciences à l'infaillible certitude des

24. Cf. *Regulae*, II, AT, X, 364, l. 22-26.
25. *Ibidem*, p. 365.
26. Cf. *Discours*, 2ᵉ partie, AT, VI, 19-20.
27. Cf. *Regulae*, II, AT, X, 365.
28. *Ibidem* : « la déduction, c'est-à-dire la pure et simple inférence d'une chose à partir d'une autre ».

mathématiques il ne varie par conséquent que des diverses modalités de l'expérience.

Tantôt l'expérience est celle que nous recevons des choses ; nous la retirons « de tout ce que nous percevons par les sens, de tout ce que nous entendons dire par autrui, et d'une façon générale de tout ce qui parvient à notre entendement du dehors (*aliunde*) » [29]. Toute de rencontre et indépendante de nous, cette expérience est celle que nous faisons de toutes les choses extérieures, où nous ne pouvons avoir affaire qu'à des choses composées. Nécessairement confuse, une telle expérience est donc souvent trompeuse [30]. Tel est le statut de toute *expérience physique*.

Tantôt cependant l'expérience est celle que notre entendement reçoit « de la contemplation réflexive qu'il a de lui-même (*ex sui ipsius contemplatione reflexa*) » [31]. Ce que notre entendement contemple alors réflexivement, c'est sa propre nature, originairement constituée d'idées innées [32] et de premiers principes [33]. Etant connues immédiatement par elles-mêmes, ces idées sont des « natures simples » [34], que l'entendement connaît donc par *intuition*. Etant irréductibles à nulle autre, indépendantes de toute autre, ces natures simples sont *absolues* [35]. Toutes les autres

29. Cf. *Regulae*, XII, AT, X, 422, l. 25-28.

30. Cf. *Regulae*, II, AT, X, 365, l. 2-3 ; *Regulae*, XII, p. 423, l. 4-13.

31. Cf. *Regulae*, XII, AT, X, 422, l. 28.

32. Sur ces idées innées que nous avons soit de la nature intellectuelle (connaissance, doute, ignorance, volonté), soit de la nature matérielle (figure, étendue, mouvement), soit de ce qui est commun à ces deux natures (existence, unité, durée...) cf. *Regulae*, XII, AT, X, 419.

33. Cf. *Regulae*, III, AT, X, 369, l. 24 ; et p. 370, l. 11.

34. Cf. *Regulae*, XII, AT, X, 418, l. 13-17 ; p. 420, l. 3-15.

35. Cf. *Regulae*, VI, AT, X, 381, l. 22-26.

idées y sont relatives ; toutes les autres en sont composées ; toutes les autres en dépendent ; elles seules sont si claires et si évidentes qu'elles sont à elles-mêmes leur propre raison. L'intuition que nous en avons peut donc bien être définie comme l'expérience même de la pensée, ou encore comme *l'expérience métaphysique de la vérité*, puisqu'il s'agit de ce que nulle pensée ne peut manquer de concevoir dès qu'elle se rend attentive à elle-même, et qu'il lui faut nécessairement affirmer puisqu'elle ne pourrait le nier sans se nier elle-même. Absolues, innées, originaires, ces natures simples sont les fondements logiques de toute vérité : nul esprit ne fait l'expérience de l'évidence que par l'expérience qu'il en a [36]. Ainsi, l'intuition étant l'expérience même de ces natures simples, il n'est absolue certitude que de *l'intuition*.

Puisque tout ce que nous pouvons comprendre est donc ou simple ou composé, il va de soi que « nous ne pouvons jamais avoir aucune connaissance que de ces natures simples et de ce qui en est mélangé ou composé » [37]. Ne pouvant se glisser dans l'intuition des natures simples, l'erreur ne peut alors venir que de la manière dont s'exerce la *composition* [38]. Mais il n'y a qu'une manière où nous soyons assurés de la vérité de ce qu'elle compose : c'est *la déduction* [39].

Voilà donc pourquoi « l'arithmétique et la géométrie sont bien plus certaines que toutes les autres disciplines : c'est qu'elles seules traitent d'un objet si pur et si simple qu'elles n'admettent absolument

36. Cf. *Regulae*, VIII, AT, X, 394, l. 12-13 : « il n'y a d'expérience certaine que des choses parfaitement simples et absolues ».
37. Cf. *Regulae*, XII, AT, X, 422, l. 7-9.
38. *Ibidem*, p. 423, l. 28-30. Sur les trois manières de composer, soit par impulsion, soit par conjecture, soit par déduction, *ibidem*, p. 424, l. 1-18.
39. *Ibidem*, p. 424, l. 19-20.

rien que l'expérience ait rendu incertain, et qu'elles consistent tout entières à en déduire rationnellement les conséquences » [40]. Si les objets mathématiques sont « purs », c'est en tant qu'ils ne sont mélangés d'aucune expérience externe, et par conséquent en tant qu'ils ne sont des produits que de l'esprit faisant réflexion sur lui-même et composant ses propres idées. Leur pureté est donc une seule et même chose avec leur innéité. S'agissant d'idées innées et de natures simples, ils sont connus par intuition. Tout le privilège et toute l'exemplaire certitude des mathématiques viennent donc seulement de ce que rien n'y est jamais connu que par intuition et déduction. A la question de savoir d'où vient l'exemplaire certitude des mathématiques, et par quels moyens toute connaissance pourrait rivaliser de certitude avec elles sur quelque sujet que ce soit, Descartes peut donc répondre dans la troisième des *Regulae* qu' « il n'y a que deux actes de l'entendement *(intellectus nostri actiones)* par lesquels nous puissions parvenir à la connaissance des choses sans nulle crainte de nous y tromper : l'intuition et la déduction » [41]. « Pour accéder à la science, conclut-il, ce sont ces deux voies qui sont les plus certaines ; l'esprit ne doit pas en admettre davantage, mais au contraire rejeter

40. Cf. *Regulae*, II, AT, X, 365, 1. 14-19.
41. Cf. *Regulae*, III, AT, X, 368. Il est à remarquer toutefois que Descartes n'emploie pas ici le mot *deductio*, mais écrit « *intuitus scilicet et inductio* » (1. 11-12). La suite du texte laisse pourtant clairement entendre qu'il s'agit de la *deductio* (cf. p. 368, 1. 19 ; p. 369, 1. 20 ; p. 370, 1. 5 et 13). Ce doublet nous semble néanmoins ne pas devoir être mis au compte de quelques hésitations du vocabulaire, mais signifier que la *déduction* dont il s'agit ici n'est pas celle qui change notre savoir contre sa petite monnaie, mais cette *déduction amplifiante* que Descartes nomme aussi *illatio* (cf. *Regulae*, II, AT, X, 365, 1. 3) comme celle qui, en géométrie, déduit la ligne du point, la surface de la ligne, etc...

toutes les autres comme suspectes et exposées à l'erreur. » [42]

3. L'intuition comme fondement de toute science.

Pouvant se définir comme l'intuition d'un rapport déterminé entre deux intuitions [43], la déduction se réduit à n'être qu'une intuition d'intuitions. C'est donc bien à la nature de l'intuition que peut se ramener la nature de toute connaissance certaine. Descartes, il est vrai, remarquera que la déduction s'exerce dans la discursivité, la succession, et par conséquent qu' « elle emprunte sa certitude à la mémoire » [44]. Aussi éprouvera-t-il le besoin de s'assurer de ces *séries* d'intuitions à travers lesquelles chemine la déduction ; et de là viendra l'exigence des inventaires, des énumérations, des dénombrements, des recensements, des revues et des récapitulations [45], si serrés, si précis, si fréquents que la mémoire finalement n'y aura « presque plus aucun rôle » [46]. De la sorte, comme un arpège de plus en plus volubile semble toujours sur le point de se contracter en

---

42. *Ibidem*, AT, X, 370, l. 16-19.
43. Cf. p. ex. *Regulae*, III, AT, X, 369 : « Cette évidence et cette certitude *de l'intuition* ne sont pas seulement requises pour les propositions simples, mais aussi *pour toute démarche discursive*. Soit, par exemple, cette conclusion : 2 et 2 = 3 + 1 ; non seulement *il faut voir intuitivement* (*intuendum est*) que 2 + 2 = 4 et également que 3 + 1 = 4, mais il faut voir en outre que cette proposition se conclut nécessairement de ces deux-là. » Cf. aussi *Regulae*, XI, AT, X, 407 : « la déduction simple d'une chose à partir d'une autre se fait *par intuition* » ; p. 408, l. 3 : « la déduction... se voit *par intuition* (*illam per intuitum videri*) ».
44. Cf. *Regulae*, III, AT, X, 370, l. 8-9 ; cf. aussi *Regulae*, XI, AT, X, 408, l. 6-10.
45. Cf. *Regulae*, VII, AT, X, 387-389 ; *Regulae*, XI, AT, X, 409 ; *Discours*, 2ᵉ partie, AT, VI, 19.
46. Cf. *Regulae*, VII, AT, X, 388, l. 5-6 ; *Regulae*, XI, AT, X, 409, l. 6-7.

l'instantanéité d'un accord, les revues de plus en plus fréquentes, de plus en plus aisées, et de plus en plus rapides, finissent par sembler sur le point de résoudre la succession en simultanéité et de nous procurer ainsi une intuition synoptique de l'enchaînement même des déductions ; tant et si bien « qu'il me semble, dit Descartes, obtenir une intuition simultanée de tout » [47] : dénombrements et revues sont donc de *quasi-intuitions*. Puisque aussi bien les dénombrements et les déductions s'y réduisent, l'intuition est le fondement même de toute connaissance. Quoi que nous voulions savoir ou que nous prétendions élucider, rien ne sera donc jamais certain qu'autant que nous l'aurons réduit à une *série* d'intuitions, laquelle est à son tour réductible, d'une part, à *l'ordre* dans lequel ces intuitions s'ensuivent et, d'autre part, aux *intuitions premières* qui en sont le fondement.

Tout le problème de la science devient alors celui de savoir comment découvrir ces intuitions originaires qui sont l'indispensable commencement et fondement de toute connaissance certaine. Or, la définition que Descartes donne de l'intuition dans la troisième des *Regulae* nous met sur le chemin d'une telle méthode. L'intuition, dit-il, est « ce que conçoit un esprit pur et attentif, si facilement et si distinctement qu'il ne lui reste aucun doute sur ce qu'il comprend de la sorte » [48].

1° Consistant en une conception *(conceptum)*, l'intuition est une représentation de l'entendement. Comme l'esprit pur *(mens pura)* est celui auquel rien d'extérieur n'est mêlé, nous ne pouvons retrouver sa pureté originaire qu'en ôtant de lui toutes les idées

---

47. Cf. *Regulae*, VII, AT, X, 388, l. 6-7 et XI, AT, X, 409, l. 7.
48. Cf. *Regulae*, III, AT, X, 368, l. 15-16.

adventices qu'il a pu recevoir. L'intuition ne peut donc être donnée qu'à un esprit capable de se résumer à sa pure nature originaire. Cela suppose toutefois que, sans rien tirer d'ailleurs que de soi, l'entendement soit *originairement connaissant,* c'est-à-dire constitué d'idées et de premiers principes *innés.*

2° Par quel procédé cependant, par quelle purification l'esprit va-t-il pouvoir se dépouiller de toutes les idées qu'il a acquises ? Pour se rendre capable d'intuition, comment va-t-il pouvoir abroger sa propre histoire ? Comment saura-t-il jamais que telle idée est reçue ou qu'elle lui est innée ? Bien qu'une telle question ne soit pas explicitement posée en 1628, c'est à son exigence latente que répondront tous les exposés de la doctrine à partir de 1637 [49]. Rien que l'exercice du doute pourra en effet dépouiller l'esprit de tout sauf de lui-même. Par le doute, l'esprit répudiera toutes ses idées hors celles qui lui sont innées et qu'il ne pourrait nier sans se nier.

Voilà pourquoi, nous semble-t-il, l'intuition est ici-même définie comme indubitable : « *ut nulla prorsus dubitatio relinquatur* [50], *...non dubium conceptum* [51]. » Voilà pourquoi aussi, identifiée à celle des intuitions originaires, la recherche de la vérité commencera toujours chez Descartes par l'exercice du *doute méthodique.* Il n'y a en effet qu'une seule méthode pour découvrir ce dont on ne peut pas douter : c'est d'avoir inventorié d'abord tout ce dont on peut douter. L'expérience de toute la puissance du doute précède donc nécessairement, autant qu'elle la fonde, l'expérience de l'indubitable qui est celle de la vérité.

---

49. Cf. *Discours,* 4e partie, AT, VI, 31-33 ; *Méditations première et seconde,* AT, IX-1, 13-19 ; *La Recherche de la vérité,* AT, X, 506-514 ; *Principes,* liv. I, art. 1-10.

50. Cf. *Regulae,* III, AT, X, 368, 1. 16-17.

51. *Ibidem,* 1. 18.

Il nous apparaît ainsi que l'exercice du doute méthodique était *réflexivement* requis et comme annoncé par cette définition même de l'intuition que donne Descartes dans la troisième des *Regulae*.

3° Découverte par le doute, l'intuition n'est toutefois manifeste, ajoute Descartes, qu'à un esprit *attentif (mens attenta)*. S'opposant à toutes les distractions, cette attention peut être comprise en deux sens.

Ou bien l'attention doit s'exercer à exclure les idées avoisinantes qu'on pourrait confondre avec celle qu'on considère, parce qu'une partie de leur compréhension leur est commune. Ainsi on pourrait confondre par inattention le carré et le rectangle parce que l'un et l'autre sont des quadrilatères dont les angles sont droits, ou encore le carré et le losange parce qu'ils sont l'un et l'autre des quadrilatères ayant leurs quatre côtés égaux. L'attention serait donc requise pour dé-limiter en compréhension l'objet de notre entendement, le dé-finir, et en obtenir ainsi « une conception distincte » *(distinctum conceptum)* [52]. Cependant, étant absolument indécomposable, chaque objet de notre intuition est une notion si simple qu'elle ne peut qu'être originairement distincte. Nul ne peut en effet confondre l'être et le néant, l'étendue et la durée, la figure, le mouvement, le nombre... Leur compréhension est en effet si spontanément claire, si immédiatement distincte, si « facile » [53], qu'il suffit de les concevoir pour les distinguer. Telle n'est donc pas la véritable fonction de l'attention requise par l'intuition. Si elle ne s'exerce pas dans la conception de l'intuition, reste que ce soit alors pour parvenir à cette conception qu'elle s'exerce.

52. *Ibidem*, 1. 15-16.
53. *Ibidem*, 1. 15.

En ce deuxième sens, l'attention consiste à refuser toutes les idées confuses parce que composées. Du même coup, elle répudie toutes les idées des choses matérielles pour lesquelles néanmoins nous sollicitent l'intérêt, l'utilité, l'accoutumance, et la vraisemblance. Or, en nous rendant ainsi indifférents à l'ordre de l'action, c'est à tout ce qui nous unit à notre corps que l'attention nous soustrait. Si nous avons à être attentifs, c'est certes parce qu'*il est de notre nature que notre esprit soit uni à un corps ;* mais notre esprit pourtant n'est attentif qu'autant qu'il est pur, en sorte que nous ne sommes capables d'attention qu'autant qu'*il est de la nature de notre esprit d'être indépendant de la nature du corps.*

Caractérisée dans les *Regulae*, cette nécessité de l'attention pour accéder à l'intuition vient donc de nous faire apparaître qu'elle portait en elle, *réflexivement*, la reconnaissance de notre nature métaphysique telle qu'elle sera découverte et explicitée dans la *Sixième Méditation :* celle de l'âme et du corps comme deux natures substantiellement distinctes et en même temps celle de notre nature comme l'union d'une âme et d'un corps.

A cette élucidation de l'intuition que nous venons de tenter, une remarque manque encore, et que l'approfondissement de la doctrine nous fera paraître essentielle. Nous venons de voir que l'intuition est la condition de toute science, et que la pureté et l'attention de l'esprit sont les conditions de l'intuition. Mais de cette pureté et de cette attention quelle est la condition ?

La condition de la pureté, c'est le doute. Pouvoir de juger et de refuser, la condition du doute c'est *la volonté.* Or, de même, il n'y a pas d'autre condition de l'attention que cet inaliénable pouvoir du refus, c'est-à-dire *encore la volonté.*

Concluons donc qu'autant l'intuition est le fondement de toute science, autant la volonté est le fondement de toute intuition, autant l'infinité de la science n'est promise qu'à l'infinité de notre volonté.

4. *La mathesis universalis.*

L'instrument d'une science certaine ainsi découvert, restait à l'employer. Dans la quatrième des *Regulae*, Descartes va donc caractériser ce grand projet que nous semblait déjà annoncer sa lettre à Beeckmann du 26 mars 1619 [54], à la poursuite duquel il déclare en 1630 [55] sacrifier encore toute autre occupation, et dont le *Discours de la Méthode* sera, en 1637, à la fois l'aboutissement et l'illustration [56].

---

54. Cf. AT, X, 156-157, (FA, I, 37-38) : « Je désire livrer au public une science aux fondements nouveaux, permettant de résoudre en général toutes les questions qui pourraient se poser en quelque genre de quantité que ce soit, tant continue que discontinue... »

55. Cf. A Mersenne, 15 avril 1630, AT, I, 137-138, (FA, I, 255-256) : « Que si vous trouvez étrange de ce que j'avais commencé quelques autres traités étant à Paris, lesquels je n'ai pas continués, je vous en dirai la raison... Mais ce qui m'assure que je ne changerai plus de dessein, c'est que celui que j'ai maintenant est tel que, quoi que j'apprenne de nouveau, il m'y pourra servir, et encore que je n'apprenne rien plus, je ne laisserai pas d'en venir à bout. »

56. Le titre que Descartes avait eu d'abord dessein de donner au *Discours* manifeste en effet clairement quelle continuité s'exerce entre l'entreprise d'une *mathesis universalis* définie en 1628 et ce *Projet d'une science universelle* publié en 1637. Cf. A Mersenne, mars 1636, AT, I, 339, (FA, I, 516) : « Afin que vous sachiez ce que j'ai envie de faire imprimer, il y aura quatre traités, tous français, et le titre général sera : *Le Projet d'une science universelle, qui puisse élever notre nature à son plus haut degré de perfection. Plus, la Dioptrique, les Météores, et la Géométrie, où les plus curieuses matières que l'auteur ait pu choisir, pour rendre preuve de la science universelle qu'il propose, sont expliquées en telle sorte que ceux mêmes qui n'ont point étudié les peuvent entendre.* »

Il nous le dit[57] : la principale visée, le but essentiel, la raison d'être des *Regulae*, c'est la découverte de la *mathesis universalis*. Sans elle, toute règle scientifique n'est jamais qu'artisanale, tord l'esprit selon la courbure de son objet et le borne au territoire de son application. C'est pourquoi, comme nous l'avons vu, s'opposant à celle des techniques, la véritable démarche scientifique, tout à l'inverse, va de l'esprit à son objet, et de l'universel au particulier. En effet, toute règle n'est utile qu'autant qu'elle est vraie ; mais rien ne nous assure de sa vérité que la certitude qu'on en a ; quant à sa certitude, elle n'a d'autre fondement que la nature même de l'esprit. Avant d'obtenir aucune certitude dans nos connaissances, il nous faut donc connaître les conditions originaires de toute certitude. Sans la connaissance de toute certitude possible, nous ne pouvons donc être assurés de la certitude d'aucune connaissance. La vérité de toute science ne peut être connue que par la science de toute vérité. Une connaissance de la vérité en général doit donc précéder la reconnaissance de toute vérité particulière. Par conséquent, toute science véritablement connue (comme *mathesis specialis*) ne peut jamais être qu'une spécification de cette *mathesis universalis* qui est la science de la vérité de toute connaissance possible.

S'il peut donc arriver, par exception, qu'une extrême subtilité ou une heureuse fortune nous procurent quelques vérités dans telle science ou dans telle autre, ces vérités ne peuvent jamais être que locales, fragmentaires, éparses et isolées. Pour réaliser le projet cartésien d'une science infinie, cette charpie de vérités n'est donc qu'absolument inutile : ce qu'il faut découvrir, c'est au contraire la solide et longue trame où,

57. Cf. *Regulae*, IV, AT, X, 373, 1. 25-26.

s'enlaçant et se nouant[58], s'enchaîneront l'infinité des vérités. Cette trame, c'est la *mathesis universalis*. Le processus de tissage des vérités, consistant à nouer les idées et les propositions entre elles selon cette trame, c'est *la méthode*. Ce tissage se fait en nouant les différents fils selon un point toujours le même, qui est *l'intuition*. Quant au tissu, c'est *la science* elle-même où, comme les divers motifs d'une tapisserie, apparaissent les diverses vérités. Comme la trame conditionne le procédé de tissage, la *mathesis universalis* fonde et conditionne la méthode, qui fonde et conditionne la science. La méthode est la mise en œuvre de la *mathesis universalis*. La science résulte de la mise en œuvre de la méthode. C'est cette *mathesis universalis* qu'il s'agit donc de découvrir d'abord. Après quoi, il sera facile de caractériser la méthode, puis, l'appliquant, de constituer la science.

Cette *mathesis universalis*, comment Descartes l'a-t-il découverte ? Il en a d'abord repéré l'usage ici et là, dans telle démarche logique, dans tel enchaînement furtif de vérités, dans l'exercice de telle discipline, comme à l'envers de quelque fragment de broderie l'indéfectible trame. Ainsi, remarque-t-il, à l'occasion des figures et des nombres, l'arithmétique et la géométrie en fournissent « des exemples tels qu'aucune autre science n'en saurait procurer de plus évidents ni de plus certains »[59]. Quelques démonstrations que Pappus et que Diophante avaient découvertes[60], l'analyse que les anciens géomètres appliquaient à la résolution de tous les problèmes[61], l'algèbre dont se

---

58. Ce paradigme du tissage pour signifier la constitution de la science est utilisé par Descartes dans la dixième des *Regulae* ; cf. AT, X, 404.

59. Cf. *Regulae*, IV, AT, X, 374, l. 1-3.

60. *Ibidem*, p. 376, l. 21-22.

61. *Ibidem*, p. 373, l. 12-15.

servent les modernes [62], sont autant de produits, d'effets, de résultats de cette *mathesis universalis*. Pour l'élucider, il suffira par conséquent de partir de ces « vestiges » mathématiques et de remonter à leur origine logique, comme on déduirait une cause de ses effets, ou un principe de ses applications.

Quelle relation y a-t-il donc entre les mathématiques ordinaires et la *mathesis universalis* qui s'y exerce ?

1° Leur relation, explicite d'abord Descartes, est celle par laquelle une œuvre artisanale résulte des principes mêmes de l'art qu'elle révèle, qui la produit, et qui s'y manifeste [63].

2° Étant celle d'une application à son principe, cette relation est celle du déterminé au déterminant, et du particulier à l'universel. Aussi Descartes dit-il qu'il s'agit de « passer de l'étude *particulière* de l'arithmétique et de la géométrie à une sorte d'investigation *générale* de la mathématique » [64] ; si bien que la *mathesis universalis* sera définie comme « *une science générale* qui explique tout ce qu'on peut rechercher touchant l'ordre et la mesure *indépendamment de leur application à aucune matière particulière* [65] ».

---

62. *Ibidem*, 1. 15-16.

63. *Ibidem*, p. 376, 1. 26, p. 377, 1. 2 : « ainsi que bien des artisans l'ont fait pour leurs inventions... ils ont préféré nous montrer des effets de leur art, plutôt que nous enseigner cet art lui-même ».

64. *Ibidem*, p. 377, 1. 10-11.

65. *Ibidem*, p. 378, 1. 4-7 : « generalem quamdam esse debere scientiam, quae id omne explicet, quod circa ordinem et mensuram nulli speciali materiae addictam quaeri potest ». (il doit y avoir une science générale qui explique tout ce qu'il est possible de rechercher touchant l'ordre et la mesure, sans assignation à quelque matière particulière que ce soit), FA, I, 98. Ce texte est à rapprocher du passage du *Discours de la Méthode* (2ᵉ partie) où Descartes projette une application universelle de la méthode car, dit-il, « ne l'ayant assujettie à aucune matière particulière, je

3° Appliquant la connaissance de l'ordre et de la mesure à des matières particulières, on comprend que non seulement l'arithmétique et la géométrie « mais aussi l'astronomie, la musique, l'optique, la mécanique et beaucoup d'autres sciences » soient « des parties de *la* mathématique » [66]. Mais on s'abuserait en croyant que le rapport des diverses sciences à la *mathesis universalis* soit alors celui des parties au tout, ou comme dans une tapisserie, celui des divers morceaux par rapport à l'ensemble de la trame. Pas plus que l'universel n'est obtenu par l'accumulation du particulier, pas plus que la science fondamentale n'est le *corpus* de toutes les sciences qu'elle fonde, pas plus la *mathesis universalis* n'est en effet le résultat de l'addition des diverses sciences mathématiques comme on obtiendrait le tout par l'addition de ses parties. Tout au contraire, ce sont ces sciences elles-mêmes qui sont produites par la *mathesis universalis*. Par conséquent, si elles en sont des parties, c'est en tant qu'elles s'appliquent, quoique semblablement, à diverses parties de la réalité. Formellement identiques dans leur démarche et leur certitude, c'est la particularité matérielle de leur objet qui les spécifie. Des mathématiques ordinaires à la *mathesis universalis*, le rapport est donc celui qu'il y a entre la matière et la forme : la *mathesis universalis* est le système formel de toute connaissance possible selon un ordre.

4° Un passage de ce même texte semblerait pourtant suggérer l'interprétation inverse. « Bien que je sois souvent amené à parler ici de figures et de nombres parce qu'on ne peut demander à aucune

me promettais de l'appliquer aussi utilement aux difficultés des autres sciences. (cf. AT, VI, 21).

66. *Regulae*, IV, AT, X, 377, l. 14-16.

autre science des exemples aussi évidents et aussi certains, néanmoins, prévient Descartes, quiconque considérera mon projet avec attention s'apercevra facilement que je ne pense ici à rien moins qu'à la mathématique ordinaire, mais que j'expose une autre science dont ils sont le vêtement plutôt que les parties. » [67] On commente parfois ce texte comme si c'était les mathématiques ordinaires qui fussent le sujet de la dernière proposition (« *cujus integumentum sint potius quam partes* »). Il n'y a cependant pas à hésiter sur la traduction : il s'agit des figures et des nombres, les meilleurs exemples d'évidence qu'on puisse trouver. Comment comprendre alors que les figures et les nombres soient des revêtements de la *mathesis universalis* ? De même que sur un corps les mouvements d'une étoffe ne font que reproduire les mouvements mêmes de ce corps, de même les relations des figures entre elles et des nombres entre eux ne font qu'exprimer et reproduire, sous un aspect ou sous un autre, ce système logique de relations que constitue la *mathesis universalis*. Empruntant une comparaison au paradigme cartésien du tissage, nous pourrions dire que les figures et les nombres sont comme les différentes laines dont les points, tous identiques, sont noués sur la trame de la *mathesis universalis* qu'ils recouvrent. Différence : alors que les nombres et les figures sont *les parties*, c'est-à-dire les éléments de l'arithmétique et de la géométrie, ils ne sont qu'*un revêtement* de la *mathesis universalis*. Sans les nombres, il n'y aurait pas d'arithmétique ; sans la *mathesis universalis*, il n'y aurait pas de nombres : les mathématiques ordinaires sont des sciences constituées ; la *mathesis universalis* est la science constituante.

---

67. *Ibidem*, p. 373, l. 31 - p. 374, l. 7.

Cependant, si les nombres et les figures sont des revêtements de la *mathesis universalis*, ne faut-il pas alors penser qu'elle soit comme la matière dont ils seraient diverses formes possibles ? Tout à l'inverse, comme l'étoffe n'a d'autre forme que celle du corps qu'elle revêt, c'est la *mathesis universalis* qui donne leur forme logique aux figures et aux nombres. Par conséquent, n'étant que des habillages de la *mathesis universalis*, l'arithmétique et la géométrie n'ont pas de réalité logique propre. Des mathématiques ordinaires à la *mathesis universalis*, la relation est donc non pas celle de la forme à la matière mais de l'apparence à la réalité.

5° Uniquement constituée par les rapports originaires des idées innées entre elles et des théorèmes qui s'en déduisent, la *mathesis universalis* a son fondement dans l'entendement. Purement intellectuelle, elle doit donc être purement réflexive. S'ensuivent deux conséquences. La première est que le système formel de toute connaissance possible doit pouvoir être découvert entièrement *a priori*. La seconde est que si la réalité formelle de toute connaissance vient de l'entendement pur, les apparences que revêt cette réalité ne viennent pas de l'entendement. C'est à l'imagination que sont donc empruntées les apparences que l'arithmétique et la géométrie donnent à la *mathesis universalis* en la *revêtant* de nombres et de figures. Pour découvrir la *mathesis universalis*, il suffit par conséquent de dépouiller les représentations mathématiques des représentations concrètes que l'imagination leur procure : sous les vêtements de l'imaginaire apparaîtront alors en leur nudité les formes logiques originaires.

Voilà sans doute pourquoi, dans le texte latin de la *Cinquième Méditation*, Descartes caractérise la *mathesis universalis* par rapport aux mathématiques

ordinaires comme « pure et abstraite » [68]. Elle est
pure en tant qu'elle n'est mélangée d'aucune représentation par l'imagination. Elle est abstraite en tant
qu'elle ne peut être découverte que réflexivement,
en éliminant toute figuration concrète de l'imagination. Des mathématiques ordinaires à la *mathesis
universalis*, la relation est par conséquent celle de
l'imagination à l'entendement, de la représentation
figurative à la réflexion, et du concret à l'abstrait.

6° Dans la mesure où nous appelons « absolu tout
ce qui contient en soi, dans sa pureté et sa simplicité,
la nature dont il est question » [69] et relatif « ce qui
participe de cette même nature » [70], cette relation doit
être aussi comprise comme celle du relatif à l'absolu.

7° Des diverses figurations mathématiques à la
mathesis universalis on va donc régresser généalo-
giquement comme du dérivé à l'originaire. En tant
qu' « elle doit contenir les premiers rudiments de
la raison humaine » [71], la *mathesis universalis* qui
les élucide et y prend son fondement est bien en
effet la science de l'originaire. En tant qu'elle est
« spontanément » produite à partir des « premières
semences de pensées utiles » originairement déposées
dans l'esprit [72], elle est la science originaire. Enfin,
en tant qu'elle est « la source de toutes les autres » [73]
et que, par conséquent, « les autres sciences lui sont

68. Cf. *Meditatio quinta*, AT, VII, 65.
69. Cf.*Regulae*, VI, AT, X, 381, l. 22-23.
70. *Ibidem*, p. 382, l. 3-4.
71. Cf. *Regulae*, IV, AT, X, 374, l. 7-8.
72. *Ibidem*, p. 373, l. 7-11 : « l'esprit humain possède en effet
je ne sais quoi de divin où les premières semences de pensées
utiles ont été jetées, en sorte qu'elles produisent souvent des
fruits spontanés malgré le dévoiement des études qui les négli-
geaient ou les étouffaient ».
73. *Ibidem*, p. 374, l. 11-12.

subordonnées » [74] et « en dépendent » [75], la *mathesis universalis* est aussi l'origine de toute science.

Cette *mathesis universalis* découverte, caractérisée, développée, qu'en résultera-t-il ? Fondement de toute science, elle doit « s'étendre jusqu'à extraire les vérités de quelque sujet que ce soit » [76]. Contrairement à toutes les autres sciences qui ne peuvent espérer tirer les vérités que de certains sujets particuliers, limités, spécialisés, il n'est pour elle domaine qui ne soit le sien. Sa compétence s'exerce aussi loin que peuvent s'appliquer l'ordre et la mesure, aussi loin que la suite des nombres et que l'étendue : à l'infini. Pour y parvenir, il suffit de suivre point à point la trame de cette *mathesis*. Cette trame sera réflexivement découverte. L'imagination ou l'expérience fourniront la laine et les couleurs. Le procédé de tissage, ce sont les règles de la méthode. Voyons donc en quoi consiste cette méthode et quelles sont ces règles.

5. *L'ordre.*

Le but de la méthode, c'est encore dans cette quatrième des *Regulae* que Descartes le définit. Il en attend seulement deux choses : l'infrangibilité de chaque maillon de la science et l'enchaînement indéfini

---

74. *Ibidem*, l. 11-12 : « aliis sibi subditis ».
75. *Ibidem*, l. 19 : « disciplinas alias, quae ab ea dependent ».
76. *Ibidem*, l. 8-9 : « et ad veritates ex quovis subjecto eliciendas se extendere debet ». Cf. aussi p. 372, l. 3-4 ; *Regulae*, VIII, AT, X, 393, l. 11-13. Cf. aussi *Discours*, II, AT, VI, 19 : « Ces longues chaînes de raisons, toutes simples et faciles, dont les géomètres ont coutume de se servir, pour parvenir à leurs plus difficiles démonstrations, m'avaient donné occasion de m'imaginer que *toutes les choses qui peuvent tomber sous la connaissance des hommes s'entresuivent en même façon* et que... il n'y en peut avoir de si éloignées auxquelles enfin on ne parvienne, ni de si cachées qu'on ne découvre. »

de toutes les connaissances entre elles. Solidité et continuité. La première fonction de la méthode va donc être de garantir la véracité de chaque connaissance. Toute erreur résultant du quiproquo par lequel une idée fausse est prise pour une idée vraie, il suffira en effet d'éviter toujours une telle confusion pour être assuré de ne jamais se tromper [77]. A cela s'emploieront la règle d'évidence et la règle de division, l'une écartant toute idée confuse et l'autre résolvant toute idée complexe en un agencement clair d'idées simples et distinctes. La deuxième fonction de la méthode sera de conduire continûment la connaissance, de degré en degré, jusqu'aux confins du connaissable [78]. C'est aux règles de composition, de dénombrement et de synopsis que cette charge sera confiée.

Pour parvenir à ces buts, comment la méthode va-t-elle s'exercer ? Autant de fois Descartes évoque la méthode, autant de fois il la caractérise d'invariable façon : « toute la méthode consiste dans une mise en ordre » [79] ; elle n'est « rien d'autre que l'observation fidèle d'un ordre » [80] et « n'enseigne presque rien sinon

---

77. Cf. *Regulae*, IV, AT, X, 371-372 : « Per methodum autem intelligo regulas certas et faciles, quas quicumque exacte servaverit, nihil unquam falsum pro vero supponet... » (Ce que j'entends par méthode, ce sont des règles certaines et faciles, par l'observation exacte desquelles on sera sûr de ne jamais prendre une erreur pour une vérité), FA, I, 91.

78. *Ibidem*, p. 372 : « ...et nullo mentis conatu inutiliter consumpto, sed gradatim semper augendo scientiam, perveniet ad veram cognitionem eorum omnium quorum erit capax ». (et sans dépenser inutilement les forces de son esprit, mais en accroissant son savoir par un progrès continu, on sera sûr de parvenir à la connaissance vraie de tout ce dont on sera capable), FA, I, 91.

79. Cf. *Regulae*, V, AT, X, 379.

80. Cf. *Regulae*, X, AT, X, 404.

à édifier cet ordre » [81], « à suivre le vrai ordre » [82], à garder « toujours l'ordre qu'il faut » [83].

Si essentiel par conséquent à la méthode qu'elle s'y résume, quel est cet ordre ?

1° L'ordre est la succession irréversible et univoque des idées, telle que celles qui suivent dépendent de celles qui précèdent [84]. Allant de l'inconditionné au conditionné, l'ordre va donc des principes à leurs conséquences [85] et de l'absolu au relatif [86].

2° L'ordre nécessaire que la méthode doit suivre est par conséquent celui qui, « partant toujours des choses les plus simples et les plus faciles » [87], progresse continûment jusqu'à la connaissance des plus composées et des plus complexes [88]. La notion d'ordre postule donc, d'une part, l'existence de natures simples originaires [89] et, d'autre part, que toutes les autres idées soient produites par la composition de

81. Cf. *Regulae*, XIV, AT, X, 451.

82. Cf. *Discours*, 2ᵉ partie, AT, VI, 21.

83. *Ibidem*, p. 19.

84. Là-dessus la pensée de Descartes est fixée dès 1628. Ce n'est pas autrement que nous la trouvons formulée dans les *Secondes Réponses*, cf. AT, IX-I, 121 : « L'ordre consiste en cela seulement, que les choses qui doivent être proposées les premières doivent être connues sans l'aide des suivantes, et que les suivantes doivent être disposées de telle façon, qu'elles soient démontrées par les seules choses qui les précèdent. »

85. Cf. lettre-préface de l'édition française des *Principes*, AT, IX-2, 2.

86. Cf. *Regulae*, VI, AT, X, 382.

87. *Regulae*, IV, AT, X, 378, l. 26-379, l. 1 ; *Regulae*, VI, AT, X, 387, l. 5-6.

88. Cf. *Regulae*, X, AT, X, 405, l. 17-20 ; *Discours*, 2ᵉ partie, AT, VI, 18 (la 3ᵉ règle de la méthode) ; 6ᵉ partie, AT, VI, 72 ; cf. aussi à Mersenne, 24 décembre 1640 (AT, III, 266), où Descartes rappelle « qu'en raisonnant par ordre » on ne peut qu'aller « *a facilioribus ad difficiliora* ».

89. Cf. *Regulae*, XII, AT, X, 419-420.

ces idées simples [90], en sorte qu'il suffise de les y avoir clairement réduites en les décomposant pour les avoir parfaitement ex-pliquées. Ainsi, de même que les idées d'unité et des quatre opérations suffisent pour *produire* avec ordre n'importe quelle idée arithmétique, de même que les idées d'étendue, de point et de mouvement suffisent, selon l'ordre dont on les compose, pour *produire* n'importe quelle idée géométrique, de même l'ordre selon lequel on assemble, agence, articule, compose les diverses idées innées suffit à *produire* n'importe quelle idée, si complexe soit-elle, et par conséquent à en rendre raison. Le complexe n'est que du composé ; le composé n'est qu'une réplication du simple selon un ordre déterminé. De la sorte, rien ne sépare l'extrême difficulté de l'extrême facilité et l'inconnu du connu que l'ordre d'une composition. Suivre l'ordre : composer, produire, décomposer, expliquer.

3° De cet ordre, quelles sont les assises ? Descartes l'indique dans la dixième des *Regulae* : elles peuvent être soit intrinsèques, soit extrinsèques à l'objet connu. « La méthode, constate-t-il en effet, n'est le plus souvent que l'observation fidèle d'un ordre, qu'il s'agisse d'un ordre existant dans la chose même, ou qu'il s'agisse d'un ordre subtilement inventé » [91]. Il est d'abord remarquable que cet ordre ait à être *observé*.

---

90. *Ibidem*, p. 420, l. 9-10 : « reliqua omnia quae cognoscemus, ex istis naturis simplicibus composita esse ». (tout ce que nous pourrons connaître est composé à partir de ces natures simples), FA, I, 146 ; cf. aussi p. 427, l. 3-6 : « omnem humanam scientiam in hoc uno consistere, ut distincte videamus, quomodo naturae istae ad compositionem aliarum rerum simul concurrant » (toute la science humaine consiste en une seule chose : à savoir la vision distincte de la façon dont ces natures simples concourent ensemble à la composition des autres choses), FA, I, 154.

91. Cf. *Regulae*, X, AT, X, 404.

Comme les choses que nous observons existent indépendamment de notre regard, l'ordre que nous observons existe donc indépendamment de notre esprit. Constitutif de notre connaissance et transcendant à la pensée, l'ordre ne peut être fondé que par la transcendance des essences et de leurs relations, c'est-à-dire par la transcendance des vérités. En observant l'ordre, la pensée fait donc véritablement une expérience métaphysique.

L'ordre « existant dans la chose même » est celui selon lequel elle est produite par une claire composition de natures simples. Il s'agit donc d'une démarche *synthétique* [92], allant du simple au complexe, comme des causes à leurs effets. Ainsi, les nombres sont produits par l'ordre que leur succession établit naturellement entre eux [93]. Dans la mesure où, comme dans les réalités mathématiques, il n'y a rien de plus dans la chose que ce que l'esprit y a mis en la construisant, l'ordre selon lequel la chose vient à être produite est le même que celui par lequel elle vient à être connue : l'ordre des idées suffit alors à nous procurer une connaissance *a priori* de la chose [94].

Mais lorsque nous avons affaire à des réalités physiques dont nous ignorons comment elles sont produites, nous ne pouvons les expliquer qu'« en inventant un ordre ». A l'ordre ontologique effectif, selon lequel elles existent, l'explication substitue alors l'ordre

---

92. Sur cette démarche, cf. *Secondes Réponses*, AT, IX-I, 122 et M. Gueroult, *Descartes selon l'ordre des raisons*, Paris, 1953, t. I, p. 26-27.

93. Cf. A Mersenne, 20 novembre 1629, AT, I, 80.

94. Cf. p. ex. A Mersenne, 10 mai 1632, AT, I, 250, où Descartes fait remarquer qu'en effet « la connaissance de cet ordre est la clef et le fondement de la plus haute et plus parfaite science que les hommes puissent avoir touchant les choses matérielles, d'autant que par son moyen on pourrait connaître *a priori* toutes les diverses formes et essences des corps terrestres... ».

logique et technologique selon lequel elles pourraient être produites. Cherchant à déterminer quels éléments originaires devraient être rassemblés et dans quel ordre composés pour produire tel corps ou tel autre, l'explication va du complexe au simple, comme des effets à leurs causes [95]. Sa démarche est donc *analytique*.

Alors que l'ordre synthétique est constitutif de la réalité, l'ordre analytique s'emploie donc seulement à la reconstituer. Le premier fonde une logique de la production ; le second fonde une logique de la reproduction. Pour l'un, l'ordre du réel est identique à l'ordre de la connaissance ; pour l'autre, l'ordre de la connaissance est une imitation de l'ordre du réel. Le premier procède réflexivement, inférant nécessairement ses théorèmes des premiers principes et des intuitions originaires. Le second ne peut procéder que par analogie dans la supposition des causes et par expérience pour en vérifier l'hypothèse.

4° Dans la mesure où l'ordre analytique s'efforce de retrouver, de reproduire ou de simuler *a posteriori* l'ordre synthétique originaire selon lequel la chose même existe, il postule un ordre originaire commun à la pensée et au réel, tel qu'en observant l'ordre inventé par la pensée on puisse produire des effets équivalents à ceux qu'on observe dans l'ordre du réel. De la sorte, l'ordre explicatif de la science peut tenir lieu, quant aux résultats, de l'ordre selon lequel les choses existent dans la nature. Cette possibilité d'imitation, de simulation, de substitution et d'équivalence

---

95. Aussi Descartes ajoute-t-il que, sans la connaissance *a priori* de l'ordre, les choses matérielles ne peuvent pas être connues directement et « il nous faut contenter de les deviner *a posteriori*, et par leurs effets. Or je ne trouve rien qui me pût tant aider pour parvenir à la connaissance de cet ordre que l'observation...» (*ibidem*, p. 250-251).

entre l'ordre inventé et l'ordre naturel a, selon Descartes, une première conséquence, qui est de fonder le projet d'une langue universelle[96]. Dès lors, en effet, que toute chose est réductible à une composition de natures simples selon un ordre déterminé, il suffirait d'exprimer chaque nature simple par un signe spécifique pour que l'ordre des signes exprimât l'ordre de composition des idées, comme cet ordre des idées indique un ordre de composition et de production du réel. A cet égard, de part en part traduisible par un système de signes ordonnés, on comprend donc que le monde soit un grand livre.

5° De cet ordre universel selon lequel les idées sont composées comme les choses peuvent être produites,

96. Cf. A Mersenne, 20 novembre 1629, où, après avoir critiqué quelque projet d'une langue universelle, Descartes montre comment la connaissance de l'ordre suffirait « tant pour composer les mots primitifs de cette langue que pour leurs caractères ; en sorte qu'elle pourrait être enseignée en fort peu de temps, et ce par le moyen de l'ordre, c'est-à-dire en établissant un ordre entre toutes les pensées qui peuvent entrer en l'esprit humain, de même qu'il y en a un naturellement établi entre les nombres ; et comme on peut apprendre en un jour à nommer tous les nombres jusques à l'infini, et à les écrire en une langue inconnue, qui sont toutefois une infinité de mots différents, qu'on pût faire le même de tous les autres mots nécessaires pour exprimer toutes les autres choses qui tombent en l'esprit des hommes. Si cela était trouvé, je ne doute point que cette langue n'eût bientôt cours parmi le monde ; car il y a beaucoup de gens qui emploieraient volontiers cinq ou six jours de temps pour se pouvoir faire entendre par tous les hommes. Mais... l'invention de cette langue dépend de la vraie philosophie, car il est impossible autrement de dénombrer toutes les pensées des hommes, et les mettre par ordre... Et si quelqu'un avait bien expliqué quelles sont les idées simples qui sont en l'imagination des hommes, desquelles se compose tout ce qu'ils pensent, et que cela fût reçu par tout le monde, j'oserais espérer ensuite une langue universelle, fort aisée à apprendre, à prononcer et à écrire, et ce qui est le principal, qui aiderait au jugement, lui représentant si distinctement toutes choses, qu'il lui serait presque impossible de se tromper » (AT, I, 80-81, FA, I, 230-231).

s'ensuit une deuxième conséquence. C'est que, si toute réalité est composée selon un ordre identique à celui des idées, il ne varie entre l'inconnu et le connu que d'une différence de degré dans l'ordre de composition. L'inconnu dépend du connu comme le connu dépend des natures simples qui s'y composent. Comme on produit le composé avec le simple, par rapport au connu il n'y a rien de plus dans l'inconnu qu'un surcroît de connu : l'inconnu est du connu composé. Dès lors par conséquent que l'ordre est toujours le même, il devient aisé d'établir un même rapport entre l'inconnu et le connu qu'entre certaines parties connues. Ainsi, comme dans une moyenne proportionnelle, la connaissance de trois termes suffit à nous faire connaître le quatrième, la connaissance de l'ordre suffit pour que nous puissions déduire du connu la connaissance de l'inconnu [97]. C'est de cette façon aussi qu'il suffit souvent, pour résoudre les problèmes de mesure, de les réduire à des problèmes d'ordre [98].

Ainsi, la science peut-elle indéfiniment progresser [99], l'ordre de dépendance et de composition de toutes choses entre elles permettant continûment d'annexer et de réduire l'inconnu au connu, par simple *analogie*. Comme il n'est pas plus difficile d'ajouter une unité

---

97. Cf. *Regulae*, XVII, AT, X, 460-461 : « Comme nous ne traitons ici que de questions complexes, c'est-à-dire de celles où il faut tirer de la connaissance des extrêmes celle de certains intermédiaires dont l'ordre est brouillé, tout l'artifice consistera là-dessus à pouvoir proposer à notre recherche un cheminement facile et direct même dans les difficultés les plus enchevêtrées, en supposant connu ce qui est inconnu. A cela il ne saurait y avoir d'obstacle puisque, par hypothèse, nous reconnaissons qu'en toute question l'inconnu dépend tellement du connu qu'il en est de part en part déterminé. »

98. Cf. *Regulae*, XIV, AT, X, 452, l. 2-6.

99. Cf. *Regulae*, IV, AT, X, 372.

à un nombre quelconque pour produire le nombre
suivant que de passer d'un à deux, il est aussi facile,
pourvu qu'on suive l'ordre, de s'élever d'une connaissance, si complexe soit-elle, à une connaissance plus
complexe encore que de passer des premiers axiomes
au premier théorème[1]. L'ordre garantit de la sorte
une connaissance facile de toutes les difficultés.

6° Si, comme il nous semble, l'ordre analytique
d'explication dans les choses naturelles imite l'ordre
synthétique selon lequel les choses existent et les
idées se composent, il ne peut tenter de remonter
présomptivement et *a posteriori* des effets à leurs
causes premières que s'il a été capable de déterminer
avec nécessité et *a priori* ces causes elles-mêmes.
L'ordre analytique par lequel une chose est expliquée
ne peut en effet être découvert que s'il a le même
fondement que l'ordre synthétique par lequel cette
chose existe. L'ordre analytique doit ainsi aboutir
à ces premières causes et à ces premiers principes
qui sont l'origine de l'ordre synthétique. Or, ces
premières causes et ces premiers principes ne peuvent être connus que par intuition, c'est-à-dire réflexivement. Par conséquent, la recherche de l'ordre en
physique dépend de la connaissance rigoureusement
métaphysique des premières causes. Aussi Descartes,
en 1647, ne fera-t-il qu'expliciter une exigence rendue
latente par les analyses de 1628 et les textes de 1637 :
comme il y a un ordre des connaissances, il y a
un ordre nécessaire des sciences entre elles. Comme

---

1. Cf. *Regulae*, IX, AT, X, 401, l. 19-26 : « les vrais savants dis-
cernent la vérité avec une égale facilité, si simple ou si obscur
que soit le sujet d'où ils la tirent : c'est qu'ils la saisissent par
un acte semblable, unique et distinct, une fois qu'ils y sont par-
venus ; toute la différence n'est que dans le chemin qui doit être
assurément plus long s'il conduit à une vérité plus éloignée des
premiers principes originaires ».

la morale dépend de la médecine[2], comme la médecine dépend de la mécanique et la mécanique de la
physique, c'est de la métaphysique enfin que la
physique dépend[3]. Ainsi, dans le traité du *Monde*,
en 1633, c'est de l'immutabilité de Dieu que seront
déduites les lois fondamentales de la nature : le
principe d'inertie[4], le principe de conservation de
la quantité de mouvement[5] et le principe selon lequel
chaque partie en mouvement tend à continuer son
mouvement en ligne droite[6]. Ainsi encore, évoquant,
en 1637, l'ordre qu'il a suivi, Descartes rappellera que
« premièrement (il) a tâché de trouver en général
les principes, ou premières causes de tout ce qui est
ou qui peut être dans le monde, sans rien considérer,
pour cet effet, que Dieu seul, qui l'a créé, ni les
tirer d'ailleurs que de certaines semences de vérité
qui sont naturellement en nos âmes... »[7].

Rien ne peut donc commencer que par la métaphysique. Ainsi voyons-nous les recherches logiques
entreprises par Descartes dès 1628 dans un but strictement scientifique exiger comme leur indispensable
fondement ce recours à la métaphysique qui sera

---

2. Cf. *Discours*, 6e partie, AT, VI, 62 : « l'esprit dépend si fort
du tempérament, et de la disposition des organes du corps que,
s'il est possible de trouver quelque moyen qui rende communément les hommes plus sages et plus habiles qu'ils n'ont été jusques ici, je crois que c'est dans la médecine qu'on doit le
chercher ».

3. Cf. au P. Vatier, 22 février 1638, AT, I, 563, (FA, II, 29) ; A
Mersenne, 27 mai 1638, AT, II, 141-142 (F. Alquié corrige dans son
édition des *Œuvres* la date de cette lettre qui est du 17 mai ;
cf. FA, II, 62). Cf. aussi la lettre-préface aux *Principes*, AT, IX-2,
10 et 14.

4. Cf. *Le Monde*, ch. VII, AT, XI, 38.

5. *Ibidem*, p. 41.

6. *Ibidem*, p. 43-44.

7. Cf. *Discours*, 6e partie, AT, VI, 64.

explicité dans le *Discours* et d'où résulteront les *Méditations*.

6. *Les règles de la méthode et l'ontologie sourde.*

Le but de la méthode, nous l'avons déjà caractérisé : il est de parvenir à une connaissance parfaite de tout ce qu'on peut savoir. Le moyen, c'est de penser avec ordre. Mais, si efficace soit le moyen, comment s'en pourvoir ? Comment s'en assurer ? Comment découvrir cet ordre ? Cette régence de la pensée pour la discipliner et la conduire, c'est aux règles de l'exercer. De la conformité de la pensée à l'ordre, l'unique condition est sa soumission aux règles. C'est d'ailleurs pourquoi, en 1637 comme en 1628, Descartes identifie la méthode à ces règles elles-mêmes : « Par méthode, dit-il, j'entends des règles. » [8] Constitutives de la méthode, ces règles sont d'ailleurs si indispensables à la recherche de la vérité qu'en 1633 toute l'entreprise scientifique du *Monde* et du *Traité de L'Homme* a dû être précédée de la patiente, rigoureuse et minutieuse propédeutique des *Regulae*, comme en 1637 la deuxième partie du *Discours* et l'énoncé de ses règles servent de préparation épistémologique à la *Dioptrique* et aux *Météores*. Quelque disproportion qu'il semble d'ailleurs y avoir entre l'argumentation foisonnante des unes et le si modeste appareil des autres, nous aurons lieu de montrer que celles-ci ne font cependant que résumer celles-là [9], sans nulle déperdition.

Qu'il n'y ait connaissance certaine qui ne soit obtenue par méthode, que toute la méthode ne

---

8. Cf. *Regulae*, IV, AT, X, 371, 1. 25-26.
9. Nous rejoignons là-dessus les analyses de J. Laporte in *Le Rationalisme de Descartes*, Paris, 1945, p. 10-12.

consiste que dans la découverte d'un ordre selon lequel s'enchaînent nos idées, que cet ordre à son tour soit réductible à des règles, voilà ce que nous avons à élucider avant même de savoir ce que prescrivent ces règles.

Étant simples et immuables, indépendantes de la diversité et de la particularité concrète des objets auxquels elles s'appliquent, les règles sont des principes formels. Au sens où nulle connaissance certaine n'est possible qu'autant qu'elle lui est assujettie, nous avons donc affaire à *un formalisme logique*.

Dans la mesure où ce formalisme constitue la trame universelle de toute connaissance particulière possible, la méthode est bien la mise en œuvre de la *mathesis universalis*. Comme elle, elle définit les conditions formelles de toute connaissance possible. Dérivant par conséquent la connaissance particulière de tout objet des conditions universelles et subjectives de toute certitude, la méthode opère une véritable *révolution copernicienne*. Ainsi, comme les principes de l'entendement pur constituent chez Kant une sorte d'axiomatique pour une physique transcendantale, ainsi les règles de la méthode constituent sourdement chez Descartes une sorte d'axiomatique pour une ontologie transcendantale [10].

---

10. Si nous disons que la méthode cartésienne définit subrepticement *une ontologie* transcendantale alors que chez Kant les principes de l'entendement pur fondent seulement *une physique* transcendantale, c'est parce que le formalisme kantien ne s'exerce que dans la liaison des intuitions empiriques tandis que le formalisme cartésien s'exerce dans la liaison des idées. Parce que selon Kant nous sommes incapables d'intuition intellectuelle, nous ne pouvons connaître que des phénomènes : la nature étant définie comme l'ensemble des phénomènes, il s'ensuit que les règles originaires de la connaissance sont aussi les lois fondamentales d'une *physique* transcendantale. Au contraire comme nos intuitions intellectuelles sont chez Descartes le fondement de toute connaissance

Afin d'élucider quelle ontologie véhicule implicitement la méthode, analysons ses règles.

1° La première de toutes [11], fermement et vivement prescrite dans les *Regulae* mais un peu cachée dans le *Discours* [12], est celle qui fait commencer la recherche de la vérité par la recherche d'une méthode. La vérité d'aucun objet ne pouvant jamais être découverte et reconnue que par les conditions subjectives de notre certitude, c'est sur la science de notre connaissance que doit se régler la connaissance de toute science. C'est pourquoi cette règle nous enjoint, au lieu d'observer la diversité des objets, d'élucider d'abord en quoi consiste généralement la connaissance humaine, le bons sens et la lumière naturelle [13]. Portant implicitement en elle l'exigence de la *mathesis universalis* et celle de la méthode, cette règle suffit donc à opérer par elle seule la grande révolution épistémologique dont les autres règles ne font que résulter.

Or, comme la vérité n'aurait aucun sens si la réalité n'y était de quelque façon conforme [14], toute logique présuppose une ontologie qui lui corresponde. Ainsi, cette première règle n'est valide que sous certaines conditions qui la fondent. Si un fait est donné, ses conditions aussi doivent être tenues pour données. C'est pourquoi, en posant cette première règle comme nécessaire, Descartes devait en poser

possible, la connivence de l'être et du connaître est requise sinon garantie dès l'origine, en sorte que le statut de toute connaissance définit corrélativement le statut de tout étant.

11. « hanc regulam primam omnium proponimus... ». Cf. *Regulae*, I, AT, X, 360, 1. 22-23 ; *Regulae*, VIII, AT, X, 398, 1. 1.

12. Cf. *Discours*, 2e partie, AT, VI, 18 : « je pensai qu'il fallait chercher quelque autre méthode... ».

13. Cf. *Regulae*, I, AT, X, 360-361 ; cf. aussi VIII, AT, X, 398.

14. Cf. J. Laporte, *op. cit.* p. 140.

les conditions aussi comme nécessaires. A mesure que va se développer la logique de la méthode, nous allons donc voir se développer l'ontologie qui la rend possible et qu'elle porte réflexivement en elle. Quelles sont alors les conditions ontologiques requises par cette première règle ?

Prescrivant de déterminer la vérité du connaissable par la certitude du connaissant et par conséquent l'objet par le sujet, cette règle postule d'abord que du connaître à l'être la conséquence est bonne. Originairement, les choses doivent s'ensuivre dans la réalité comme les idées s'ensuivent dans la connaissance. Telle est d'ailleurs la postulation fondamentale et spontanée de la *mathesis universalis*. Mais comment pouvons-nous être assurés qu'il en aille de toute réalité comme des figures et des nombres ? Quelle raison pouvons-nous avoir de penser que l'ordre des choses soit originairement conforme à l'ordre de nos idées ? A une telle connivence logico-ontologique, il faut nécessairement un fondement ; mais quel est ce fondement ? Cette question sous-tend cette première règle. Rien que sa formulation postule réflexivement l'existence d'un tel fondement commun à la pensée et aux choses.

Or, sans que Descartes ait même eu à la poser explicitement, il va presque aussitôt répondre à cette question. Impérieusement mais sourdement requis, ce fondement va être trouvé sans même avoir été cherché. Par une incidente, à l'occasion de tout autres problèmes, comme la conséquence toute simple d'une intuition métaphysique, dès 1630 le parallélisme entre l'ordre de nos certitudes et l'ordre des réalités va se trouver fondé. Là-dessus, l'argumentation pourra ensuite s'exercer, se spécifier, se détailler, l'idée ne changera pas. Ni le recours à la perfection de Dieu en 1637 [15], ni le recours si bref, si indispensable, et si controversé [16] à sa véracité à partir de 1641 [17] n'ajouteront rien à cette tranquille assurance qu'expriment les lettres à Mersenne au printemps de 1630 [18]. Dès ce moment, un fondement ontologique est *définitivement* donné à la logique de nos certitudes, et certains points essentiels de la doctrine sont définitivement fixés.

La découverte du fondement ontologique de nos certitudes va s'opérer en deux moments, en tirant les conséquences d'une intuition métaphysique touchant la nature de Dieu.

L'intuition fondamentale est celle de sa puissance. Etant infiniment puissant, Dieu est infiniment libre : il n'est donc rien dont il dépende et rien qui ne dépende de lui [19]. Rien n'existe donc et jusqu'aux vérités mêmes [20] que par son libre décret.

---

15. Cf. *Discours*, 4e partie, AT, VI, 38-39 : « nos idées ou notions, étant des choses réelles, et qui viennent de Dieu, en tout ce en quoi elles sont claires et distinctes, ne peuvent en cela être que vraies... Et il est évident qu'il n'y a pas moins de répugnance que la fausseté ou l'imperfection procède de Dieu, en tant que telle, qu'il y en a que la vérité ou la perfection procède du néant. Mais si nous ne savions point que tout ce qu'il y a en nous de réel et de vrai vient d'un être parfait et infini, pour claires et distinctes que fussent nos idées, nous n'aurions aucune raison qui nous assurât qu'elles eussent la perfection d'être vraies ».

16. Cf. *Secondes Objections*, AT, IX-I, 99 ; *Cinquièmes Objections*, (texte latin), AT, VII, 308 ; *Sixièmes Objections*, AT, IX-I, 220.

17. Cf. *Troisième Méditation*, AT, IX-I, 41 ; *Quatrième Méditation*, AT, IX-I, 43 ; *Secondes Réponses*, AT, IX-I, 112-113 ; *Sixièmes Réponses*, AT, IX-I, 230 ; *Principes*, I, 29.

18. Cf. A Mersenne, 15 avril 1630, AT, I, 145, (FA, I, 259-260) ; 6 mai 1630, AT, I, 149-150 (FA, I, 264) ; 27 mai 1630, AT, I, 151-152 (FA, I, 267-268).

19. Cf. A Mersenne, 6 mai 1630, p. 150, l. 7-8 ; 27 mai 1630, p. 152, l. 7.

20. Cf. A Mersenne, 15 avril 1630, p. 145, l. 7-13 ; 6 mai, p. 150, l. 2-22 ; 27 mai, p. 151-152, l. 9.

De cette première intuition, Descartes tire les conséquences. Puisque Dieu est infini et parfait, il est éternel. Puisqu'il est éternel et infiniment puissant, il est simple. Par conséquent, tout ce qui pour l'homme est séparé, successif, médiat et besogneux parce qu'il est imparfait, en Dieu est indissociablement réuni, simultané et immédiat parce qu'il est parfait. Ainsi, alors que lorsqu'il veut agir l'homme doit d'abord délibérer (entendre), puis décider (vouloir), puis exécuter (faire), « c'est en Dieu *une même chose* de vouloir, d'entendre et de créer, sans que l'une précède l'autre, *ne quidem ratione* »[21]. De cette parfaite simplicité de Dieu s'ensuit l'identité de ce qu'il conçoit et de ce qu'il crée, c'est-à-dire l'identité de l'infinité des *essences* qu'il conçoit et de l'infinité des *existences* qu'il crée. *Voilà comment, l'un et l'autre fondés sur la simplicité de Dieu, l'ordre des existences se trouve être originairement conforme à l'ordre des essences.* Du même coup, c'est le réalisme de nos certitudes qui est alors fondé, et par-delà l'arrogant optimisme du *Discours*, car sinon parce qu'*il suffit* à Dieu de concevoir pour créer, comment pourrait-il *suffire* à l'homme de bien juger pour bien faire ?[22]

21. Cf. A Mersenne, 27 mai 1630, p. 153, l. 1-3. La même idée est exprimée dans la lettre du 6 mai 1630 (AT, I, 149, l. 24-30). Elle sera reprise dans des termes presque identiques dans les *Principes* I, 23 : « nous concluons que Dieu... entend et veut, non pas encore comme nous par des opérations aucunement différentes, mais que toujours par une même et très simple action, il entend, veut et fait tout, c'est-à-dire toutes les choses qui sont en effet... ».

22. Cette corrélation entre l'ordre logique et l'ordre ontologique,

La deuxième idée résulte de la conjonction de deux intuitions jusqu'alors séparées : celle des idées innées qui sont en nous le fondement de toute pensée, et celle de l'infinie puissance de Dieu qui est hors de nous le fondement de toutes choses. En effet, les idées innées ne sont en nous, comme les vérités et les choses ne sont hors de nous, que parce qu'elles ont été créées telles par Dieu. De la simplicité de Dieu devait donc aussi s'ensuivre [23] que les idées innées exprimassent originairement en nous les lois qu'il a instituées dans la nature « en sorte qu'il n'y en a aucune en particulier que nous ne puissions comprendre, si notre esprit se porte à la consi-

fondée sur la simplicité de la nature divine, pourrait donc être représentée schématiquement de la sorte :

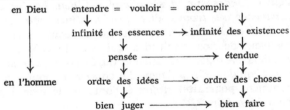

23. Cette même idée est explicitement exprimée dans une lettre à Mersenne de 1639 (AT, II, 651-652) dont Ferdinand Alquié conteste toutefois l'authenticité dans son édition des *Œuvres philosophiques* de Descartes (cf. t. II, p. 154). Authentique ou non, ce texte nous paraît très clairement exprimer la pensée de Descartes selon laquelle la conformité de l'ordre des choses à l'ordre des idées s'ensuit de l'unité et de la simplicité de leur créateur : « De même que Dieu est un et qu'il a créé la Nature une, simple, continue, partout d'accord avec elle-même, reposant sur un très petit nombre de principes et d'éléments... de même il faut aussi que la connaissance de ces choses, à la ressemblance du Créateur unique et de la Nature unique, soit unique, simple, continue, non interrompue, il faut qu'elle repose sur un petit nombre de principes, et même sur un principe primitif unique, duquel tout le reste, jusqu'aux réalités particulières se déduise de façon continue... »

dérer » [24]. Aussi pourra-t-il suffire que nous déduisions nos idées avec ordre pour que nous retrouvions l'ordre même de la nature. De la sorte, en effet, la méthode suffit, car du connaître à l'être la simplicité de Dieu fait que la conséquence est bonne.

Nous venons donc de voir quelle armature ontologique soutenait cette première règle qui prescrit de soumettre toute recherche de la vérité à la découverte de la méthode. Nous venons de voir aussi que la conception cartésienne de la vérité requiert par une sorte d'attraction logique d'avoir Dieu même pour fondement, en sorte que nulle connaissance ne peut jamais être fondée que par la connaissance que nous pouvons avoir de Dieu. Qu'il ne puisse donc y avoir véritablement de science pour un athée [25], cette idée est donc originairement latente dans la pensée cartésienne, incluse, enclose dans le totalitarisme logique de la méthode, dès 1628. Du même coup, c'est l'itinéraire métaphysique cartésien qui se trouve sourdement déterminé : du doute à la découverte de la certitude, de la certitude à la découverte de Dieu, de Dieu à la découverte d'une science vérace, des fondements de la science à la découverte du monde.

2) La deuxième règle de la méthode est celle que le *Discours* expose comme la première. Prescrivant « de ne recevoir jamais aucune chose pour vraie que je ne la connusse évidemment être telle » [26], la deuxième partie du *Discours* ne faisait que reprendre et résumer ainsi la deuxième et la troisième des *Regulae* enseignant qu'« il ne faut s'occuper que des

24. Cf. A Mersenne, 15 avril 1630, AT, I, 145, l. 16-18 (FA, I, 260).
25. Cf. *Méditation Cinquième*, AT, IX-I, 55 et 56 ; *Secondes Réponses*, AT, IX-I, 111.
26. Cf. *Discours*, 2e partie, AT, VI, 18.

objets dont notre esprit paraît pouvoir atteindre une connaissance certaine et indubitable » [27], c'est-à-dire « ce dont nous pouvons avoir une intuition claire et évidente, ou ce que nous pouvons déduire avec certitude » [28]. Il s'agit donc bien d'une règle d'évidence, convertissant l'exercice de la pensée à la découverte et à l'ordre de nos intuitions.

Au sens où l'intuition est un regard de l'esprit (*ingenii acies*) [29], l'évidence est la lumière même par laquelle s'imposent à lui les idées qu'il perçoit [30]. L'évidence n'illumine que l'intuition intellectuelle. L'intuition intellectuelle ne se donne que réflexivement, *a priori*, soit en découvrant les idées innées et les premiers principes, soit en concevant les propositions qui s'en déduisent. Comme la précédente, cette règle d'évidence postule donc une originaire connivence de la pensée et de l'être, une originaire véracité de la pensée, et par conséquent que l'erreur n'est qu'un lapsus.

Or c'est toute la doctrine cartésienne du jugement qui se trouve satellisée par cette dernière implication. En effet, s'il suffit de penser par intuition pour

27. Cf. *Regulae*, II, AT, X, 362.

28. Cf. *Regulae*, III, AT, X, 366.

29. Cf. *Regulae*, IX, AT, X, 400 : « Oportet ingenii aciem ad res minimas et maxime faciles totam convertere... Et quidem, quomodo mentis intuitu sit utendum, vel ex ipsa oculorum comparatione cognoscimus. » (Il faut tourner tout entier le regard de l'esprit... la manière dont il faut utiliser l'intuition intellectuelle nous apparaît dès que nous le comparons avec la vision oculaire), FA, I, 123. Cf. aussi *Regulae*, XII, AT, X, 425, l. 23.

30. Sur l'entendement comme faculté de « percevoir la vérité », cf. *Regulae*, XII, AT, X, 411, l. 7-8. C'est d'ailleurs parce que le regard de l'esprit est obsédé de ce qu'il conçoit comme l'œil est obsédé de ce qu'il voit, que Descartes décrit toujours l'intellection comme une passion : *intellectio, passio*. Là-dessus cf. p. ex. les lettres à Regius de mai 1641, AT, III, 372 et à Mesland du 2 mai 1644, AT, IV, 113.

penser avec certitude et s'il suffit de penser avec certitude pour penser en vérité, dans la mesure où il ne dépend que de nous de penser selon l'ordre des intuitions, il ne dépend que de nous de penser en vérité. Résultant alors d'inattention, de négligence, de légèreté ou de paresse, *a contrario* l'erreur par conséquent dépend aussi de nous. Mais comme il ne peut y avoir de vérité ou d'erreur que du jugement, si l'une ou l'autre ne dépendent que de nous c'est que notre jugement ne dépend que de notre volonté. C'est bien d'ailleurs ce que montre Descartes lorsqu'il commente la règle d'évidence en expliquant qu'il suffit « d'éviter soigneusement la précipitation et la prévention » [31] pour résumer du même coup notre pensée à l'ordre de ses intuitions. Or, précipitée ou prévenue, c'est de notre volonté qu'il s'agit. Si elle se précipite, c'est à affirmer ou à nier quelque chose que nous concevons. Si elle est prévenue, c'est de quelque chose que nous croyons connaître. Autre chose est donc la volonté et son exercice, autre chose les représentations et les conceptions sur lesquelles elle s'exerce. Déjà pressentie en 1628 [32], explicitée en 1641 [33], cette distinction des rôles de l'entendement et de la volonté dans le jugement est donc implicitement requise en 1637 par les notions de précipitation et de prévention.

Mais c'est bien autre chose qui est encore requis, sans quoi cette règle n'aurait même aucun sens. Descartes nous prescrit en effet « d'*éviter* soigneuse-

---

31. Cf. *Discours*, 2ᵉ partie, AT, VI, 18.
32. Cf. *Regulae*, XII, AT, X, 420, où Descartes distinguait dans l'entendement « cette faculté qui lui fait avoir l'intuition et la connaissance des choses, de celle qui lui fait juger affirmativement et négativement ».
33. Cf. *Quatrième Méditation*, AT, IX-1, 45 ; A Regius, mai 1641, AT, III, 373 ; A ***, août 1641, § 11, AT, III, 432.

ment la précipitation et la prévention ». Dès lors, de
deux choses l'une : ou bien comme s'il nous conseil-
lait d'éviter la maladie pour rester en bonne santé
Descartes n'énonce que d'inutiles fadaises, ou bien
parce qu'il ne dépend que de nous d'en bien user
il nous prescrit d'employer notre *liberté* à *maîtriser
notre volonté*. Qu'elle soit prévenue, notre volonté
est en effet déterminée subrepticement, à notre insu,
par les diverses modifications dont les choses extérieures nous affectent. Etant des jugements, les préjugés sont des volitions ; mais aboutissant de déter-
minations subreptices qui entraînent notre volonté à
son insu, ils sont involontaires : *les préjugés sont des
volontés involontaires*. Tel est en 1637 ce qu'implique
la prévention, telle sera en 1649 la description du
principal effet des passions [34]. Si nous devons éviter
la prévention, c'est que nous pouvons nous délivrer
des passions.

Mais si notre volonté peut donc être maîtrisée, qui
la maîtrisera ? Si elle doit être retenue, qui la
retiendra ? Quelle liberté réglera l'usage de notre
liberté ? S'il ne suffit donc pas de vouloir, c'est qu'il
faut aussi vouloir vouloir. Nous ne pourrons en effet
« éviter la précipitation et la prévention » qu'en
exerçant de la volonté sur notre volonté. Supposant
par conséquent que nous avons la « libre disposition
de (nos) volontés », la fameuse règle d'évidence est
donc fondée sur l'existence même de notre générosité [35], partout requise dans le *Discours* comme
l'armature psychologique et de la méthode et de la
morale, mais dont le statut pourtant ne sera pas
explicité avant le *Traité des Passions*.

3) Nous prescrivant de « diviser chacune des diffi-

---

34. Cf. *Les Passions de l'Ame*, I, art. 40, AT, XI, 359.
35. *Ibidem*, III, art. 153, AT, XI, 446.

cultés » que nous examinerions « en autant de parcelles qu'il se pourrait et qu'il serait requis pour
les mieux résoudre » [36], la deuxième règle du *Discours*
ne fait que résumer la cinquième et la treizième des
Regulae qui nous demandaient de « réduire par
degrés les propositions complexes et obscures à des
propositions plus simples » [37], sans qu'il n'y eût jusqu'aux questions parfaitement comprises que nous
ne dussions « réduire à leur forme la plus simple et
diviser ensuite en autant de si petites parties que
nous en pouvons dénombrer » [38]. Entreprenant de
réduire le complexe au simple comme on *diviserait*
une somme en ses unités constituantes, cette règle
serait bien nommée de *décomposition* et mieux
encore d'*explication*. L'apparente complexité du réel
ne fait que dissimuler l'agencement des éléments
simples qui le constituent. Rien par conséquent
d'inaccompli, d'insaisissable, d'occulte, ni de secret [39] :
tout se ramène à l'uniforme banalité du simple.

Que postule alors cette règle d'universelle expli-
cabilité ? A quelles conditions peut-elle s'appliquer
avec véracité ? Que doit être le réel pour que l'exercice d'une telle règle puisse en rendre raison ? Bref,
de quelle ontologie implicite cette logique est-elle
l'émergence ?

La postulation fondamentale de cette règle, c'est
que *le tout n'est pas autre chose ni quelque chose
de plus que la somme de ses parties* en un certain
ordre assemblées. De là, par attraction conceptuelle,

---

36. Cf. *Discours*, 2e partie, AT, VI, 18.
37. Cf. *Regulae*, V, AT, X, 379.
38. Cf. *Regulae*, XIII, AT, X, 430 ; cf. aussi p. 432, l. 1-3 : « il
faut réduire la difficulté à sa forme la plus simple... ».
39. Cf. A Mersenne, 20 novembre 1629, AT, I, 78 : « sitôt que je
vois seulement le mot d'*arcanum* en quelque proposition, je commence à en avoir mauvaise opinion ».

tout un pan de la doctrine cartésienne se découvre.

Première implication : nous n'avons jamais affaire qu'à une réalité de part en part quantifiable [40] où, comme dans l'étendue géométrique, rien n'existe que par la juxtaposition de ses parties.

Deuxième implication, corollaire de la précédente : si rien n'existe dans la nature que *partes extra partes*, tout dans la nature est réductible à la *matière* [41] et toute la matière est réductible à la pure étendue [42]. Cette règle postule donc une physique de l'homogène où rien ne se produit que par un déplacement des parties [43] : tout changement n'est qu'un mouvement ; tout mouvement n'est qu'un transport.

Troisième implication : dans cette nature où tout est divisible c'est par définition même qu'*il ne peut donc y avoir d'in-dividu*. Puisque le tout n'y est jamais qu'une somme, il s'ensuit aussi qu'il ne doit y avoir dans la nature *ni organisme, ni spontanéité, ni vie*. Puisqu'il n'y a d'autre changement qu'un mouvement, ni d'autre mouvement qu'un transport, il n'y a dans la nature ni tendance, ni effort, ni finalité : rien ne s'y produit qu'un strict mécanisme n'explique. En tant qu'il est capable de se mouvoir tout animal n'est qu'une machine [44]. Tout homme

---

40. Cf. *Regulae*, XIV, AT, X, 440-441.

41. Cf. *Le Monde*, ch. VII, AT, XI, 36-37 : « Sachez donc premièrement que par la nature je n'entends point ici quelque Déesse, ou quelque autre puissance imaginaire, mais que je me sers de ce mot pour désigner la matière même... »

42. *Ibidem*, ch. VI, AT, XI, 35-36 ; cf. aussi *Principes* II, 4 et II, 22.

43. Cf. *Le Monde*, ch. VII, AT, XI, 40 ; cf. aussi *Principes* II, 24 et 25.

44. Cf. A Plempius pour Fromondus, 3 octobre 1637, AT, I, 413-414 ; A ***, mars 1638, AT, II, 39-41 (lettre dont F. Alquié dans son édition identifie le destinataire et corrige la date : à Reneri pour Pollot, avril ou mai 1638) ; A Mersenne, 30 juillet 1640, AT, III, 121 ; A Mersenne, 19 janvier 1642, AT, III, 479.

n'est qu'un animal en tant qu'il n'est qu'un corps.

Quatrième implication : puisque tout ce qui existe dans la nature n'est qu'un assemblage de parties homogènes, tout y est matériel. Si tout y est matériel, c'est-à-dire s'il n'y a rien d'immatériel dans la nature, — l'avenir n'y peut jamais être la raison du présent ni fomenter en lui : dans ce monde plein *nulle fin* n'est donc jamais poursuivie, *nulle tendance* ne s'exerce, *nulle puissance* n'est à l'œuvre. Par conséquent, pas plus que le néant ne transit l'existence[45], pas plus l'instant présent ne tend vers celui qui le suit, pas plus n'y a-t-il de durée dans l'ontologie cartésienne[46].

Il y a encore une cinquième implication, qui elle aussi engage la doctrine cartésienne, bien qu'elle ne porte pas sur la nature même des choses. Lorsque Descartes prescrit de « diviser chacune des difficultés... en autant de parcelles qu'il se pourrait et qu'il serait requis pour les mieux résoudre », que sont ces « parcelles » ? En quoi consiste ce résidu de l'analyse ou de l'explication ? On peut l'entendre, nous semble-t-il de deux façons : soit que la difficulté ou la complexité d'une idée se résolve en la diversité des natures simples qui la composent[47], soit que la difficulté ou la complexité d'un phénomène se résolve à quelques modes parcellaires de l'étendue comme à des corps de telle dimension, telle figure, et tel mouvement[48]. S'agit-il des pures natures simples,

---

45. Cf. fin des *Secondes Réponses*, 3e axiome, AT, IX-1, 127.

46. *Ibidem*, 2e axiome ; *Principes* I, 21, 55 et 57.

47. Que toute division se réduise finalement à d'indivisibles natures simples, c'est ce que laisse entendre la douzième des *Regulae* lorsque Descartes définit par « simples les choses dont la connaissance est si distincte *que l'esprit ne peut les diviser* en plusieurs autres qui seraient plus distinctement connues » (cf. AT, X, 418).

48. Cf. A Vorstius, 19 juin 1643, où Descartes remarque que

c'est-à-dire des éléments logiques que notre connaissance ordonne[49], cette règle postule une médiation
capable de fonder la conformité entre l'ordre de nos
idées et la nature des choses : Dieu créant tout
ensemble les vérités, les esprits, et le monde, par
un seul et même acte tout simple. S'agit-il de « parcelles » matérielles, comme lorsque Descartes résou-
dra la lumière et les diverses couleurs à divers
mouvements de la matière subtile, cette règle manifeste la physique et ses explications comme une
technologie du réel.

4) Une fois isolés, dénombrés et reconnus les éléments constitutifs de toutes choses, il n'y a plus qu'à
les rassembler, réunir, agencer et composer avec
ordre pour qu'il n'y ait alors phénomène si parfaitement expliqué qu'on ne le puisse aussi parfaitement
produire. A cela s'emploie la règle d'ordre et de composition[50] par laquelle le *Discours* résume la cinquième et la sixième des *Regulae*. Après que nous
eussions « réduit par degrés les propositions obscures

« bien que tout corps soit divisible à l'infini, il n'est pas douteux
qu'il existe en lui *des parties selon lesquelles il se peut diviser*
plus aisément que de toute autre façon ». (AT, III, 686).

49. Descartes précise en effet très explicitement que « toute
chose doit être considérée autrement en tant qu'on l'examine selon
l'ordre qui permet de la connaître et en tant qu'on parle de son
existence réelle » (cf. *Regulae*, XII, AT, X, 418, l. 1-3). C'est pourquoi, ajoute-t-il, « nous ne traitons ici des choses qu'en tant
qu'elles sont comprises par l'entendement » (*ibidem*, l. 13-14), en
sorte qu'elles ne peuvent jamais « être dites simples qu'au regard
de notre entendement » (AT, X, 419, l. 6-7). Sur ce point nous ne
saurions donc souscrire à l'interprétation de S. V. Keeling selon
laquelle « lorsque Descartes a composé les *Regulae*, il a considéré les natures simples comme des existences réelles, des éléments ontologiques, des ingrédients de l'univers ». (cf. « Le réalisme de Descartes et le rôle des natures simples » in *Revue de
Métaphysique et de Morale*, 1937, n° 1, p. 79).

50. Cf. *Discours*, 2e partie, AT, VI, 18-19.

et complexes à des propositions plus simples » celle-là nous prescrivait en effet de « partir ensuite de l'intuition des plus simples de toutes et d'essayer de nous élever par les mêmes degrés jusqu'à la connaissance de toutes les autres » [51]. Et celle-ci nous rappelait de même que « là est le secret de toute la méthode : discerner soigneusement en toutes choses ce qui est le plus absolu » [52] en sorte qu'après avoir « découvert le simple » nous puissions « observer comment toutes les autres choses en sont plus ou moins éloignées » [53]. Il est clair que ce qui par degrés constitue, mesure, et explique cet écart, c'est l'ordre.

Corollaire de la précédente, cette règle nous prescrit de recomposer les choses dans le même ordre où nous les avons décomposées. Comme la précédente elle n'a donc de sens et ne peut s'exercer que dans le même univers mécaniste où, toute chose n'étant qu'un montage, c'est le même ordre qui permet d'en exhiber les parties par démontage et qui en permet aussi le remontage.

Cette logique s'en trouve une fois encore solidaire d'une ontologie où le temps n'a pas de réalité ni d'efficacité puisque tout y peut être toujours défait et refait, décomposé et recomposé, sans nulle modification de la chose. Nulle irréversibilité : pourvu qu'on suive le même ordre dans le remontage que dans le démontage, tout est après comme avant. Ce temps où nulle puissance ne s'exerce et où aucune vie n'est à l'œuvre est donc inopérant. Comme rien ne s'y efforce rien non plus ne s'y lasse : où durer, croître et devenir n'ont aucune réalité ontologique, décroître, dépérir ni périr n'en peuvent avoir non plus. Ni vieillir ni

51. Cf. *Regulae*, V, AT, X, 379.
52. Cf. *Regulae*, VI, AT, X, 382.
53. *Ibidem*, p. 381.

mourir alors ne sont irrémédiables. Requise par la méthode, cette ontologie sourde fonde ainsi le prodigieux projet qu'expose le *Discours* [54] d'une médecine qui puisse nous exempter de la vieillesse et de la mort. Car où il ne peut y avoir de vie il peut bien n'y avoir pas de mort.

5) La quatrième règle de la méthode exposée dans le *Discours* [55] rassemble l'obligation du dénombrement [56] et l'exigence de parvenir à une synopsis [57] que manifestait la septième des *Regulae* [58]. Comme en toute entreprise de démontage et de remontage, il s'agit bien sûr de s'assurer de l'exhaustivité des opérations. En une connaissance obtenue par d'aussi longues chaînes de raison, cheminant par tant de

54. Cf. *Discours*, 6ᵉ partie, AT, VI, 62.

55. Cf. *Discours*, 2ᵉ partie, AT, VI, 19 ; cf. aussi, concernant l'arithmétique, 3ᵉ partie, AT, VI, 21, 1. 14.

56. Cf. *Regulae*, VII, AT, X, 388 : « Nous disons maintenant que pour parfaire la science, une énumération est également nécessaire : car si les autres règles aident à résoudre la plupart des questions, l'énumération peut seule toutefois nous permettre, quelle que soit la question que nous considérions, de porter sur elle un jugement vrai et certain... Cette énumération ou induction est donc le recensement de tout ce qui se rapporte à une question donnée, recensement si scrupuleux et si exact que nous puissions affirmer avec une évidente certitude n'avoir rien omis par mégarde... »

57. *Ibidem*, p. 387-388 : « il faut prêter aux faiblesses de la mémoire le secours d'une sorte de mouvement continu de la pensée... Aussi vais-je parcourir plusieurs fois (les diverses opérations d'un raisonnement)... jusqu'à ce... qu'il me semble avoir une intuition simultanée de tout ». Cf. aussi *Regulae*, XI, AT, X, 408-409.

58. Cf. *Regulae*, VII, AT, X, 387 : « Pour parfaire la science, il faut passer en revue une par une toutes les choses qui se rapportent à notre recherche et les embrasser par une énumération suffisante et ordonnée. » Sur l'importance méthodologique de cette règle, cf. R. Hubert, « La théorie cartésienne de l'énumération », in *Revue de Métaphysique et de Morale*, 1916, n° 3, p. 489-516 ; cf. aussi L. Liard, *Descartes*, Paris, 1882, p. 27-29.

déductions, aboutissant par conséquent d'une discursivité aussi patiemment exposée à la succession, il s'agit aussi de subvenir aux défaillances de la mémoire. L'inventaire des idées, le recensement des parties, le dénombrement des éléments découverts par la division n'ont pour but que d'en permettre la « revue », c'est-à-dire d'en parcourir la série selon l'ordre de leur enchaînement. Quant à ces revues, leur but est de *placer* cet enchaînement successif d'intuitions comme une simple chaîne *sous les yeux* de notre esprit. Cette règle a donc pour fonction de transmuer une succession d'intuitions en l'intuition d'une succession. Il s'agit par conséquent pour elle d'*étaler* dans la simultanéité ce qui a été parcouru dans la succession, c'est-à-dire de se représenter toutes choses selon l'ordre de l'espace et non selon celui du temps.

L'exercice de cette règle postule donc, comme les deux précédentes, une ontologie strictement matérialiste et mécaniste où nulle chose n'est rien de plus qu'un assemblage de parties. Exigeant qu'on refasse de plus en plus rapidement tout ce qui a déjà été fait, de même qu'une addition ou une multiplication peuvent être faites dans un sens ou dans un autre, elle postule également une réalité où toute succession soit indéfiniment réversible, c'est-à-dire une ontologie de la pure spatialité, et en quelque sorte un temps sans durée. Enfin, autant le dénombrement postule que la réalité n'est qu'une somme réductible à ses parties, autant la synopsis qui nous fait apercevoir d'un seul regard l'agencement de toutes les parties manifeste que toute composition n'est en fait qu'une juxtaposition, autant cette ontologie sans individualité, sans puissance et sans métamorphose réduit le temps à n'être en fait que l'espace de la pensée.

Dans cette ontologie où tout ce qui est naturel est

matériel, où tout ce qui est matériel est réductible à l'étendue, où tout ce qui est étendu est infiniment divisible, où par conséquent il n'y a ni atomes [59], ni vide [60], ni néant, ni puissance, ni tendance, ni fin, la réalité est une pure instantanéité. Aussi, tant de temps qu'on puisse mettre à l'expliquer, c'est en dehors de toute temporalité qu'elle peut jamais être comprise : en un instant.

59. Cf. *Les Météores*, AT, VI, 238-239 ; A Mersenne, 28 octobre 1640, AT, III, 213-214 ; A Gibieuf, 19 janvier 1642, AT, III, 477, (FA, II, 907-908) ; *Principes*, II, 20.
60. Cf. *Dioptrique*, AT, VI, 86 ; A Plempius pour Fromondus, 3 octobre 1637, AT, I, 417 ; A Mersenne, 9 janvier 1639, AT, II, 482 ; A Mersenne, 20 octobre 1642, AT, III, 587 ; *Principes*, II, 16-18.

CHAPITRE IV

LA GRANDE MACHINERIE

1. L'obsession technologique.

Comme l'arithmétique *construit* la suite indéfinie des nombres à partir de l'unité et *édifie* tous leurs rapports par les quatre *opérations*, comme la géométrie *construit* ses figures à partir du point, nous avons vu que la logique aussi est *une technologie de la vérité*. Toutes les idées sont en effet produites, *composées*, à partir de matériaux qui sont les natures simples : idées innées et premiers principes. Toute la science n'est qu'un assemblage de ses éléments, n'usant pour les joindre que de deux articulations logiques : la déduction [1] qui est l'intuition d'un rapport entre deux intuitions, et l'analogie qui est l'intuition d'une égalité entre deux rapports [2]. La

---

1. Peut-être conviendrait-il mieux de dire inférence. Mais Descartes emploie indifféremment les mots *deductio* (cf. p. ex. *Regulae*, II, AT, X, 365, l. 3 ; *Regulae*, III, p. 369, l. 20), *illatio* (*Regulae*, II, p. 365, l. 3), *inductio* (*Regulae*, III, p. 368, l. 12), *deducere* (*Regulae*, XVII, p. 460, l. 9), *inferre* (*ibidem*, l. 11).

2. Cf. *Regulae*, XVII, AT, X, 460-461.

facilité à isoler et distinguer les natures simples est la *perspicacité*. La facilité à discerner les similitudes entre les rapports, l'ordre de dépendance des rapports entre eux et la suite des analogies est la *sagacité*[3]. La perspicacité assure les fondations du savoir ; la sagacité en assure l'édification. On comprend ainsi que l'analogie sera la cheville ouvrière de la doctrine cartésienne de la science. Quant à la méthode, consistant à décomposer, démonter, reconstruire, recomposer, remonter, exposant et parcourant l'ordre des éléments, s'assurant de la solidité de leur assemblage, c'est bien d'une technologie de la vérité qu'elle définit le statut.

Il n'est donc pas surprenant que la science fondée sur une telle méthode se constitue à son tour comme *une technologie du réel*. A cela la formation de la pensée cartésienne nous semble apporter deux raisons. La première vient de l'origine même de cette logique, dont toutes les règles, les exigences et les implications viennent des mathématiques qui lui servirent d'exemple, de témoignage, et de modèle : les mathématiques étant un système opératoire de vérités qu'elles construisent, elles habilitent la *construction* comme mode exemplaire d'inférence. La seconde vient d'expériences remarquables[4] qui retinrent tellement l'attention de Descartes qu'il les relate au moins sept fois entre 1620 et 1637. Toutes consistent en procédés manifestant l'artifice comme un art de l'illusion, c'est-à-dire comme une technique de simulation de la réalité. Dans les *Experimenta* par exemple il recense

---

3. Cf. *Regulae*, IX, AT, X, 400-401. Sur le paradigme ou l'exemple comme analogie cf. p. 402-403.

4. Cf. F. Alquié, *La découverte métaphysique de l'Homme chez Descartes*, p. 50 : « Rien ne nous paraît avoir été plus décisif, en cette évolution de pensée, que la réflexion que fit Descartes sur les automates. » Sur ce thème, cf. p. 51-53.

toutes les diverses illusions qu'on peut produire par de simples agencements technologiques : « *On peut faire* en un jardin des ombres qui représentent diverses figures, telles que des arbres et les autres.

» Item, tailler des palissades, *de sorte que* de certaine perspective elles représentent certaines figures ;

» Item, dans une chambre, *faire que* les rayons du soleil, passant par certaines ouvertures, représentent divers chiffres ou figures ;

» Item, *faire paraître*, dans une chambre, des langues de feu, des chariots de feu et autres figures en l'air ; le tout par certains miroirs qui rassemblent les rayons en ces points-là ;

» Item, *on peut faire que* le soleil, reluisant dans une chambre, semble toujours venir du même côté, ou bien qu'il semble aller de l'Occident à l'Orient, le tout par miroirs paraboliques... » [5]

A dix-sept ans de distance, les *Météores* évoqueront encore « le souvenir d'une invention pour *faire paraître* des signes dans le ciel » et « la façon de *faire voir* l'arc-en-ciel par le moyen d'une fontaine » [6].

Toutes ces diverses descriptions, observations et expériences manifestent que les choses peuvent être *produites* tout autrement qu'il ne semble à la naïveté de notre perception, en sorte qu'elles conspirent toutes à nous faire pressentir *la réalité comme dissimulation d'un artifice*. En outre nous sommes par là conduits à penser que c'est par un même système de causes que *nous voyons* naturellement le soleil aller d'Orient en Occident et que *nous pouvons faire qu'on le voie* aller d'Occident en Orient. A similitude des effets, similitude des causes. La causalité technologique nous instruit ainsi de la causalité naturelle.

5. Cf. AT, X, 215-216 (FA, I, 48-49).
6. Cf. AT, VI, 343.

En cette logique implicite la connaissance du modèle (naturel) est si bien réduite à la production de son image (artificielle) que le modèle finit par n'être plus que l'image d'une image.

Cette inversion épistémologique est rendue encore plus évidente par les nombreuses descriptions que fait Descartes d'automates, c'est-à-dire de productions technologiques simulant la vie en dissimulant l'artifice. En effet, de même que tous les phénomènes physiques vont être conçus par Descartes *à l'image* des machines qui en produisent l'illusion, de même tous les phénomènes biologiques dans la nature vont être conçus *à l'image* des automates[7]. Alors que la démarche technologique produit des automates *à l'image* de la Nature qui lui sert alors de *modèle*, la démarche scientifique va donc prendre les automates comme *modèles* épistémologiques et ainsi expliquer la Nature *à l'image* des automates[8]. Fondée

---

7. Cf. p. ex. *Les Passions de l'Ame*, art. 6 : « le corps d'un homme vivant diffère autant de celui d'un homme mort que fait une montre, ou autre automate (c'est-à-dire autre machine qui se meut de soi-même), lorsqu'elle est montée et qu'elle a en soi le principe corporel des mouvements pour lesquels elle est instituée, avec tout ce qui est requis pour son action, et la même montre ou autre machine lorsqu'elle est rompue et que le principe de son mouvement cesse d'agir ».

8. Cf. p. ex. le paradigme technologique qui constitue l'armature épistémologique de *L'Homme*. Il s'agit de montrer quel agencement mécanique il faudrait produire « pour composer des hommes qui nous *ressemblent* » (AT, XI, 120, l. 3), de décrire comment quelque dieu s'y prendrait pour composer « une statue ou machine de terre », « la rendre *la plus semblable* à nous qu'il est possible » (l. 6), et « *faire* qu'elle marche, qu'elle mange, qu'elle respire, et enfin *qu'elle imite* toutes celles de nos fonctions qui peuvent être imaginées procéder de la matière, et ne dépende que de la disposition des organes ». Ayant décrit les divers mécanismes par lesquels un tel automate pourrait accomplir tous les divers mouvements de notre corps, Descartes remarque n'avoir supposé en cette statue « aucuns organes, ni aucuns ressorts, qui ne soient

sur cette inversion *la science va donc consister à se représenter le modèle à l'image de son image.*

Cette démarche logique était d'ailleurs préparée et fut entretenue [9] par une série d'expériences. Ainsi,

tels qu'on se peut très aisément persuader qu'il y en a *de tout semblables*, tant en nous, que même aussi en plusieurs animaux sans raison » (*ibidem*, p. 200, 1. 18-22). « Toutes les fonctions, ajoute-t-il, que j'ai attribuées à cette machine, comme la digestion des viandes, le battement du cœur et des artères, la nourriture et la croissance des membres... les mouvements intérieurs des appétits et des passions, et enfin les mouvements extérieurs de tous les membres... suivent si à propos... *qu'ils imitent le plus parfaitement possible ceux d'un vrai homme.* » (*ibidem*, p. 201-202). Ayant ainsi montré par quelle technologie produire un automate qui soit *l'image* parfaite de la nature, Descartes conclut en érigeant cette image en *modèle* épistémologique de la nature elle-même : « sachant que la Nature agit toujours par les moyens qui sont les plus faciles de tous et les plus simples, vous ne jugerez peut-être pas qu'il soit possible d'en trouver de plus *semblables* à ceux dont elle se sert, que ceux qui sont ici proposés ». (*ibidem*, p. 201, 1. 24-28). Or, les explications proposées étant tirées de la mécanique et de la construction des automates, c'est bien cette technologie de la simulation et de l'image qui va servir de modèle pour la science de la nature.

9. Cf. A Mersenne, 30 juillet 1640, AT, III, 121, (FA, II, 249) : « Pour les bêtes brutes, nous sommes si accoutumés à nous persuader qu'elles sentent ainsi que nous, qu'il est malaisé de nous défaire de cette opinion. *Mais si nous étions accoutumés à voir des automates*, qui imitassent parfaitement toutes celles de nos actions qu'ils peuvent imiter, et à ne les prendre que pour des automates, nous ne douterions aucunement que tous les animaux sans raison ne fussent aussi des automates... » Cf. aussi *Principes*, IV, 203 : « ...A quoi l'exemple de plusieurs corps, composés par l'artifice des hommes, m'a beaucoup servi : *car je ne reconnais aucune différence entre les machines que font les artisans et les divers corps que la nature seule compose*, sinon que les effets des machines ne dépendent que de l'agencement de certains tuyaux, ou ressorts, ou autres instruments, qui devant avoir quelque proportion avec les mains de ceux qui les font, sont toujours si grands que leurs figures et mouvements se peuvent voir, au lieu que les tuyaux et ressorts qui causent les effets des corps naturels sont ordinairement trop petits pour être aperçus de nos sens. » Naturelles ou artificielles, toutes choses sont donc produites selon

bien avant que Descartes ne cite dans les *Regulae*
l'exemple d'un vase qui semblait se vider spontanément dès que le niveau de l'eau atteignait les lèvres
de quelque Tantale placé au milieu [10], il avait minutieusement décrit dans ses *Experimenta* comment
construire, en se servant de morceaux de fer magné-
tiques, un automate marchant sur un fil en balançant
sa perche aussi bien qu'aucun funambule [11]. Le
P. Poisson se rappellera d'ailleurs, en lisant le *Discours*, ce texte de jeunesse où Descartes relatait
comment, « voulant vérifier par expérience ce qu'il
pensait de l'âme des bêtes, il avait inventé une petite
machine qui représentait un homme dansant sur une
corde, et par cent petites adresses imitait assez naturellement les tours que font ceux qui voltigent en
l'air » [12]. Le traité de *L'Homme* évoque longuement
ces automates qu'on pouvait observer à Fontainebleau
ou à Saint-Germain « dans les grottes et les fontaines qui (étaient) aux jardins de nos Rois », et que
la seule force de l'eau suffisait « pour les y faire
jouer de quelques instruments, ou prononcer quelques
paroles, selon la diverse disposition des tuyaux qui

un seul et même système de causalité : entre la causalité technologique et la causalité naturelle il n'y a donc qu'une différence
d'échelle. La nature produit des machines miniaturisées. La technologie est une reproduction macroscopique, agrandie, des phénomènes naturels. Etant ainsi un grossissement de la nature, la technologie nous permet d'en observer et d'en expliquer les mécanismes. Comme Platon observait la justice dans l'État pour comprendre ce qu'elle est dans l'individu, Descartes observe le fonc-
tionnement de la causalité technologique pour comprendre la causalité naturelle. Car l'image ne peut être si semblable à son modèle
que parce que la structure du modèle est semblable à la structure
de l'image.

10. Cf. *Regulae*, XIII, AT, 435-436.
11. Cf. AT, X, 231.
12. Cf. *Commentaires ou Remarques sur la Méthode de René
Descartes*, par L.P.N.I.P.P.D.L., Vendôme, 1670, p. 156, cité par AT,
X, 231, note b.

la (conduisaient) [13]. Et le *Discours* convoque, pour soutenir les explications de la science cartésienne, l'exemple de ces « divers automates, ou machines mouvantes, (que) l'industrie des hommes peut faire, sans y employer que fort peu de pièces » [14].

Comme la logique instituait une technique pour la pensée, la technique institue donc une logique pour le réel. Comme l'intuition et la déduction suffisent aux mathématiciens pour *construire* avec certitude leurs raisonnements, elles doivent suffire aux physiciens pour *re-construire* le monde par l'esprit [15]. Car s'agissant de bien juger pour bien *faire,* de connaître la Nature, ses éléments, et « tous les autres corps qui nous environnent » comme les artisans connaissent leurs machines « *pour les employer* » [16] et les faire servir à notre usage, *il ne s'agit pour la logique de garantir la certitude de la science qu'autant qu'il*

13. Cf. AT, XI, 130. Cf. aussi p. 131 : « Les objets extérieurs, qui par leur seule présence agissent contre les organes des sens... sont comme des étrangers qui, entrant dans quelques-unes des grottes de ces fontaines, causent eux-mêmes sans y penser les mouvements qui s'y font en leur présence : car ils n'y peuvent entrer qu'en marchant sur certains carreaux tellement disposés, que, par exemple, s'ils s'approchent d'une Diane qui se baigne, ils la feront cacher dans les roseaux ; et s'ils passent plus outre pour la poursuivre, ils feront venir vers eux un Neptune qui les menacera de son trident ; ou s'ils vont de quelque autre côté, ils en feront sortir un monstre marin qui leur vomira de l'eau contre la face ; ou choses semblables selon le caprice des ingénieurs qui les ont faites. »

14. Cf. *Discours*, 5ᵉ partie, AT, VI, 55-56.

15. Cf. *Le Monde*, ch. VI, AT, XI, 31 : « Permettez donc pour un peu de temps à votre pensée de sortir hors de ce monde pour en venir voir *un autre tout nouveau que je ferai naître* en sa présence... » ; *Discours*, 5ᵉ partie, AT, VI, 42-43 ; cf. aussi *Principes*, IV, 204 : « Je croirai avoir assez fait, si les causes que j'ai expliquées sont telles que *tous les effets qu'elles peuvent produire* se trouvent *semblables* à ceux que nous voyons dans le monde... »

16. Cf. *Discours*, 6ᵉ partie, AT, VI, 62.

s'agit pour la science de garantir l'efficacité de la technique. Car telle est la raison d'être et la destination de la science. Que ses explications soient les seules possibles n'est pas ce qui importe [17] : il suffit que *les effets* qui s'ensuivent soient si rigoureusement *semblables* à ceux de la nature que nous puissions agir aussi efficacement sur elle que si c'était nous qui l'eussions créée. Comme la connaissance est le moyen de l'efficacité, la science chez Descartes est au service de la technique : elle ne se développe pas comme la recherche d'une *vérité* nécessaire, inconditionnelle et absolue, mais comme la recherche d'un ordre suffisant pour l'action et son *utilité*. Sa visée étant pratique et non pas simplement théorique, ce sont des exigences et des critères technologiques qui gouvernent sa logique. C'est pourquoi, bien moins soucieux de *la vérité* intrinsèque de ses explications que de *l'utilité* de leurs applications, Descartes ne cesse de déclarer que ses explications scientifiques ne doivent être prises que pour des hypothèses [18] : peu

17. Cf. *Principes*, IV, 204 : « bien que j'aie peut-être imaginé des causes qui pourraient *produire* des effets semblables à ceux que nous voyons, nous ne devons pas pour cela conclure que ceux que nous voyons sont produits par elles. Parce que, comme un horloger industrieux peut faire deux montres qui marquent les heures en même façon, et entre lesquelles il n'y ait aucune différence en ce qui paraît à l'extérieur, qui n'aient toutefois rien de semblable en la composition de leurs roues : ainsi il est certain que Dieu a une infinité de divers moyens, par chacun desquels il peut avoir fait que toutes les choses de ce monde paraissent telles que maintenant elles paraissent, sans qu'il soit possible à l'esprit humain de connaître lequel de tous ces moyens il a voulu employer à les faire. Ce que je ne fais aucune difficulté d'accorder. *Et je croirai avoir assez fait, si les causes que j'ai expliquées sont telles que tous les effets qu'elles peuvent produire se trouvent semblables à ceux que nous voyons dans le monde*, sans m'enquérir si c'est par elles ou par d'autres qu'ils sont produits ».

18. Cf. *Discours*, 5e partie, AT, VI, 45 : « je ne voulais pas inférer, de toutes ces choses, que ce monde ait été créé en la façon

importe que les causes supposées soient ou non identiques aux causes naturelles pourvu qu'elles produisent d'identiques effets. Car dès lors « qu'on s'en pourra *servir* en même façon pour disposer les causes naturelles à *produire* les effets qu'on désirera » une explication fausse « ne sera pas moins *utile* à la vie que si elle était vraie »[19].

Sous ce point de vue la logique de la science est donc bien une logique pour l'action, c'est-à-dire une logique technologique. Comme la technologie ne juge de la validité des moyens que par la fin qu'ils procurent, la science cartésienne n'apprécie l'explication des causes que par les effets qu'elle permet de produire. Au critère de vérité la science cartésienne comme la technologie substitue le critère de l'utilité. De même, alors que les mathématiques ou la métaphysique, procédant réflexivement, obtiennent une certitude absolue, la science cartésienne se satisfait comme la technologie de cette certitude morale qui suffit à l'action[20].

Ainsi le modèle technologique, qui nous semble gouverner la science cartésienne, provoque une scission dans la logique cartésienne et, quoique implicitement peut-être, conspire à instituer deux ordres. Car s'il y a deux ordres de certitudes, et chacune convenant au sien sans qu'aucune soit inférieure à

que je proposais... *je me contentai de supposer* que Dieu formât le corps d'un homme, *entièrement semblable* à l'un des nôtres... » ; *Principes* III, 19 : « Je proposerai ici l'hypothèse qui me semble être la plus simple de toutes et la plus commode... Et cependant j'avertis que je ne prétends point qu'elle soit reçue comme entièrerement conforme à la vérité, mais seulement comme une hypothèse ou supposition qui peut être fausse. » Cf. aussi III, 44 : « je désire que ce que j'écrirai soit seulement pris pour une hypothèse laquelle est peut-être fort éloignée de la vérité... ».

19. Cf. *Principes*, III, 44.
20. Cf. *Principes*, IV, 205-206.

l'autre, c'est qu'une chose est l'ordre de la pensée pure, et autre chose l'ordre de l'action. Une telle distinction est d'ailleurs si essentielle à la pensée cartésienne qu'elle apparaît dès les *Regulae* [21], lorsque Descartes y spécifie les deux sens de l'expérience : « Nous faisons l'expérience, dit-il, de tout ce qui parvient à notre entendement, soit du dehors (par les sens, par autrui), soit de la contemplation réflexive qu'il a de lui-même. » L'une, adventice et toute de rencontre, constitue l'expérience physique dont nous ne pouvons avoir, dans l'action qu'une certitude morale. L'autre, tout intérieure et consistant dans l'intuition des idées innées, constitue l'expérience métaphysique de la pensée, la seule dont nous puissions avoir une certitude absolue puisque « c'est seulement touchant les choses parfaitement simples et absolues qu'on peut obtenir une expérience certaine » [22]. Cette distinction sera reprise et approfondie dans la *Sixième Méditation* [23] lorsque Descartes caractérisera notre *nature* sous un double point de vue : à la fois comme substance spirituelle indépendante du corps et comme union d'une âme et d'un corps. Comme esprit nous avons rapport à la *vérité*, réflexivement. Comme esprit uni à un corps, nous n'avons rapport qu'à l'*utilité*.

Avant d'analyser le statut de la vérité dans la science de la nature, voyons donc comment s'en développe l'entreprise.

2. *La science ou l'empire de la banalité.*

Non seulement la science cartésienne tend à nous délivrer de l'admiration [26], mais c'est même par

---

21. Cf. *Regulae*, XII, AT, X, 422-423.
22. Cf. *Regulae*, VIII, AT, X, 394.
23. Cf. § 27, AT, IX-1, 65-66.
24. Là-dessus, cf. les analyses exemplaires de F. Alquié in *La découverte métaphysique de l'Homme chez Descartes*, p. 41-55.

l'assurance de ce qu'il n'y a rien de véritablement admirable dans la Nature qu'elle peut se constituer et progresser. Ni intériorité, ni puissance, ni secret, ni caprice, ni exception : tout se produit mécaniquement dans la nature. Tout y est assujetti à la règle et s'y réduit à de simples modifications de grandeur, de figure, et de mouvement. L'expérience de la géométrie le faisait pressentir. La méthode le postulait. Les expériences des automates achevaient d'en persuader en l'attestant par l'exemple. En effet, comme le rappelle F. Alquié, « l'automate est expliqué quand on se représente, dans l'espace, toutes ses parties : il n'a point d'être propre, il ne possède qu'une fausse intériorité. De même la nature, étalée dans l'espace, ne contient pas d'autre richesse que le mouvement » [25]. C'est à cette condition que la science peut de part en part l'investir.

Le modèle technologique de la science nous prévient en effet que notre surprise n'est jamais faite que de notre ignorance [26], puisque rien ne se produit jamais autrement que par les causes les plus ordinaires. Ainsi les automates provoquent notre étonnement bien moins par la spontanéité qu'ils simulent que par le mécanisme qu'ils dissimulent. L'automate est un travesti de la banalité. De même, avec ses apparents prodiges et sa foisonnante diversité, la Nature est le travesti de sa grande machinerie. Aussi, l'application de la méthode, l'explication de tout phénomène par sa réduction à des modifications de grandeur, de figure et de mouvement, nous montrent que c'est par des causes tout uniformément simples et semblables qu'est produite l'infinie diversité de tous les effets dans la nature. Pour qui réduit

25. *Ibidem*, p. 53.
26. Cf. p. ex. *Les Météores*, discours VII, AT, VI, 323-324.

méthodiquement l'effet à ses causes, le complexe au simple, il n'est donc plus rien d'admirable dans la Nature : elle est devenue le vaste empire de la banalité. C'est pourquoi, après avoir évoqué l'admiration naïve que nous avons spontanément « pour les choses qui sont au-dessus de nous », Descartes commence *les Météores* en annonçant son projet d'expliquer si clairement leur nature « qu'on n'ait plus occasion d'admirer rien de ce qui s'y voit ou qui en descend » [27] ; et les tout dernières lignes expriment également l'espoir « que ceux qui auront compris tout ce qui a été dit en ce traité, ne verront rien dans les nues à l'avenir, dont ils ne puissent aisément entendre la cause, ni qui leur donne sujet d'admiration » [28]. De même, expliquant dans les *Principes* et la distance respective des planètes par rapport au Soleil, et le temps de leurs révolutions, et les irrégularités de leurs mouvements, et l'évolution des taches du Soleil, et pourquoi la Lune se meut plus vite que la Terre, et pourquoi les satellites de Saturne se meuvent moins rapidement que ceux de Jupiter, Descartes réduit tout cela à une même et toute simple cause, la matière, ici composée de parties plus ou moins grosses et solides, là plus ou moins subtiles et liquides, tantôt moins promptes à se mouvoir et tantôt incessamment agitées de mouvements très rapides. Rien donc de plus clair, de plus simple, de plus ordinaire, ni de plus banal : « nec mirabimur... » [29], il n'y a plus à s'étonner.

Puisque « tous les corps sont faits d'une même matière » [30], puisque tous les phénomènes dans la

27. *Ibidem*, AT, VI, 231.
28. *Ibidem*, AT, VI, 366.
29. Cf. *Principes*, III, 147, 148, 151, 152, 153, 154, 155, 157.
30. Cf. *Le Monde*, ch. IV, AT, XI, 17 ; *Les Météores*, disc. I, AT, VI, 239 ; A Mersenne, 28 octobre 1640, AT, III, 211-212, (FA, II, 269) ; *Principes*, II, 22 ; III, 46.

Nature sont produits par les mêmes causes très simples dont les idées sont innées en notre entendement, rien ne se produit ailleurs autrement qu'ici ni dans ce que nous ignorons autrement que dans ce que nous connaissons. Comme les automates peuvent nous servir de modèle pour comprendre les mouvements des animaux, toutes les diverses machines sont autant de modèles pour comprendre la composition et la production de tous les divers phénomènes dans la Nature [31]. Tel est le fondement de l'*analogie*. L'ordre étant partout identique, n'y ayant jamais d'autres causes que celles qu'on peut tirer des principes de la géométrie et de la mécanique, l'inconnu est au connu ce que le lointain est au proche, le petit au grand, l'inobservable à l'observable, l'insaisissable au manipulable, le naturel à l'artificiel, et l'image au modèle [32]. Par une sorte d'impérialisme

31. Cf. *Principes*, IV, 203.

32. Cf. A Morin, 12 septembre 1638, AT, II, 367-368, (FA, I, 86) : « ...en celles (les comparaisons) dont je me sers, je ne compare que des mouvements à d'autres mouvements, ou des figures à d'autres figures etc., c'est-à-dire que des choses qui à cause de leur petitesse ne peuvent tomber sous nos sens à d'autres qui y tombent, et qui d'ailleurs ne diffèrent pas davantage d'elles qu'un grand cercle diffère d'un petit cercle, je prétends qu'elles sont le moyen le plus propre, pour expliquer la vérité des questions physiques, que l'esprit humain puisse avoir ; jusque-là que, lorsqu'on assure quelque chose touchant la nature, qui ne peut être expliquée par aucune telle comparaison, je pense savoir par démonstration qu'elle est fausse ». Cf. *Principes*, IV, 201 : « étant assurés que chacun des corps que nous sentons est composé de plusieurs autres corps si petits que nous ne les saurions apercevoir, il n'y a, ce me semble, personne, pourvu qu'il veuille user de raison, qui ne doive avouer que c'est beaucoup mieux philosopher, de juger de ce qui arrive en ces petits corps, que leur seule petitesse nous empêche de pouvoir sentir, par l'exemple de ce que nous voyons arriver en ceux que nous sentons, et de rendre raison, par ce moyen, de tout ce qui est en la nature... ». Cf. aussi *Principes*, IV, 203 : « ...je ne reconnais aucune différence entre les machines que font les artisans et les divers corps que la nature seule compose, sinon que

logico-technologique l'explication scientifique va ainsi imposer à tout l'inconnu que nous ne pouvons observer la règle selon laquelle peut être produit ce que nous observons. De la sorte le mécanisme de la respiration par exemple n'est qu'une répétition de celui du soufflet [33] ; la continuité de la respiration répète la continuité des mouvements d'une horloge ou d'un moulin [34] ; quant au mécanisme par lequel les esprits sont propulsés et distribués vers telle ou telle partie de cerveau, ce n'est qu'une répétition de celui par lequel l'air est propulsé et distribué vers les divers tuyaux dans les orgues [35]. Tout est partout pareil, se reproduit, réitère, et répète et réplique. L'analogie institue ainsi une logique en écho. La science est l'écholalie de la vérité.

Ainsi, par exemple, le paradigme de l'éponge servira aussi bien à expliquer que les corps visibles sont composés de trois éléments [36], et à expliquer les phénomènes de condensation et de raréfaction (c'est-à-

les effets des machines... sont toujours si grands que leurs figures et mouvements se peuvent voir, au lieu que les tuyaux ou ressorts qui causent les effets des corps naturels sont ordinairement trop petits pour être aperçus de nos sens. Et il est certain que toutes les règles des mécaniques appartiennent à la physique, en sorte que toutes les choses qui sont artificielles, sont avec cela naturelles. Car, par exemple, lorsqu'une montre marque les heures par le moyen des roues dont elle est faite, cela ne lui est pas moins naturel qu'il est à l'arbre de produire ses fruits. C'est pourquoi, en même façon qu'un horloger, en voyant une montre qu'il n'a point faite, peut ordinairement juger, de quelques-unes de ses parties qu'il regarde, quelles sont toutes les autres qu'il ne voit pas : ainsi, en considérant les effets et les parties sensibles des corps naturels, j'ai tâché de connaître quelles doivent être celles de leurs parties qui sont insensibles ».

33. Cf. Traité de *L'Homme*, AT, XI, 139-140.
34. *Ibidem*, AT, XI, 131.
35. *Ibidem*, AT, XI, 165.
36. Cf. *Le Monde*, ch. V, AT, XI, 31.

dire de dilatation) [37]. Le paradigme de la fronde sert
à montrer et que chaque partie d'un corps en mouvement tend à continuer le sien en ligne droite [38], et
comment un corps peut tendre à se mouvoir en
diverses directions en même temps [39]. Servant aussi
à montrer « que tout corps tend à s'éloigner du
centre autour duquel il se meut » [40], il sert à expliquer
et les tourbillons des petits corps célestes [41], et la
pesanteur par laquelle la matière subtile tourbillon-
nante presse les corps vers la terre [42], et comment
la lumière presse la matière subtile vers nos yeux [43].
Quant à expliquer tant la raréfaction de la vapeur [44]
que la formation des brumes [45] et la séparation des
vapeurs d'avec les exhalaisons [46], le paradigme de
l'essoreuse ou de la baratte suffit à y pourvoir. S'agit-
il par ailleurs de prouver la compatibilité du mouvement et de la simultanéité [47], d'expliquer à la fois
que la lumière est un mouvement et qu'elle est ins-
tantanée [48], que la vue est réductible au toucher [49],

---

37. Cf. A Mersenne, 11 octobre 1638, AT, II, 384, (FA, II, 95) ;
Principes, II, 6 et 7.
38. Cf. *Le Monde*, ch. VII, AT, XI, 44-46.
39. Cf. *Principes*, III, 57.
40. *Ibidem*, 58-59.
41. *Ibidem*, 60.
42. Cf. A Mersenne, 27 août 1639, AT, II, 572-573, (FA, II, 137-138).
43. *Ibidem*, p. 572.
44. Cf. *Les Météores*, disc. II, AT, VI, 241-242.
45. *Ibidem*, AT, VI, 243.
46. *Ibidem*, AT, VI, 248 : « encore que la plupart de ces exhalaisons ne montent en l'air que mêlées avec les vapeurs, elles ne
laissent pas de pouvoir aisément par après s'en séparer... en même
façon que les villageoises, en battant leur crème, séparent le beurre
du petit lait... ».
47. Cf. *Regulae*, IX, AT, X, 402.
48. Cf. *La Dioptrique*, AT, VI, 84 ; A Mersenne, 5 octobre 1637,
AT, I, 451 ; A Reneri pour Pollot, avril ou mai 1638 (date et destinataire identifiés par F. Alquié), AT, II, 42.
49. Cf. *La Dioptrique*, AT, VI, 83-84.

que la lumière et les couleurs sont des corps ou des mouvements des corps [80], que la sensation n'est pas une duplication de l'objet mais qu'elle le désigne seulement [51], le paradigme du bâton dont se guide un aveugle suffit à tout cela. Mais aussitôt est-il question de rendre raison de la vie et des principales fonctions physiologiques, combien de paradigmes instrumentaux et familiers abondent aussitôt ! Voyez cette machine hydraulique : elle est une transposition analogique du corps de l'homme. Les nerfs sont comme ses tuyaux, les muscles et les tendons comme les divers engins et ressorts qui la meuvent, les esprits animaux comme la pression de l'eau, le cœur comme la source d'où elle s'écoule en abondance, et les diverses concavités du cerveau comme les diverses vannes qui la dirigent [52]. Ici comparé à une source [53], le cœur est ailleurs décrit comme l'*analogon* naturel d'une lampe d'alchimiste [54] : le sang s'échauffe et se raréfie dans l'un comme l'huile dans l'autre, le nerf qui ouvre et ferme les orifices du cœur fonctionne comme le conduit qui règle l'alimentation de la lampe, et les esprits produits avec plus ou moins d'abondance dans l'un sont comme la plus ou moins vive chaleur que la combustion de l'huile produit dans l'autre.

---

50. *Ibidem*, p. 85. Les diverses couleurs seront expliquées plus loin par analogie avec les divers effets que peut donner au mouvement de la balle la raquette d'un joueur de paume : *ibidem*, p. 91-92.

51. *Ibidem*, p. 85 et 114.

52. Cf. Traité de *L'Homme*, AT, XI, 131. Sur la métaphore hydraulique des esprits animaux qui « coulent » et « prennent leur cours », cf. aussi AT, XI, 130 (l. 8), 137 (l. 11), 139 (l. 4), 141 (l. 21), 142 (l. 17), 165 (l. 8) ; *La Dioptrique*, AT, VI, 110 (l. 17) ; *Les Passions de l'Ame*, art. 11, AT, XI, 336 (l. 13).

53. Cf. Traité de *L'Homme*, AT, XI, 131.

54. *Ibidem*, AT, XI, 169-170.

Ainsi, comme le même procédé logique simple suffit à produire la suite des nombres, les mêmes procédés technologiques simples suffisent à produire toutes choses dans la nature. Varier les grandeurs, varier les figures, varier les mouvements, il n'y a pas à sortir de cette technologie : la nature est si banale qu'à la diversité de presque tous les phénomènes presque la même explication suffit.

3. *L'expérience de la vérité et la syntaxe du monde.*

L'expérience de l'eau sur la chaux vive ou de l'acide sur le métal suffit à expliquer analogiquement le mécanisme de la digestion [55]. L'échauffement du foin humide qui fermente explique analogiquement et à la fois celui des aliments pour être digérés [56] et ce « feu sans lumière » dont le cœur est si chaud [57] que le sang n'y entre pas qu'il n'en bouille et ne s'en échappe aussitôt comme fait le lait dans un récipient brûlant [58]. Ainsi imaginative et réductrice, procédant par assimilations et comparaisons, consistant en cette ingénieuse accumulation d'analogies technologiques, est-ce donc là cette science pure annoncée par les *Regulae* et dont la rigueur ne devait rien laisser à envier aux mathématiques ? Que reste-t-il en cette physique technologique de cette *mathesis universalis* qui devait n'avoir qu'à se développer pour tirer réflexivement de nos idées innées l'infinité des connaissances ? Puisque Descartes n'a pas renoncé dans son traité du *Monde* en 1633 à la logique qu'il avait instituée en 1628 dans les *Regulae*, comment l'épistémologie technologique

---

55. *Ibidem*, AT, XI, 121 .
56. *Ibidem*.
57. Cf. *Discours*, 5ᵉ partie, AT, VI, 46 .
58. Cf. Traité de *L'Homme*, AT, XI, 123.

appliquée dans l'un peut-elle s'articuler avec l'exigence d'une pure science déductive systématisée dans l'autre ? Comment l'épistémologie par analogie qu'on voit s'exercer dans la cinquième partie du *Discours* peut-elle prolonger l'épistémologie géométrisante exposée dans la deuxième ? Comment, en outre, l'explicite recours à des expériences dont témoigne toute l'œuvre scientifique de Descartes est-il compatible avec le si célèbre projet d'une science *a priori* se développant par de pures déductions ? Pour élucider cette disparité épistémologique de la doctrine, c'est le statut de la vérité dans la science cartésienne qu'il nous faut donc analyser maintenant.

*
* *

A son projet initial d'une science pure et entièrement déductible, nous procurant sur toutes choses une certitude égale à celle qu'obtiennent les mathématiques touchant les figures et les nombres, Descartes n'a jamais renoncé. Il serait vain de chercher là-dessus aucune évolution de sa pensée. Comme il annonçait en 1628 une science qui, par le simple développement réflexif des semences de vérité, dût « s'étendre jusqu'à faire surgir des vérités de n'importe quel sujet » [59], en 1638 il se louait à Mersenne d'avoir dans sa *Dioptrique* « démontré les réfractions géométriquement et *a priori* » [60], et ce n'est pas sans même quelque arrogance qu'il affirme en 1640 le caractère rigoureusement nécessaire de sa Physique : en effet, écrit-il, « je croirais n'y rien savoir si je ne savais que dire comment les choses peuvent être, sans démontrer qu'elles ne peuvent être autre-

59. Cf. *Regulae*, IV, AT, X, 374.
60. Cf. A Mersenne, 1er mars 1638, AT, II, 31, (FA, II, 40).

ment » [61]. Aussi, évoquant en 1645 l'évidence de telles démonstrations, l'unité du système lui en paraît si rigoureuse qu'il en faille ou tout accepter ou tout nier [62]. Il n'y a donc pas à discuter, controverser, ni objecter, mais seulement à comprendre ; et Descartes en prévient d'ailleurs Regius : « je ne désire point du tout qu'on propose (mes opinions) en forme de dispute, car je les crois si certaines et si évidentes, que je me flatte qu'étant une fois bien comprises elles ôteront tout sujet de discussion » [63].

Un ton si altier en physique ne peut être justifié que si la science tout entière est strictement déduite de premiers principes indubitables. Et en effet certains textes de Descartes semblent parfois soutenir une telle interprétation. Ainsi, en 1633, après avoir déduit de l'idée même de Dieu les lois fondamentales de la nature, Descartes déclare n'en « point supposer d'autres que celles qui suivent infailliblement de ces vérités éternelles, sur qui les mathématiciens ont accoutumé d'appuyer leurs plus certaines et plus évidentes démonstrations... de sorte que ceux qui sauront suffisamment examiner les conséquences de ces vérités et de nos règles pourront connaître

61. Cf. A Mersenne, 11 mars 1640, AT, III, 39.
62. Cf. A Mesland, mai 1645, AT, IV, 216-217, (FA, III, 569-570) : « je souhaiterais que vous eussiez assez de loisir pour examiner plus particulièrement mes *Principes*. J'ose croire que vous y trouveriez au moins de la liaison et de la suite ; en sorte qu'il faut nier tout ce qui est contenu dans les deux premières parties, et ne le prendre que pour une hypothèse ou bien pour une fable ou bien l'approuver tout ».
63. Cf. A Regius, juillet 1645, AT, IV, 248 (FA, III, 581) ; cf. aussi à Mersenne, 9 février 1639, AT, II, 497 : « je me moque du Sr Petit et de ses paroles, et on n'a, ce me semble, pas plus sujet de l'écouter, lorsqu'il promet de réfuter mes réfractions par l'expérience, que s'il voulait faire voir, avec quelque mauvaise équerre, que les trois angles d'un triangle ne soient pas égaux à deux droits ».

les effets par leurs causes ; et, pour m'exprimer
dans les termes de l'Ecole, pourront avoir des
démonstrations *a priori* de tout ce qui peut être
produit en ce nouveau Monde » [64]. De même, en 1639,
sinon Descartes du moins quelque cartésien peut
affirmer que la connaissance de la nature doit
« reposer sur un unique principe primitif, duquel
toutes les autres connaissances et jusqu'aux vérités
les plus particulières, se déduisent par un infrangible
enchaînement et selon un ordre très sage » [65]. Et en
1641, c'est en exposant sa pensée la mieux établie
et la mieux fondée, dans le texte le plus canonique,
qu'il annonce la possibilité d'acquérir enfin « une
science parfaite touchant une infinité de choses, non
seulement de celles qui sont en (Dieu), mais aussi
de celles qui appartiennent à la nature corporelle
en tant qu'elle peut servir d'objet aux démonstrations des géomètres, lesquels n'ont point d'égard à
son existence » [66]. Parfaite : c'est qu'il n'y a plus rien
à désirer ni ajouter ; aussitôt une telle science
connaît-elle donc son objet qu'elle l'épuise. Quant à
la compréhension, par conséquent, il n'y a rien de
plus en la matérialité de chaque chose particulière
que ce que, déductivement, son idée en manifeste
à l'esprit. Quant à l'extension, portant sur une
infinité de choses, il n'est rien de si lointain, de
si complexe, de si particulier, ni de si caché qu'une
telle science ne découvre. Tout connaître, totale-
ment : rien moins. Pour cela, pas plus qu'aux géomètres, il n'est besoin d'observer ni d'expérimenter.
Le tout simple et continu enchaînement des déduc-

64. Cf. *Le Monde*, AT, XI, 47.
65. Cf. A Mersenne, 1639, AT, II, 652 (FA, II, 154).
66. Cf. *Cinquième Méditation*, AT, IX-1, 56. La possibilité de
cette « science parfaite » est également caractérisée dans les *Principes*, I, 24.

tions suffit : l'inventaire de l'esprit nous livre l'infinité du monde.

On comprend dès lors dans quel mépris une telle
science doit tenir toute intrusion de l'expérimenta-
tion dans la théorie. Lui devons-nous néanmoins quelque découverte, la science n'en peut être qu'humi-
liée : ainsi, que « l'invention si utile et si admirable »
des télescopes n'ait « premièrement été trouvée que
par l'expérience et la fortune », Descartes le juge
être « à la honte de nos sciences » [67]. Inversement,
l'expérience prétend-elle soumettre à sa juridiction
les vérités déduites par cette science pure, tant de
témoignages à charge qu'elle puisse recueillir, elle
ne peut être que récusée. Car les démonstrations de
cette science « sont si certaines, qu'encore que l'expérience nous semblerait faire voir le contraire, nous
serions néanmoins obligés d'ajouter plus de foi à
notre raison qu'à nos sens » [68].

Une chose est donc ce que la pensée découvre
réflexivement, par le nécessaire enchaînement de
ses idées, autre chose ce que les sens, l'observation
et les rencontres semblent lui montrer. Ainsi que le
caractérisait déjà la douzième des *Regulae* [69], il y a
bien *deux ordres* : l'un est constitué par *l'expérience
de la pensée*, l'autre est constitué par *l'expérience
des choses*. Dans la première la pensée n'a affaire
qu'à elle-même : les idées qui la constituent originairement s'imposent à elle et l'obligent à affirmer

---

67. Cf. *La Dioptrique*, AT, VI, 81-82.
68. Cf. *Principes*, II, 52. Cf. aussi *Le Monde*, AT, XI, 43 :
« encore que tout ce que nos sens ont jamais expérimenté dans
le vrai Monde semblât manifestement être contraire à ce qui est
contenu dans ces deux règles (le principe de conservation de la
quantité de mouvement et le principe d'inertie), la raison qui me
les a enseignées me semble si forte, que je ne laisserais pas de
croire être obligé de les supposer dans le nouveau que je vous
décris ».
69. Cf. *Regulae*, XII, AT, X, 422.

toutes celles qui, analytiquement s'ensuivent. Cette contrainte n'est pas autre chose que l'impossibilité d'en douter, puisque constitutives de lui-même, notre esprit ne pourrait les nier sans se nier : dans l'être de ces vérités, c'est donc l'être même de notre pensée dont nous faisons aussi l'expérience. Pas plus que notre existence nous éprouvons en effet que l'existence de ces vérités ne dépend pas de nous, en sorte qu'elles ont dû être créées comme notre existence même par un être transcendant. C'est en ce sens qu'en faisant l'expérience de la pensée nous faisons l'expérience métaphysique de la vérité.

A cet égard, il est d'ailleurs bien remarquable qu'entre les exposés scientifiques de 1643 dans les *Principes* et les textes de 1633 dans le traité du *Monde*, il n'y a pas la moindre différence : tant l'expérience du doute ne peut rien changer à l'expérience de l'indubitable.

Certes la quatrième partie du *Discours* et mieux encore les *Méditations* nous ont découvert analytiquement ce que renfermait l'expérience de la pensée : l'évidence du Cogito, l'existence de Dieu, sa véracité, que toutes les idées claires et distinctes sont vraies, que l'âme est substantiellement distincte du corps, que les choses matérielles existent, et qu'elles sont toutes conformes aux vérités de la géométrie et de la mécanique. Mais, cela dit, que savons-nous du monde ? Quel phénomène en est pour autant expliqué ? Quelles assises la physique reçoit-elle pour quels développements ? Quelles démonstrations en peut-elle déduire ?

Là pourtant, c'est la physique qui commence : de l'idée innée que nous avons de l'étendue et de celle que nous avons de Dieu, voici s'ensuivre apodictiquement les premiers théorèmes qui vont gouverner la physique tout entière jusqu'en sa moindre explication.

*
* *

Tels sont ces « principes, ou premières causes, de tout ce qui est ou qui peut être dans le monde » dont Descartes nous dit qu'il les a découverts « sans rien considérer, pour cet effet, que Dieu seul, qui l'a créé, ni les tirer d'ailleurs que de certaines semences de vérités qui sont naturellement en nos âmes » [70].

Seule la véracité divine en effet fonde absolument la conception réaliste de l'étendue que Descartes exposait dès les *Regulae* [71] et qui va constituer l'armature géométrique de sa physique. La nature de la matière étant dès lors réductible à l'idée que nous avons de l'étendue [72], nous allons pouvoir affirmer de la matière en physicien tout ce que nous pouvons *a priori* déduire en géomètre de l'idée d'étendue [73]. Comme nous ne pouvons concevoir que l'étendue soit finie, nous pouvons affirmer la matière comme indéfinie [74]. Comme l'étendue géométrique ne peut être qu'unique et homogène, nous pouvons affirmer en physicien qu'il n'y a qu'une seule et même matière [75] dont toutes choses dans l'univers sont constituées. Comme nous concevons l'étendue infiniment divisible, cette infinie divisibilité doit être affirmée aussi de la matière [76]. S'en-

---

70. Cf. *Discours*, 6e partie, AT, VI, 64 ; cf. aussi *Principes*, I, 24.
71. Cf. p. ex. *Regulae*, XIV, AT, X, 442 : « on ne désigne ici par étendue rien qui soit distinct du sujet lui-même » ; cf. A Mersenne, 9 janvier 1639, AT, II, 482 : « l'idée que nous avons du corps, ou de la matière en général, est comprise en celle que nous avons de l'espace ». *Principes*, II, 10 : « l'espace, ou le lieu intérieur, et le corps qui est compris en cet espace, ne sont différents que par notre pensée » ; cf. aussi *Principes*, II, 11 et 13.
72. Cf. *Principes*, II, 4, 9, 10, 22.
73. *Ibidem*, II, 64.
74. *Ibidem*, II, 21.
75. Cf. *Le Monde*, AT, XI, 17 ; *Les Météores*, AT, VI, 239 (l. 1) ; A Mersenne, 28 octobre 1640, AT, III, 211-212 ; *Principes*, II, 22 et III, 46.
76. Cf. *Principes*, II, 34-35.

suit qu'il ne peut donc y avoir d'atomes[77]. S'ensuit aussi que, n'y ayant si petite particule de matière qui ne soit composée d'une infinité d'autres elles-mêmes composées à l'infini, il existe dans la matière des parties si petites que nos sens ne les peuvent percevoir : telle est cette matière subtile, pénétrant et s'insinuant partout plus aisément que l'air même, remplissant tous les intervalles entre les corps solides, et si peu résistante qu'elle est sans cesse agitée[78]. Enfin, puisque l'étendue est originairement conçue comme infinie, continue et homogène, puisqu'il n'y a donc espace qui ne soit corporel, il ne peut y avoir aucun vide dans la nature[79].

D'ores et déjà nous pouvons donc affirmer *a priori* que ce sont uniquement des différences de grandeur qui diversifient la matière, qu'elles entraînent entre ses diverses parties des différences de mobilité, et que de la diversité de ces mouvements s'ensuit toute la diversité des phénomènes naturels[80].

Pour expliquer la diversité des choses dans la nature, c'est la diversité des mouvements qui les produit qu'il nous faut par conséquent expliquer ; et pour expliquer ces mouvements, nous ne pouvons mieux faire que les déduire de leur cause. Or cette cause, c'est Dieu[81], puisqu'étant conçu comme infi-

77. Cf. *Les Météores*, AT, VI, 238-239 ; A Mersenne, 28 octobre 1640, § 4, AT, III, 213-214 ; A Gibieuf, 19 janvier 1632, AT, III, 477 ; *Principes*, II, 20.

78. Cf. A Mersenne, 25 février 1630, AT, I, 119 ; 15 avril 1630, AT, I, 140 ; *Le Monde*, AT, XI, 30-31 ; A Mersenne, mars 1636, AT, I, 341 ; *La Dioptrique*, AT, VI, 87 ; A Mersenne, 9 janvier 1639, AT, II, 483-485 (FA, II, 118-120) ; *Principes*, II, 34-35 ; III, 48-51.

79. Cf. *Les Météores*, AT, VI, 233 ; A Plempius pour Fromondus, 3 octobre 1637, AT, I, 417 (FA, I, 790) ; A Mersenne, 9 janvier 1639, AT, II, 482 ; *Principes*, II, 16-18.

80. Cf. *Le Monde*, AT, XI, 34 ; *Principes*, II, 23.

81. Cf. *Le Monde*, AT, XI, 46 : « Dieu seul est l'auteur de tous les mouvements qui sont au monde » ; *Principes*, I, 24.

niment puissant il crée l'univers entier à chaque instant [82].

Mais Dieu est également conçu comme éternel et immuable. Comme on doit retrouver dans l'effet la continuité qui est dans la cause, de l'immutabilité de Dieu s'ensuit que tout dans sa création tend à demeurer en même état : nul corps en repos ne peut commencer à se mouvoir de soi-même, et aucun corps en mouvement ne changera de vitesse ni de direction sinon par la rencontre et le choc d'un autre corps [83]. Déduit de la nature même de Dieu, voici donc établi le principe d'inertie comme une loi fondamentale de la nature [84].

De l'éternité et de l'immutabilité de Dieu s'ensuit aussi qu'il ne modifie pas sa création à mesure qu'il la conserve, si bien qu'il ne peut y avoir ni plus ni moins de mouvement dans l'instant qui suit que dans celui qui précède [85]. Un corps ne saurait donc en mettre un autre en mouvement qu'il n'en perde autant qu'il en donne, et réciproquement [86]. Tel est le principe de conservation de la quantité de mouvement, qui constitue la deuxième loi fondamentale de la nature.

Quant à la troisième [87], elle aussi se déduit de

82. Cf. *Principes*, II, 36.

83. Cf. *Le Monde*, AT, XI, 38 ; A Mersenne, 26 avril 1643, AT, III, 649 ; *Principes*, II, 37.

84. Cf. *Le Monde*, AT, XI, 37 « les règles suivant lesquelles se font ces changements, je les nomme les lois de la Nature ». Cf. aussi A Huygens, 9 mars 1638, AT, II, 50 ; *Principes*, II, 37.

85. Cf. *Principes*, II, 36.

86. Cf. *Le Monde*, AT, XI, 41 ; *Principes*, II, 40.

87. Présenté dans le chapitre VII du *Monde* et dans le deuxième livre des *Principes* (37-42), l'ordre d'exposition de ces lois est modifié d'un texte à l'autre. Nous avons suivi ici l'ordre de 1633. La 3e loi dans *Le Monde* est la 2e dans les *Principes*, et la 2e ici est la 3e là.

l'immutabilité et de la simplicité divines. S'ensuit en effet que le mouvement créé par Dieu ne peut être que le plus simple possible. Comme « de tous les mouvements il n'y a que le droit qui soit entièrement simple et dont toute la nature soit comprise en un instant », on peut établir que tout corps en mouvement « tend toujours à continuer le sien en ligne droite » [88]. Par conséquent, toute courbe n'est qu'une droite déviée : la circularité des mouvements que nous observons n'est que la résultante de tous les mouvements rectilignes qui s'exercent les uns contre les autres [89].

Ainsi, il est donc bien vrai que c'est de la métaphysique que Descartes déduit les fondements de sa physique [90]. *A priori*, en effet, il a réduit la nature à la pure matérialité, caractérisé la matière et défini sa structure. Il a du même coup démontré que rien ne se produit que par mouvement ; et il a défini les lois selon lesquelles tout mouvement possible se produit. Les conditions nécessaires de toutes choses dans la nature, les voici donc *formellement* établies. Si nous ne savons pas pour autant comment chaque chose particulière est produite, du moins savons-nous avec une parfaite certitude comment elle ne peut pas l'être puisque nous connaissons ses conditions formelles de possibilité. Ainsi, même si nous ne savons pas encore précisé-

---

88. Cf. *Le Monde*, AT, XI, 44 ; *Principes*, II, 39.

89. Cf. *Le Monde*, AT, XI, 46.

90. Cf. Au P. Vatier, 22 février 1638, AT, I, 563 (l. 15-19) ; A Mersenne, 11 novembre 1640, AT, III, 233 : « ce peu de métaphysique que je vous envoie contient *tous* les principes de ma physique » ; 28 janvier 1641, AT, III, 298 : « je vous dirai, entre nous, que ces six méditations contiennent *tous* les fondements de ma physique ». Cf. aussi lettre-préface de l'édition française des *Principes*, AT, IX-2, 10 (FA, III, 776).

ment comment sont produits les divers phénomènes, du moins pouvons-nous d'ores et déjà affirmer *a priori* qu'ils ne sont explicables ni par aucune spontanéité, ni aucun dynamisme, ni aucune entéléchie, ni l'agrégation d'aucuns atomes, ni par aucune intervention surnaturelle, ni par aucun hasard... Le livre du monde, nous ne l'avons donc pas encore déchiffré. Ce que raconte le foisonnement de ses signes, nous ne le savons pas encore. Mais en déduisant le statut de la matière et les lois de la nature, nous avons élucidé toutes les règles selon lesquelles ces signes peuvent s'ordonner entre eux. Tirée de l'expérience métaphysique de la vérité, cette science pure que Descartes a déduite n'a donc fait que découvrir *a priori la syntaxe du monde.*

*
* *

La connaissance de cette syntaxe nous rend aussitôt lisibles certains phénomènes dont l'explication est directement déductible des lois de la nature. Les faits étant donnés, universellement observables et constatables, ils sont expliqués par ces lois comme des effets par leurs causes.

Ainsi, par exemple, le principe d'inertie explique le passage continu des esprits animaux d'un muscle dans un autre [91], ou le rebondissement d'un corps en mouvement lorsqu'il en heurte un autre dur et immobile, ainsi qu'une balle contre un mur [92].

Qu'un corps continue à se mouvoir alors même qu'il cesse d'être poussé par un autre [93], qu'un corps

---

91. Cf. Traité de *L'Homme,* AT, XI, 137.
92. Cf. A Mersenne, 28 octobre 1640, AT, III, 208 (FA, II, 266).
93. Cf. *Le Monde,* AT, XI, 41.

mou oppose plus de résistance qu'un corps dur[94], qu'un corps en mouvement puisse changer de direction sans changer de vitesse comme on l'observe lorsqu'il rebondit[95], le principe de conservation de la quantité de mouvement explique tout cela.

Puisqu'il n'y a pas de vide dans la nature, tous les corps se touchent, en sorte que le mouvement de l'un se communique aussitôt à tous les autres. Voilà pourquoi d'ailleurs tout est toujours en mouvement[96]. Mais, tous les corps se touchant, il s'ensuit aussi qu'un corps ne peut changer de place sans prendre celle d'un autre ni que, de proche en proche, un autre ne prenne la sienne, si bien que « tous les mouvements qui se font au monde sont en quelque façon circulaires »[97]. Ainsi se trouve donc déduite *a priori* la fameuse théorie des tourbillons, qui vient compléter la syntaxe du monde. Du même coup en sont rendus lisibles divers phénomènes dont l'interprétation avait été jusqu'alors abandonnée aux divagations de la fantaisie. Cette nécessité de la circularité des mouvements explique par exemple pourquoi le vin ne s'écoule pas d'un tonneau si on n'en perce pas le dessus aussi bien que le bas[98], pourquoi l'eau des pompes monte lorsqu'on tire le piston vers le

94. *Ibidem*, p. 41-42 ; A Debeaune, 30 avril 1639, AT, II, 543 (FA, II, 129-130) ; A Silhon, mars-avril 1648, AT, V, 135-136 (FA, III, 846).

95. Cf. *Principes*, II, 41.

96. Cf. *Le Monde*, AT, XI, 10-11 : « Je considère qu'il y a *une infinité* de divers mouvements qui durent perpétuellement dans le Monde... Je prends garde que les vapeurs de la terre *ne cessent point* de monter vers les nuées et d'en descendre, que l'air est *toujours* agité par les vents, que la mer n'est *jamais* en repos, que les fontaines et les rivières coulent *sans cesse*... bref qu'il n'y a rien, en aucun lieu, qui ne se change. »

97. *Ibidem*, p. 19-20 ; cf. aussi *Principes*, II, 33.

98. Cf. *Le Monde*, AT, XI, 20-21.

haut [99], et pourquoi les cheminées tirent mal lorsqu'il n'entre pas suffisamment d'air nouveau pour remplacer la matière de la fumée [1].

L'inclination de tout corps en mouvement à suivre la ligne droite est la règle par laquelle nous lisons maintenant pourquoi la pierre qui a si longtemps tournoyé part tout droit lorsqu'on lâche la fronde [2], et aussi pourquoi les rayons lumineux sont tout droits s'ils ne sont pas déviés par quelque corps réfringent [3].

Cette syntaxe du monde déduite de la métaphysique nous permet donc de rassembler, d'organiser, de grouper, d'ordonner le graphisme de la matière en un ensemble cohérent et intelligible de signes. Du monde c'est elle qui fait un livre. Mais si ce livre est écrit dans une langue dont nous connaissons la syntaxe, nous en ignorons toutefois le vocabulaire. C'est pourquoi, après ces quelques fragments si promptement déchiffrés, notre lecture devient plus difficile. Un autre travail ici commence.

4. *La logique de la vrai-semblance et le livre du monde.*

Ce livre du monde, les pages en sont éparses, et la typographie parfois incertaine. La syntaxe découverte, certaines pages aussitôt déchiffrées, la première tâche est désormais de rassembler, établir et collationner le texte. A cela nulle déduction ne peut rien : c'est à l'expérience de s'employer.

---

99. Cf. A Huygens, 16 octobre 1639, AT, II, 588 (FA, II, 141).
1. Cf. A Mersenne, 20 octobre 1642, AT, III, 587-588 (FA, III, 939).
2. Cf. *Le Monde*, AT, XI, 44.
3. Cf. *La Dioptrique*, AT, VI, 87-89 ; A Mersenne, 18 novembre 1640, AT, III, 245.

En effet, pour réduire un phénomène quelconque aux natures simples qui s'y composent, encore faut-il que ce phénomène soit observé, reconnu, isolé, délimité et défini. C'est une chose de savoir lire, c'en est une autre d'avoir quelque chose à lire. Or rien que l'expérience peut nous pourvoir de ce texte. Ainsi, quelqu'un veut-il comprendre par quel mécanisme s'exerce le magnétisme d'un aimant, il faut « d'abord qu'il rassemble avec soin toutes les expériences qu'on peut recueillir concernant cette pierre »[4]. A remembrer les signes, à reconstituer patiemment le livre du monde, Descartes déclare d'ailleurs avoir « employé beaucoup de temps... en faisant amas de plusieurs expériences, pour être après la matière de (ses) raisonnements »[5]. Les raisonnements sont donc ici par rapport à l'expérience ce que l'idéalité des significations est à la matérialité des signes. Cependant, s'il faut raisonner sur ces signes[6], c'est que leur signification n'est pas rudimentairement univoque, et par conséquent que la lecture du monde n'est pas un pur et simple déchiffrage mais véritablement une interprétation.

Parce qu'on ne peut expliquer que des faits constatés et observés, et parce qu'on ne peut entreprendre la lecture que d'un texte déjà composé, la science ne peut progresser qu'en provoquant sans

---

4. Cf. *Regulae*, XII, AT, X, 427. Sur le même exemple, cf. aussi A Huygens, 14 janvier 1643, AT, V, 548-549 (FA, III, 12).

5. Cf. *Discours*, 2ᵉ partie, AT, VI, 22. Sur les diverses expériences que Descartes rassemble, cf. A Mersenne, janvier 1630, AT, I, 113 ; 5 avril 1632, AT, I, 243 ; novembre ou décembre 1632, AT, I, 263 ; A Golius, 19 mai 1635, AT, I, 318-320 ; A Reneri pour Pollot, avril-mai 1638, § 14, AT, II, 45 (FA, II, 60).

6. Descartes dit encore, dans une lettre à Mersenne du 5 avril 1632, qu'on pourra parvenir à élucider les diverses propriétés de tous les corps « en ajoutant l'expérience à la ratiocination ». Cf. AT, I, 243 (FA, I, 298).

cesse de nouvelles expériences pour en rassembler les résultats. La lecture du monde ne peut en effet continuer qu'autant que nous sommes d'abord capables de voir ce qui y est effectivement écrit. Aussi voyons-nous Descartes n'attribuer qu'au « défaut des expériences » les bornes de la science [7] et demander pour y suppléer qu'on multiplie les expériences et qu'on lui en communique les résultats [8], procédant en cela comme un éditeur priant qu'on lui envoie tous les divers textes épars de l'œuvre qu'il publie.

Comme on ne pourrait lire un livre dont on ignorerait tant l'alphabet que la syntaxe, l'expérience ne servirait à rien sans la science qui nous les a découverts. Grandeurs, figures, mouvements : puisqu'il ne faut rien de plus pour en composer tous les signes, voici en effet tout l'aphabet du monde. Quant

---

7. Cf. *Discours*, 6e partie, AT, VI, 63, l. 5 ; A ***, fin mai 1637, AT, I, 370 (FA, I, 540) : « je pourrais aussi bien expliquer toute autre matière, en cas que j'eusse les expériences qui y seraient nécessaires... » ; A Mersenne, 20 octobre 1642, AT, III, 590 (FA, II, 941) : « Pour ce que vous me demandez du jet des eaux, je ne vous en puis rien déterminer ; car cela dépend de quelques expériences que je n'ai jamais faites... » ; A Mersenne, 2 février 1643, AT, III, 612 : « Je ne puis deviner si l'air ordinaire se peut plus raréfier que condenser par les forces naturelles, car c'est une question purement de fait. » Cf. aussi *Principes*, IV, 63 et 188 ; A Chanut, 6 mars 1646, AT, IV, 377-378 (FA, III, 645) : « Si toutes les expériences dont j'ai besoin pour le reste de ma Physique me pouvaient ainsi tomber des nues... je me promettrais de l'achever en peu de temps. » A Chanut, 15 juin 1646, AT, IV, 442 (FA, III, 657) : « je laisse croître les plantes de mon jardin, dont j'attends quelques expériences pour tâcher de continuer ma Physique ». A Newcastle, 23 novembre 1646, AT, IV, 571-572 (FA, III, 692) : « Pour la nature de l'argent vif, je n'ai pas encore fait toutes les expériences dont j'ai besoin pour la connaître exactement. »

8. Cf. *Discours*, 6e partie, AT, VI, 63, l. 9-17 ; et p. 65, l. 3-25 ; A Huygens, 2 novembre 1643, FA, III, 51.

à savoir comment ces signes s'organisent et se suivent
entre eux, cette syntaxe du monde est toute résumée
dans les lois du mouvement. Mais, sur le texte même,
la science *a priori* ne nous en apprend pas davantage ; il faut, pour le reste, s'en remettre à l'expérience. Ainsi, *autant il est vrai que l'expérience ne
permet pas à la science de commencer, autant il
n'y a qu'elle pourtant qui lui permette de continuer*[9].

*
**

L'expérience toutefois ne consiste pas seulement à
colliger et collationner les divers signes du monde,
suscitant et notant les observations, comme s'il ne
s'agissait que de reconstituer un texte dispersé. Car
ce texte une fois remembré, recensé, rétabli et
déchiffré, ce n'est pas encore l'avoir lu que l'avoir
épelé. Les règles de sa syntaxe autorisent en effet
plusieurs constructions, et par conséquent plusieurs
lectures possibles[10]. Chacune est une hypothèse. Car
il y a bien des mouvements possibles par lesquels
un même effet pourrait être produit, et par conséquent expliqué. Mais pour choisir entre ces diverses
hypothèses comme entre diverses lectures, c'est à des
expériences qu'il faut encore recourir[11]. L'*explication*

9. C'est pourquoi Descartes dit, « touchant les expériences,
qu'elles sont d'autant plus nécessaires qu'on est plus avancé en
connaissance ». (Cf. *Discours*, 6ᵉ partie, AT, VI, 63).

10. *Ibidem*, p. 64-65 : « il faut aussi que j'avoue que la puissance de la nature est si ample et si vaste, et que ces principes
sont si simples et si généraux, que je ne remarque quasi plus
aucun effet particulier, que d'abord je ne connaisse qu'il peut
en être déduit en plusieurs diverses façons, et que ma plus grande
difficulté est d'ordinaire de trouver en laquelle de ces façons il
en dépend ».

11. *Ibidem*, p. 65 : « à cela je ne sais point d'autre expédient,
que de chercher derechef quelques expériences, qui soient telles

découvre analytiquement la production de l'effet dans l'idée de la cause. Mais c'est à la *preuve* d'identifier la cause d'où résulte un effet. Dans un premier moment, l'hypothèse scientifique explique l'expérience. Mais dans un deuxième moment c'est l'expérience scientifique qui peut seule prouver l'hypothèse [12].

Nous avons donc affaire, dans la science de la nature, à trois logiques. Selon une logique de la nécessité, rigoureusement *a priori*, sont déduites les lois fondamentales de la nature : de la syntaxe du monde nous avons donc une certitude absolue [13]. Selon une logique du possible sont imaginées diverses causes possibles à un phénomène donné : toutes étant conformes à la syntaxe du monde, aucune de ces hypothèses n'est inénarrable. D'aucune on ne peut affirmer qu'elle soit fausse. Elles détaillent en quelque sorte les divers récits qu'on peut faire d'un phénomène dans la langue du monde. Mais quant à savoir ce que dit effectivement de ce phénomène le livre même du monde, nous ne pouvons espérer le comprendre que selon une logique de la vraisemblance. Que les choses se passent réellement dans la nature ainsi que nous l'expliquons, nous n'en avons en effet aucune assurance [14]. La vérité de nos explications ne s'impose alors à nous par aucune évidence.

que leur événement ne soit pas le même si c'est en l'une de ces façons qu'on doit l'expliquer, que si c'est en l'autre ». Sur la récusation d'une hypothèse par l'expérience, cf. p. ex. à Plempius, 15 février 1638, AT, I, 527 ; *Principes*, III, 15-16 ; à Huygens, 14 janvier 1643, AT, V, 547 (date corrigée in FA, III, 11-12). Sur la confirmation d'une hypothèse par l'expérience, cf. p. ex. *Le Monde*, AT, XI, 16, 20 ; à Plempius, 23 mars 1638, AT, II, 66 (FA, II, 47-48) ; A Mersenne, décembre 1640, AT, III, 256-257 (FA, II, 286).

12. Cf. *Discours*, 6ᵉ partie, AT, VI, 76 ; cf. aussi à Morin, 13 juillet 1638, AT, II, 198 (FA, II, 72-73).

13. Cf. *Principes*, IV, 206.

14. *Ibidem*, III, 44-45.

Simplement, les mêmes très simples principes semblent suffire à l'explication de tous les divers phénomènes. En effet, qu'est-ce qui produit la différence entre les corps durs et les corps liquides ? Une simple différence de figure [15] et de mouvement [16]. D'où vient la différence qui s'ensuit entre les éléments de l'univers ? D'une simple différence de grandeur et de mouvement [17]. Comment s'explique alors la différence entre les trois grands corps de l'univers : le Soleil et les étoiles fixes, les cieux, la terre et les planètes ? Simplement par une différence de la grandeur et du mouvement des parties qui les composent [18]. Qu'est-ce que la lumière ? Un mouvement de la matière subtile [19]. Comment sont produites les diverses couleurs ? Par la diversité des mouvements de la lumière [20]. Bref, le tonnerre, les éclairs, la foudre [21], le chaud, le froid [22], la pesanteur [23], tout s'explique et peut être produit par de telles modifications de grandeur, de figure, et de mouvement. Or, toutes les explications s'ensuivant ainsi des mêmes principes, comme elles ne sont démenties par aucune expérience, et comme en outre les effets qui s'ensuivent sont semblables à ceux observés dans

15. Cf. A Villebressieu, été 1631, AT, I, 216 ; *Les Météores*, AT, VI, 233-234 ; A Plempius pour Fromondus, 3 octobre 1637, AT, I, 422-423 (FA, I, 794-795).

16. Cf. *Le Monde*, AT, XI, 13 ; *Les Météores*, AT, VI, 237 ; *Principes*, II, 54-55.

17. Cf. *Le Monde*, AT, XI, 24-25.

18. Cf. *Le Monde*, AT, XI, 29-30 ; *Principes*, III, 21, 24-27.

19. Cf. *La Dioptrique*, AT, VI, 84, 103 ; *Les Météores*, AT, VI, 234.

20. Cf. *La Dioptrique*, AT, VI, 91-92, 118 ; *Les Météores*, AT, VI, 333-334.

21. Cf. *Les Météores*, AT, VI, 316-320.

22. *Ibidem*, p. 243-245.

23. Cf. *Le Monde*, AT, XI, 73 ; A Mersenne, 27 août 1639, AT, II, 572-573 ; 30 juillet 1640, AT, III, 134-135 ; *Principes*, IV, 20 et 23.

la nature, *tout se passe comme si* les explications de la science étaient vraies. Clarté, simplicité, cohérence, efficacité : tous ces traits communs concourent à faire *ressembler* la science à la vérité. Le statut de la science est donc bien celui de la *vrai-semblance*.

Ce statut lui est assigné en un autre sens encore. Nous l'avons déjà montré en analysant le gouvernement de la science cartésienne par son modèle technologique : la raison d'être de la science, c'est l'utilité et l'efficacité. C'est pourquoi la science cartésienne n'attend que des effets la démonstration des causes [24], de même que toute technologie ne juge une théorie que sur les résultats qui s'ensuivent. A ce compte, la pratique est la mesure de la théorie. Aussi voit-on Descartes assurer que, pour expliquer « toutes les choses qui sont au monde », le mieux est encore de montrer comment « tout ce monde visible aurait pu être *produit* » [25]. Que les effets produits selon les explications de la science finissent par reconstituer « l'ordre qui est à présent dans le monde » et par « composer un monde entièrement semblable à celui-ci » [26], il n'y a pas à espérer davantage de la science. Elle explique les choses en enseignant le moyen d'en produire l'*équivalent*. Elle ne se préoccupe pas de savoir ce que sont intrinsèquement les choses telles que Dieu les crée [27], mais de

24. Cf. *Discours*, 6e partie, AT, VI, 64, 1. 21 ; *Principes*, III, 44 et IV, 204.
25. Cf. *Principes*, III, 45.
26. *Ibidem*, III, 47 et IV, 204.
27. Cf. *Principes*, IV, 1 : « Bien que je ne veuille point que l'on se persuade que les corps qui composent ce monde visible aient jamais été produits en la façon que j'ai décrite... » ; cf. F. Alquié, *La découverte métaphysique*, p. 125 : « Descartes, souvent persuadé jusqu'à l'entêtement de la vérité de sa physique, ne croit pas pour cela qu'elle enseigne ce que sont réellement les choses, ou, si l'on préfère, qu'elle renseigne sur la façon dont Dieu les

déterminer ce qu'il suffirait de faire pour en produire de semblables [28]. Ainsi, de même que l'artifice est une *simulation* de la Création, la discursivité mécanique est une *simulation* de l'immédiateté du réel. En ce sens aussi, de même que la discursivité intellectuelle est une *simulation* de l'intuition divine, de même que le monde de Descartes est une *simulation* du monde réel, de même la science est une *simulation* de la vérité. D'une technologie de la simulation a ainsi dérivé une logique de la vrai-*semblance*.

*
* *

Aussi, dès 1630, Descartes ne parle-t-il du monde expliqué par la science que comme d'« une fable » [29]. Dans le traité du *Monde*, pour exposer sa doctrine il déclare recourir à « l'invention d'une fable, au travers de laquelle (il) espère que la vérité ne laissera pas de paraître suffisamment » [30]. Et, ayant averti qu'on n'eût pas à attendre « des démonstrations exactes de toutes les choses » qu'il dirait, il termine le septième chapitre en annonçant qu'il se contentera « de poursuivre la description (qu'il) a commencée, comme n'ayant d'autre dessein que de (nous) raconter une Fable » [31]. Les qualités de la

fait » ; p. 126 : « Descartes n'oublie pas que, par la technique, nous ne ferons jamais les choses comme la nature les fait. »

28. Cf. *Principes*, IV, 1 : « toutes les choses (que ce monde) contient ne laissent pas d'être maintenant *de même nature que si* elles avaient été ainsi produites ». Cf. F. Alquié, *op. cit.* p. 127 : « la science imite la Nature et ne l'égale point... Sa tâche est de refaire les choses morceaux par morceaux... ».

29. Cf. A Mersenne, 25 novembre 1630, AT, I, 179 (FA, I, 285) : « la fable de mon monde me plaît trop pour manquer à la parachever ».

30. Cf. *Le Monde*, fin du ch. V, AT, XI, 31.

31. *Ibidem*, AT, XI, 48.

science vont donc être celles d'un récit, mais d'un récit utile.

Narrative, la science est une réplique du livre du monde. Elle développe un récit aboutissant à une situation où tout se passe comme dans ce que nous observons du monde. Contrairement aux affabulations de tous les naturalismes, ce récit se recommande par la simplicité des conventions [32], sa clarté [33], sa cohérence [34], et sa vraisemblance [35]. Ainsi la science carté-

---

[32]. Cf. *Discours*, 6e partie, AT, VI, 64, l. 2-5 ; p. 71, l. 8 ; A Morin, 13 juillet 1638, AT, II, 200 (FA, II, 75) ; *Principes*, III, 47 : « Ce peu de suppositions me semble suffire pour m'en servir comme de causes ou de principes, dont je déduirai tous les effets qui paraissent en la nature... Et je ne crois pas qu'on puisse imaginer des principes plus simples... » Cf. aussi *Principes*, IV, 1 : « je suis obligé de retenir encore ici la même hypothèse pour expliquer ce qui est sur la Terre... ».

[33]. Cf. *Principes*, III, 45 : « Quelques principes qui soient fort intelligibles et fort simples, desquels nous fassions voir clairement que les Astres et la Terre, et enfin tout ce monde visible aurait pu être produit ainsi que de quelques semences... »

[34]. Cf. *Discours*, 6e partie, AT, VI, 76 ; Au P. Vatier, 22 février 1638, AT, I, 562 (FA, II, 29): « Toutes mes opinions sont si jointes ensemble, et dépendent si fort les unes des autres, qu'on ne s'en saurait approprier aucune sans les savoir toutes » ; p. 564 : « Et la liaison de mes pensées est telle, que j'ose espérer qu'on trouvera mes principes aussi bien prouvés par les conséquences que j'en tire... » Cf. aussi A Mesland, mai 1645, AT, IV, 216 : « Je souhaiterais que vous eussiez assez de loisir pour examiner plus particulièrement mes Principes. J'ose croire que vous y trouveriez au moins de la liaison et de la suite... »

[35]. Cf. *Discours*, 6e partie, AT, VI, 77 : « Pour les opinions, qui sont toutes miennes, je ne les excuse point comme nouvelles, d'autant que, si on en considère bien les raisons, je m'assure qu'on les trouva si simples et si conformes au sens commun, qu'elles sembleront moins extraordinaires, et moins étranges, qu'aucunes autres qu'on puisse avoir sur mêmes sujets. » *Principes*, III, 47 : « Je ne crois pas qu'on puisse imaginer des principes... plus vraisemblables que ceux-ci. » III, 46 : « Toutes les choses qui en seront déduites s'accordent entièrement avec l'expérience. »

sienne est un manuel de bricolage nous enseignant comment produire tout ce que le monde réel étale sous nos yeux. La place de Dieu que prend le romancier dans son récit, la science aussi la prend donc dans le sien. C'est en composant ainsi le monde comme un récit que la science nous rend le monde aussi simple, aussi clair, aussi familier qu'un livre.

Telle est son utilité. Car en nous racontant la production des choses, la science nous apprend par quels moyens il nous est possible de maîtriser la nature et de la posséder. Comme un romancier tire les ficelles de ses personnages, le récit scientifique nous apprend à tirer les ficelles du monde. Contrairement au récit de la *Genèse* qui nous racontait la production du monde indépendamment de l'homme, le récit de la science nous raconte donc la production d'un monde semblable mais qui puisse dépendre de l'homme [36]. Ainsi, alors que le récit de la Genèse ne laisse de place à la liberté de l'homme que pour faillir et dégénérer, le récit de la science met la grande machinerie du monde à la merci de notre liberté mais pour agir de façon infaillible et nous en régénérer.

36. Cf *Principes*, III, 45. Là-dessus, cf. J. Laporte, *op. cit.* p. 390-391, et F. Alquié, *op. cit.* p. 122-123.

CHAPITRE V

LA MARQUE DE DIEU
ET LA CONDITION MÉTAPHYSIQUE
DE L'HOMME

De 1619 à 1628, des premiers écrits aux *Regulae*, toute la pensée de Descartes nous semble avoir été gouvernée par l'intuition d'une science rigoureusement formelle qu'il n'y eût qu'à fonder pour en déduire l'infinité des vérités. La méthode ainsi découverte, Descartes nous apparaît jusqu'en 1637 tout occupé de questions de physique ; et c'est l'intuition d'une analogie technologique entre tous les divers phénomènes qui sert alors de relais épistémologique à la déduction géométrisante. La troisième intuition fondamentale de sa pensée, Descartes la découvre en 1637 à l'occasion de sa morale formée par provision : c'est l'expérience de l'infini. De sa description et de son analyse nous attendons de montrer ici comment tous les autres thèmes de la doctrine cartésienne s'ensuivent. Il va de soi, par conséquent, que cette analyse de la morale formée par provision engage profondément notre compréhension du cartésianisme, et que les diverses lectures qu'on en peut faire entraînent diverses interprétations.

1. Le statut de la morale formée par provision.

La deuxième partie du *Discours* a défini les conditions pour découvrir les vérités. Sinon par l'évidence, nulle science ne peut être fondée. Rien n'est évident que l'objet même d'une intuition. Il n'est pure intuition qu'absolument indubitable. Mais pour découvrir ce qu'aucun doute ne pourrait entamer, il faut d'abord douter. C'est par quoi commencera la quatrième partie du *Discours*, avant de nous introduire au long enchaînement des certitudes. Or, entre cette ignorance infinie mais qui nous délivre de toute erreur, et cette science infinie qui nous délivrerait de toute faiblesse, cependant il faut vivre. Tel est l'espace de la troisième partie : entre le rien et le tout de la connaissance.

Nous pouvons donc d'ores et déjà pressentir que ce rien épistémique n'est pas métaphysiquement rien, puisque le pouvoir que nous exerçons ainsi sur notre connaissance ne dépend précisément d'aucune connaissance. Ce qui nous rend capables de vérité est hors toute vérité : *d'un tout autre ordre.*

Jusqu'alors, remarque Descartes, nous avions confié à la vraisemblance d'abriter notre vie. Mais voici que tenant désormais pour faux tout ce qui n'est que vrai-semblable, nous avons délogé notre vie de ce qui était sa demeure. C'est pourquoi, pour épargner à notre vie ce vagabondage, cette errance métaphysiques, « avant de commencer à rebâtir le logis... il faut aussi *s'être pourvu* de quelque autre, où on pourra être logé commodément pendant le temps qu'on y travaillera »[1]. Quel sera ce logis de

1. Cf. *Discours*, 3e partie, AT, VI, 22, l. 16-23.

l'existence, qui ne peut plus être la vraisemblance et qui ne peut pas être encore la vérité ? *Pourvoyeuse* d'une telle demeure pour notre vie, sans nul soutien ni contrefort d'aucune connaissance, telle va donc être cette morale que Descartes établit « par provision » et que tous ses commentateurs nomment pour cette raison « provisoire » [2], comme y invite la langue.

Pour autant que provisoire est-ce à dire cependant que cette morale doive être comprise comme transitoire, intérimaire, précaire, passagère ? Devait-elle l'être en droit ? N'était-il pas impossible en fait qu'elle le fût ? Avant d'examiner ces questions qui nous paraissent engager le sens même de la pensée cartésienne, c'est d'abord de l'existence d'une telle morale qu'il faut peut-être s'étonner. En effet, au moment où Descartes écrit cette troisième partie du *Discours*, il a déjà construit toute sa physique. *Le Monde*, le Traité de *L'Homme*, la *Dioptrique*, les *Météores* sont déjà rédigés. Qu'il veuille alors présenter sa doctrine scientifique comme un résultat de sa méthode, on le comprend. Qu'il souhaite montrer par l'histoire de sa pensée comment fut découverte sa méthode, on le comprend aussi. Qu'il retarde l'exposé de sa doctrine pour l'assurer sur d'inébranlables fondements métaphysiques, l'ordre le rend nécessaire. Mais d'interrompre cette progression logique qui s'élève de la méthode à la découverte de toutes les vérités de la nature par la médiation de la véracité divine, voilà qui n'était nullement nécessaire, et d'autant moins

2. Cf. H. Gouhier, « Descartes et la vie morale », in *Revue de Métaphysique et de Morale*, janvier 1937, p. 193-194 (repris in *Essais*, Paris, 1973, p. 240-250) ; J. Laporte, *op. cit.*, p. 424 ; F. Alquié, *La découverte métaphysique*, p. 139 ; *Descartes*, Paris, 1956, p. 66 ; G. Rodis-Lewis, *La Morale de Descartes*, Paris, 1957, p. 15, 19, 20, 22.

que ce logis de la vérité, Descartes l'a déjà reconstruit au moment même qu'il nous enseigne comment détruire celui des vraisemblances. Aussi ne sera-t-il question de cette morale ni dans les *Méditations*, ni même dans les *Principes* qui exposent systématiquement l'ensemble de la doctrine. N'ayant par conséquent aucune nécessité doctrinale, il reste que cette morale expose en 1637 la découverte d'une expérience fondamentale, irréductible à toute logique comme à tout système de vérités, mais indispensable à la compréhension métaphysique de l'homme. Mais, s'il en était ainsi, comment cette morale serait-elle donc transitoire ?

Là-dessus la langue de Descartes ne semble pourtant permettre aucune hésitation. Chaque fois qu'il emploie la locution adverbiale « *par provision* », c'est pour exprimer le fait de pourvoir dans l'immédiat à ce qui exigerait un sursis pour devenir définitif[3]. La formation même de l'expression indique d'ailleurs le souci des délais, de l'attente, la prévision et la prévoyance : comme en vue des jours à venir la Pourvoyeuse de Chardin fait provision des nourritures prochaines, en vue de notre vie à venir mais encore dépourvue de vérité Descartes construit sa morale par provision.

A trois endroits, Descartes caractérise d'ailleurs fort explicitement le caractère transitoire de cette morale. S'il s'agit d'y abriter notre vie, c'est seulement « *pendant le temps* qu'on travaillera » à rebâtir le logis sur d'inébranlables fondements, et pour ne pas demeurer « irrésolu en (nos) actions *pendant que* la raison (nous obligerait de l'être en (nos) jugements »[4].

---

3. Cf. p. ex. A Huygens, 20 décembre 1637, FA, I, 818, lettre faussement datée du 25 janvier 1638, AT, I, 507 ; A Mersenne 1er avril 1640, AT, III, 46 ; 30 juillet 1640, AT, III, 128.
4. Cf. *Discours*, 3e partie, AT, VI, 22.

Descartes en avertit d'ailleurs Pollot : cette fameuse règle qui m'oblige à persévérer à quelque parti que ce soit après que je l'aie pris, « je *ne* m'en sers *que* par provision, *avec dessein de changer* mes opinions, sitôt que j'en pourrai trouver de meilleures » [5]. Et en 1647, rappelant l'entreprise du *Discours*, il évoque « cette morale imparfaite, qu'on peut suivre par provision *pendant qu*'on n'en sait point encore de meilleure » [6]. C'est donc bien à une morale d'attente [7] que nous avons ici affaire.

Nous dérobant aux sollicitations de la langue et aux invitations d'une tradition au moins scolaire, quel scrupule alors nous retient pourtant de la nommer provisoire ? [8] C'est que l'usage contemporain n'entend guère le provisoire autrement que comme la précarité du transitoire. C'est qu'il n'est peut-être pas absolument rigoureux d'appeler provisoires des règles dont J. Laporte dit avec raison, aussitôt après, qu'elles sont les « fondements de (la) morale définitive » [9], et dont F. Alquié reconnaît que « plus tard Descartes en affirmera le contenu comme définitif » [10]. Quant à comprendre comment, selon l'expression de Laporte, le définitif aurait son fondement dans le provisoire, ce n'est possible que si cette obscurité dissimule en fait le secret de cette troisième partie du *Discours*. Mais d'abord, par rapport à quelle morale définitive

5. Cf. A Reneri pour Pollot, avril ou mai 1638, AT, II, 35 (FA, II, 50).
6. Cf. lettre-préface à l'édition française des *Principes*, AT, IX-2, 15 (FA, III, 780).
7. Cf. F. Alquié, *La découverte métaphysique*, p. 139.
8. Il nous semble que c'est ce même scrupule que partage d'ailleurs Mme G. Rodis-Lewis dans son important ouvrage sur l'*Œuvre de Descartes*, et qui lui fait évoquer « la morale *dite* provisoire » (p. 404).
9. Cf. J. Laporte, *op. cit.*, p. 424.
10. Cf. Alquié, *Descartes*, p. 66.

celle-ci a-t-elle pu être conçue comme provisoire ? S'il s'agit bien, comme le dit Descartes en 1647, d'une « morale imparfaite », quelle est donc cette « plus haute et plus parfaite morale » [11] qu'elle nous permettrait simplement d'attendre ? C'est, dit-il, « le dernier degré de la sagesse » ; mais par cette sagesse il faut se rappeler qu'il entend la « parfaite connaissance de *toutes* les choses que l'homme peut savoir, tant pour la conduite de sa vie que pour la conservation de sa santé et l'invention de tous les arts » [12]. Ainsi que nous l'avions analysé [13], cette ultimité de la sagesse serait donc l'accomplissement du projet cartésien : d'une infinité de connaissances touchant une infinité de choses s'ensuivrait un infaillible pouvoir qui nous rendît « maîtres et possesseurs de la nature ». Par la médiation de la connaissance nous serait procurée l'immédiation de tout le désirable. Ni peine, ni effort, ni indigence, ni faiblesse, ni maux, ni maladie, ni mort : de notre déchéance originaire cette domination et cette liberté techniciennes nous auraient relevés. Sur toutes choses capables de *bien juger*, nous serions devenus capables de *bien faire* toutes choses. Comme relevés de notre finitude, nous serions en ce monde à l'image de Dieu en sa création.

Or, si telle est bien en effet la parfaite morale et l'ultime sagesse, par tant d'opiniâtreté que nous puissions indéfiniment en approcher, nous en serons tou-

---

11. Cf. lettre-préface des *Principes*, AT, IX-2, 14 : « Ainsi toute la philosophie est comme un arbre, dont les racines sont la Métaphysique, le tronc est la Physique, et les branches qui sortent de ce tronc sont toutes les autres sciences, qui se réduisent à trois principales, à savoir la Médecine, la Mécanique, et la Morale, j'entends la plus haute et la plus parfaite Morale, qui, *présupposant une entière connaissance des autres sciences*, est le dernier degré de la sagesse. »

12. *Ibidem*, AT, IX-2, 2 (FA, III, 769-770).

13. Cf. *supra* p. 77-78, 86-87.

jours infiniment éloignés. C'est pourquoi l'imparfaite morale ne peut pas être provisoire, puisqu'il ne peut pas y en avoir d'autre. Cette morale d'attente n'est donc pas l'attente d'une morale : elle est *la* morale.

Avant de le montrer par l'analyse de ses règles, nous voudrions en établir le fait par l'analyse de notre situation.

D'une part, comme il nous faudrait une infinité de temps pour déduire des premiers principes innés l'infinité des vérités, nous n'aurons jamais ce savoir absolu qui seul rendrait possible cette « morale parfaite ». Aussi Descartes ne cesse-t-il de nous rappeler que « *la nature de l'homme* n'est pas de tout savoir, ni de juger toujours bien sur-le-champ » [14], qu'« il n'y a que Dieu seul qui sache parfaitement toutes choses [15] », qu'« il n'y a véritablement que Dieu seul qui soit parfaitement sage » [16]. La finitude de l'homme étant ainsi *naturelle* à l'homme, il ne peut pas en être relevé sans cesser d'être un homme. Autant que cette finitude nous est naturelle, autant n'avons-nous donc rien à attendre que de cette imparfaite morale aussi longtemps précisément que durera la nature même de l'homme.

D'autre part, « les actions de la vie ne souffrant souvent aucun délai » [17], elles rendent intempestives et caduques les longues chaînes de raisons, les déductions patientes, les lentes médiations laborieuses de la science et de la technique. Non pas momentané-

14. Cf. A Elisabeth, 6 octobre 1645, AT, IV, 307 (FA, III, 612) ; cf. aussi A ***, août 1641, AT, III, 422 (FA, II, 359).

15. cf. A Elisabeth, 15 septembre 1645, AT, IV, 291, (FA, III, 605).

16. Cf. Lettre-préface aux *Principes*, AT, IX-2, 2 (FA, III, 770).

17. Cf. *Discours*, 3e partie, AT, VI, 25 ; A Mersenne, avril ou mais 1638, AT, II, 35 (FA, II, 50) ; lettre-préface des *Principes*, AT, IX-2, 13 (FA, III, 778).

ment ni provisoirement, mais toujours et nécessairement elles requièrent par conséquent *une morale d'effet immédiat.* Où il ne peut pas être question d'attendre, là donc précisément s'applique cette morale qu'on avait crue d'attente.

Enfin Descartes prend le soin fort exprès d'annoncer que cette morale formée par provision est « *tirée* » de la méthode [18] ; et dans la sixième partie du *Discours,* évoquant les fruits qu'il en a recueillis, c'est encore à sa méthode qu'il attribue d'avoir « tâché de régler (ses) mœurs par les raisons qu'*elle (lui) enseignait* » [19]. On s'évertuerait certes en vain à tenter de comprendre comment cette morale aurait pu être déduite de la méthode, comme si elle y avait été analytiquement comprise. Aussi Descartes ne dit-il pas cela, mais simplement qu'elle en est « tirée » au sens où on tire la leçon d'un enseignement. Par la première règle de la méthode se trouve en effet exigée sur toutes choses une absolue certitude dont aucune action n'est capable, et requis un doute radical qui nous rendrait incapables d'aucune action. Quant aux autres, décomposition, division, recomposition, dénombrement, énumération, récapitulation, que d'ajournements et de délais qu'aucune impatience ne hâte ni ne peut faire céder ! Cette méthode nous instruit donc de n'avoir pas à compter sur elle dans l'instant même de l'action, et que s'il suffit de bien juger pour bien faire, il est encore plus nécessaire de pouvoir bien faire sans qu'on puisse bien juger. Ainsi concourt-elle à nous enseigner qu'il y a *des ordres* dans l'existence, et que le succès qui ne dépend que de

18. Cf. *Discours,* AT, VI, 1. Dans ce résumé, Descartes annonce qu'on trouvera dans la deuxième partie « les principales règles de la méthode que l'auteur a cherchée » ; et en la troisième « quelques-unes de celles de *la morale qu'il a tirée de cette méthode* ».

19. Cf. *Discours,* 6e partie, AT, VI, 61.

la connaissance de la vérité est *d'un tout autre ordre* que ce pur contentement qui ne dépend que de l'usage de notre volonté. Mais, pas plus que cette immuable et nécessaire méthode n'est provisoire, pas plus la morale qui en est tirée ne peut donc être provisoire.

D'ailleurs, si tel avait jamais été le caractère de la morale formée par provision, comment Descartes aurait-il jamais pu affirmer qu'elle est *suffisante ?* Or, écrit-il à la princesse Elisabeth, « chacun se peut rendre content de soi-même, et sans rien attendre d'ailleurs pourvu *seulement* qu'il observe trois choses, auxquelles se rapportent les trois règles de morale, que j'ai mises dans le *Discours de la Méthode* » [20]. Aussi n'est-il pas nécessaire, ajoute-t-il, « que notre raison ne se trompe point ; *il suffit* que notre conscience nous témoigne que nous n'avons jamais manqué de résolution... et ainsi la vertu seule est *suffisante* pour nous rendre contents en cette vie » [21]. Et en 1647, il rappelle encore combien il est indispensable « de se former une morale qui puisse *suffire* pour régler les actions de sa vie, à cause que cela ne souffre aucun délai, et que nous devons surtout tâcher de bien vivre » [22]. Ni complément, ni codicille, puisque cette morale suffit il n'y a rien à lui ajouter : elle est parfaite. C'est bien elle pourtant que Descartes désigne aussi comme « cette morale imparfaite ».

De cette apparente contradiction s'ensuit le malentendu des commentaires. Mais c'est cette ambiguïté même qui nous paraît riche de signification. Par son propre mouvement, Descartes la suscite, l'entretient, la perpétue, la radicalise, et pourtant s'y trouve

---

20. Cf. A Elisabeth, 4 août 1645, AT, IV, 265 (FA, III, 588-589).
21. *Ibidem*, AT, IV, 266-267 (FA, III, 590).
22. Cf. lettre-préface aux *Principes*, AT, IX-2, 13 (FA, III, 778).

insensible. C'est que cette ambiguïté n'est pas dans la pensée de Descartes, mais dans la situation métaphysique de l'homme que sa pensée découvre. Il cherchait effectivement une morale qui pourvût à la précarité de notre connaissance, et dont il pensait pour cette raison qu'elle ne dût être qu'imparfaite. Or voici qu'il trouve tout autre chose : une morale parfaite, quoique indépendamment de toute connaissance. Il cherchait à pourvoir à la finitude de notre connaissance : il découvre l'infinité de notre volonté. Du même coup, irréductibles l'un à l'autre, se conjoignent *deux ordres*, en sorte que l'ordre selon lequel Descartes nomme cette morale imparfaite est *tout autre* que celui selon lequel il en découvre la suffisance et la perfection.

Selon l'ordre logico-technologique qui gouverne toute son entreprise, Descartes doit considérer la morale comme la science du bien faire, et la parfaite morale comme le pouvoir absolu de mettre la nature tout entière à notre merci. L'action n'étant alors conçue que comme une pure technique, elle est aussi imparfaite que notre pouvoir technologique est limité : imparfaite devra donc être aussi la morale que ces limites nous imposent et qui ne peut alors consister qu'à faire le moins mal possible ce qu'il ne nous est pas possible de bien juger pour bien faire.

Mais voici que dans cet effort pour prendre en charge notre existence sans l'infaillible domination que la science et la technologie nous procurent, Descartes découvre l'absolue domination mais d'un tout autre empire : infini. Du même coup c'est la besogne technologique qui apparaît précaire, décevante, et flétrie d'irrémissible finitude : et c'est tout au contraire la morale formée par provision qui est vraiment régénérante, d'emblée nous abouche à l'infini, et nous introduit en la béatitude.

Tel est, selon nous, le grand renversement opéré par Descartes au sein même du cartésianisme. Jusqu'à l'extraordinaire découverte de la morale formée par provision, Descartes n'a souci que de science, de machines, d'expériences, d'une universelle technologie. Après le *Discours*, c'est-à-dire après cette expérience métaphysique de l'infini, Descartes pourra certes reprendre d'anciens exposés, il ne s'occupera cependant d'aucune nouvelle question scientifique ; et il ne s'agira plus alors que de la substantialité de l'âme, de l'existence de Dieu, de la béatitude, et de la liberté.

Cette grande césure que Ferdinand Alquié situait dans les deux premières *Méditations*, c'est dès 1637, dans la découverte de la morale formée par provision, que nous la voyons inaugurer une nouvelle existence, *d'un tout autre ordre*.

Sans doute Descartes n'est-il pas conscient d'une telle césure, ni même de la découverte qu'il vient de faire. A peine a-t-il en effet achevé d'exposer la troisième règle d'où tout pourtant vient à changer, il ne se propose tout uniment que de « continuer » la même occupation, et d'avancer dans la recherche de la vérité en suivant sa méthode[23]. Même, ajoute-t-il, « la satisfaction que j'en avais remplissait tellement mon esprit que tout le reste ne me touchait point »[24]. Il peut bien l'écrire en 1637, ce n'est pourtant plus qu'à ce reste qu'il va s'intéresser désormais. Mais cet uniforme dessein de continuer indéfiniment sa recherche alors même qu'il vient de trouver la fruition de l'infini nous montre bien que

---

23. Cf. *Discours*, 3ᵉ partie, AT, VI, 27, l. 7-8 : « je ne pouvais mieux que de *continuer...* » ; l. 21-23 : « les trois maximes précédentes n'étaient fondées que sur le dessein que j'avais eu de *continuer* à m'instruire... »

24. *Ibidem*, l. 16-21.

si cette recherche ne s'achève pas dans cette découverte, c'est qu'en effet l'ordre de la vérité est *tout autre* que celui de la béatitude, comme l'ordre selon lequel nous dominons la nature est *tout autre* que celui selon lequel nous jouissons surnaturellement de l'infini.

Sur cette expérience de l'infini vont d'ailleurs se fonder, à partir de 1637, toutes les principales démarches et toutes les découvertes de la philosophie de Descartes. Car, de même que les premières intuitions de sa logique postulaient sourdement l'ontologie qui les fonde, de même toute sa métaphysique va maintenant s'exercer à élucider les conditions de possibilité de cette expérience.

2. *Une liberté absolue.*

En cette morale, la première règle est d'adaptation [25]. Quoiqu'elle semble la plus molle, la plus consentante à la précarité, elle nous paraît déjà manifester et l'expérience de l'absolu, et l'infinité de la volonté, et la reconnaissance du tout autre ordre.

Où nous avons à nous conduire, c'est où nous avons à vivre. Or ni ce pays, ni ses habitants, ni leurs lois [26], ni leurs usages, ni leurs opinions, ne dépendent de nous. D'y pouvoir vivre le moins mal

---

25. Dans son édition des *Œuvres* (t. I, p. 593, note 1), F. Alquié montre précisément et fort justement combien on s'abuserait en voyant ici un « pur conformisme ». Autre chose en effet est d'être gouverné par les circonstances ou par l'opinion, autre chose de *se gouverner* suivant les opinions qu'on juge les plus modérées... (cf. AT, VI 23, l. 3).

26. Sur l'absurdité des bouleversements sociaux, cf. *Discours*, 2ᵉ partie, AT, VI, 14 ; 6ᵉ partie, AT, VI, 61. Sur la conduite des princes, cf. A Elisabeth, septembre 1646, AT, IV, 489 (FA, III, 668-669). Sur la pensée politique de Descartes, cf. H. Gouhier, *Essais*, p. 253-281.

possible, ou que tout nous y soit invivable, comme de nous en accommoder ou de nous en insurger, voilà tout ce qui dépend de nous. Dès cette première règle, Descartes donne donc pour fondement à la morale ce qu'il n'explicitera pourtant que dans la troisième : puisqu'il n'est pas en notre pouvoir de changer cette réalité quand nous le souhaiterions, c'est à diriger nos souhaits d'après cette réalité qu'il faut nous obliger. Quand nous n'avons pas pouvoir sur les choses, nous avons donc cependant toujours sur notre esprit un pouvoir absolu : nous pouvons toujours ne vouloir que ce que nous voulons bien vouloir. Quand nous ne pourrions disposer de rien, nous avons donc cependant toujours « la libre disposition de nos volontés ». Douze ans avant qu'elle ne soit énoncée, c'est la définition même de la générosité [27]. De cette morale formée par provision, voilà donc le fondement : cette libre volonté sur nos volontés.

Mais que vouloir, en l'ignorance d'aucune vérité ? Précisément parce que nous n'avons pas ici rapport à la vérité, il n'y a rien d'absolu par quoi notre volonté soit requise. Toutes les diverses opinions lui devant donc être sous ce point de vue uniformément indifférentes, elle doit tenir comme étant la meilleure celle qui est la plus *utile*. Vérité : c'est l'expérience que notre âme fait des idées et de leur enchaînement, absolument. Utilité : c'est l'expérience que notre âme retire du rapport que notre corps entretient avec les autres. Toute action, même quand elle est éclairée par la vérité, ne s'ordonne donc qu'à l'utilité.

Or comment agissent les hommes parmi lesquels nous vivons ? Selon le plaisir ou le déplaisir qu'ils

27. Cf. *Les Passions de l'Ame*, art. 153.

retirent de leur rapport aux choses, c'est-à-dire selon l'utilité. Nous ne saurions donc mieux faire pour agir utilement [28] que de régler nos actions sur les plus communes des leurs [29].

A cette utilité présomptive toutefois notre volonté ne doit que prêter son consentement. Elle le doit : c'est qu'elle le peut. Dans la nature, les lois du mouvement font que toutes choses s'ensuivent dans l'instant qui suit de l'instant qui précède. Mais nos volontés présentes ne déterminent pas nos volontés à venir [30] : absolument libre à chaque instant, notre volonté est donc absolument indépendante de la nature. Ainsi témoigne-t-elle de la distinction qui est entre les esprits et les corps, substantiellement.

Rien que cette métaphysique dualiste peut d'ailleurs fonder deux des thèmes de cette première règle : l'attitude religieuse de Descartes, et son refus des promesses. La première obligation qu'il se donne est en effet de retenir « *constamment* la religion en laquelle Dieu (lui) a fait la grâce d'être élevé dès (son) enfance » [31]. Or, de même qu'il avait remarqué en physicien « qu'il n'y a rien, en aucun lieu, qui ne se change » [32], de même, constate-t-il, « je ne voyais au monde aucune chose qui demeurât tou-

---

28. Cf. *Discours*, 3ᵉ partie, AT, VI, 23 : « le plus utile était de me régler selon ceux avec lesquels j'aurais à vivre... Entre plusieurs opinions également reçues, je ne choisissais que les plus modérées, tant à cause que ce sont toujours *les plus commodes pour la pratique...* ».

29. *Ibidem* : « me gouvernant... suivant les opinions les plus modérées... qui fussent communément reçues *en pratique...* », « je devais plutôt prendre garde à *ce qu'ils pratiquaient* qu'à ce qu'ils disaient ».

30. *Ibidem*, p. 24.

31. *Ibidem*, p. 23. Sur le zèle catholique de Descartes, cf. p. ex. A Mersenne, 13 novembre 1639, AT, II, 619-620 (FA, II, 149-150) ; mars 1642, AT, III, 543 (FA, II, 923).

32. Cf. *Le Monde*, AT, XI, 11.

jours en même état » [33]. Contre cette mutabilité et cette inconstance universelles dans la nature, l'immuable constance que sa volonté assure à sa foi prouve donc qu'il y a en nous quelque chose d'absolument irréductible à la nature et qui en est donc métaphysiquement distinct : l'esprit.

D'ailleurs, pourquoi Descartes mettrait-il « entre les excès toutes les promesses » si ce n'était que nous en fussions capables ? Quand tout aurait dans la nature changé, notre volonté est toujours libre de ne jamais changer : autant peut-il s'ensuivre un mauvais usage de cette liberté, autant cette liberté en est donc prouvée par le fait, et par conséquent que l'esprit est d'une autre substance que le corps. Ainsi la deuxième et la sixième *Méditations* ne feront que démontrer une vérité métaphysique déjà attestée et requise par l'expérience que nous en avons faite dans la morale formée par provision.

A notre volonté Descartes reconnaît en outre une liberté si absolue que ni le bon sens, ni la lumière naturelle, ni la raison ne la peuvent même contraindre, à ce point qu'elle nous entraîne parfois jusqu'à prendre une chose pour bonne alors même que nous ne l'estimons plus. Autant peut-elle ainsi nous rendre obstinés qu'elle peut nous rendre constants. Ainsi, comme dans le vers célèbre d'Ovide, *sachant* ce qu'il serait utile de faire, nous *refusons* pourtant d'y consentir : *video meliora, deteriora sequor.* Telle est, selon Descartes, « cette grande faute contre le bon sens », mais dont il ne tâcherait pas cependant de nous garder si nous n'avions le prodigieux pouvoir d'y céder. Le paradoxe, toutefois, est que nous tombons alors dans cette faute non par aucune défaillance, mais par l'excès même de

---

33. Cf. *Discours*, 3e partie, AT, VI, 24.

notre volonté. Quelle expérience décrit en effet
Descartes ? Quelque clarté en mon entendement
avait incliné ma volonté à juger qu'une chose fût
bonne. Une aussi grande clarté vint depuis à lui
montrer qu'elle avait cessé d'être bonne ; ou même
quelque clarté plus grande encore m'incline désormais à la trouver mauvaise. Pourtant, voici la faute :
quelque changement qui ait pu se produire dans la
chose ou dans l'idée que j'en ai, je ne changerai
pas mon jugement[34]. Ce que mon entendement
perçoit être mauvais, ma volonté s'obstine à le juger
bon. Il n'y a donc devant la volonté raison qui
tienne ni ne cède. Même contre toute raison, je ne
juge que ce que je veux. Je puis toujours juger
que le bon soit mauvais et que le mauvais soit
bon, si je le veux. Mes jugements sont des volontés ;
et quant à mes volontés, j'en dispose : constituant
la nature métaphyique de l'homme, telle est la
générosité.

Cette première règle est donc tout entière fondée
sur l'expérience de la liberté de notre volonté, de
son indépendance et de sa disproportion par rapport
à l'entendement, si bien qu'elle porte réflexivement
en elle toute la doctrine du jugement que nous
trouverons dans la *Quatrième Méditation*[35]. Qu' « il
nous est toujours possible de nous retenir de poursuivre un bien clairement connu ou d'admettre une
vérité évidente »[36], cette doctrine d'une volonté si

___

34. *Ibidem*, « j'eusse pensé commettre une grande faute contre
le bon sens, si, parce que j'approuvais alors quelque chose, je me
fusse obligé de la prendre pour bonne encore après, lorsqu'elle
aurait peut-être cessé de l'être, ou que j'aurais cessé de l'estimer
telle ».

35. Cf. AT, IX-1, 46.

36. Cf. A Mesland, 9 février 1645, AT, IV, 173 (FA, III, 552). Ce
thème était déjà annoncé dans la *Quatrième Méditation* par la dis-

absolument libre qu'elle en pourrait être ontologiquement scissionnaire, Descartes ne l'exposera qu'en 1645, mais c'est ici même que nous venons d'en rencontrer l'expérience [37].

3. L'image et la ressemblance de Dieu.

Ayant donc remarqué l'indépendance de notre volonté par rapport à notre entendement, la première règle tâchait de nous prévenir contre le mauvais usage de cette liberté. Etant comme le verso de la première, la deuxième règle va nous indiquer au contraire comment nous servir de cette indépendance pour bien user de notre liberté.

De là, parfois, quelque malentendu. En effet, alors que la première nous détournait de l'obstination, c'est à davantage encore d'obstination que, tout à l'envers, la seconde semble nous inviter. Mais Descartes lève lui-même cette apparente contradiction. Faute d'aucune certitude absolue, autant il est déraisonnable de s'obstiner dans ses jugements, autant il est au contraire raisonnable de persévérer dans l'action [38]. Cette distinction est d'ailleurs propre à nous rappeler que l'ordre de la vérité est tout autre que celui de l'utilité et de l'action [39].

---

tinction que fait Descartes entre « l'inclination » (*propensio*) que ma volonté reçoit des vives clartés de l'entendement, mais sans que je m'en trouve « forcé » (*coactus*) (cf. AT, IX-1, 47 et pour le texte latin AT, VII, 59).

37. Aussi le texte de la *Quatrième Méditation* rapporte-t-il la perfection et l'infinité de notre volonté à *l'expérience* que nous en faisons (cf. AT, VII, 56 : « nullis illam limitibus circumscribi *experior* » ; et « Sola esse voluntas, quam tantam in me *experior*, ut nullius majoris ideam apprehendam »).

38. Cf. A Reneri pour Pollot, avril ou mai 1638, AT, II, 34-35, (FA, II, 49-50).

39. Cf. *Secondes Réponses*, AT, IX-1, 116-117.

Comme la première règle, c'est à notre volonté [40] que la seconde confie notre existence. Elle nous commande, étant démunis de toute certitude, de « suivre (les opinions) les plus probables », de la même façon que la première nous invitait à « suivre celles des mieux sensés » [41] : à cet égard celle-ci n'était donc qu'une application de celle-là.

Comme la première nous détournait de nous engager absolument où nous n'avons pas de certitude absolue, la seconde nous engage absolument à sortir de cette ignorance absolue : en ce sens, celle-ci est bien le corollaire de celle-là.

Comme la première avait remarqué le pouvoir paradoxal que nous avons de prendre encore pour bonne une chose que nous jugeons pourtant mauvaise, la seconde nous commande d'exercer ce même pouvoir afin que nous prenions alors « comme très vraies et très certaines » les opinions pourtant « les plus douteuses » [42]. Car ce qui est le plus douteux s'agissant de la connaissance n'empêche pas une absolue détermination s'agissant de l'action. Moins nous avons de clarté dans l'entendement et plus nous devons avoir de fermeté dans la volonté, tant il y a donc de l'une à l'autre d'indépendance et de disproportion.

Or c'est particulièrement le pouvoir de la volonté, tel qu'il s'exerce dans cette règle, qui nous paraît mériter une analyse plus précise.

L'un des effets de cette règle est de nous « délivrer

40. Cf. *Discours*, AT, VI, 24 : « Ma seconde maxime était d'être le plus *ferme* et le plus *résolu* en mes actions que je pourrais, et de ne suivre pas moins *constamment* les opinions les plus douteuses, lorsque je m'y serais une fois *déterminé*, que si elles eussent été très assurées. »

41. *Ibidem*, AT, VI, 23, l. 7-11.

42. *Ibidem*, AT, VI, 24, l. 20-22 ; p. 25, l. 10-12.

de tous les repentirs et les remords, qui ont coutume d'agiter la conscience de ces esprits faibles et chancelants, qui se laissent aller inconstamment à pratiquer, comme bonnes, les choses qu'ils jugent après être mauvaises » [43]. Or, en quoi consiste cette pernicieuse inconstance ? Elle ne peut pas être celle de nos jugements puisque la raison nous commande de les « perfectionner de plus en plus » [44]. Elle ne peut pas être davantage celle de nos actions puisqu'il serait au contraire déraisonnable de s'y opiniâtrer dès lors que nous viendrions à savoir qu'elles sont mauvaises. Ne consistant ni en celle de nos jugements, ni en celle de nos actions, reste alors que cette inconstance soit celle des jugements que nous portons sur nos actions : ayant accompli une action *parce que* nous la jugions bonne, nous la désavouons et nous en repentons *parce que* nous la jugeons maintenant mauvaise. Le repentir et le remords viennent donc d'une part de ce que nous sommes généreux, et d'autre part de ce que nous ne le sommes pas assez. Parce que nous sommes généreux en effet, nous éprouvons avoir la libre disposition de nos volontés et devoir être blâmés du mauvais usage que nous en avons fait [45] : notre action dépend de notre jugement, notre jugement dépend de notre volonté. Or là-même est le « laisser-aller ». Là est la « faiblesse d'esprit ». Assujettissant notre action à notre jugement, elle

43. *Ibidem*, AT, VI, 25, l. 14-19. La même idée est exprimée dans la lettre à Elisabeth du 15 septembre 1645 (AT, IV, 295 ; FA, III, 609).
44. Cf. *Discours*, AT, VI, 24, l. 11-12.
45. Cf. *Les Passions de l'âme*, art. 153 : « la vraie générosité qui fait qu'un homme s'estime au plus haut point qu'il se peut légitimement estimer, consiste seulement partie en ce qu'il connaît qu'il n'y a rien qui véritablement lui appartienne que la libre disposition de ses volontés, ni pourquoi il doive être loué ou blâmé sinon pour ce qu'il en use bien ou mal... ».

consiste à subordonner la pratique à la théorie, notre volonté à notre entendement, c'est-à-dire la force de notre esprit à sa faiblesse. Pour se déterminer et vouloir, la faiblesse d'esprit a besoin des lumières de l'entendement : sa volonté doit trouver hors d'elle-même le principe de sa décision ; il lui faut ou croire ou savoir ; pour qu'elle pratique une chose il faut qu'elle l'ait jugée bonne [46] ; mais si elle ne peut plus juger, elle ne peut plus rien faire. Or, si c'est la volonté qui juge, encore faut-il que l'entendement perçoive quelque chose à quoi elle consente ou qu'elle refuse. Ayant ainsi borné l'exercice de notre volonté à la finitude de ce que nous concevons, et nous ayant ainsi rendus incapables de nous déterminer indépendamment de toute connaissance, la faiblesse d'esprit consiste donc à se dérober à l'absolue liberté de notre volonté, et par conséquent à manquer de générosité.

C'est cette absolue liberté pourtant qui, hors toute certitude, est à tout moment requise par la nécessité d'agir. Ignorant généralement toutes choses, et le vrai, et le plus utile, et le plus commode, et le plus efficace, nous sommes le plus souvent comme un voyageur perdu dans la forêt et ne sachant ni dans quelle direction elle est la moins profonde, ni par où elle est la moins épaisse, ni où passe le plus proche chemin, ni quel est le plus praticable. Si pour se déterminer notre volonté attend alors de notre entendement quelque indice, quelque raison, ou la

_____

46. Cf. *Discours*, AT, VI, 25 : « ces esprits faibles... qui se laissent aller à pratiquer, *comme bonnes*, les choses qu'ils jugent après être mauvaises ». La faiblesse d'esprit ne consiste donc pas du tout à pratiquer des choses dont nous apprendrons ensuite qu'elles n'étaient pas bonnes, mais précisément à ne rien pratiquer qu'à condition de l'avoir jugé bon, si incertain par ailleurs qu'ait été notre jugement.

justification de quelque préférence, elle ne se déterminera jamais. Notre volonté est donc ici placée
devant une infinie contingence : parce que tout est
possible, il est impossible à notre volonté qu'elle se
détermine selon aucune raison. Pourtant, il faut se
décider. Sans rien préférer, il faut pourtant choisir.
C'est donc dans une indépendance absolue, dans une
indifférence absolue, avec une liberté et une spontanéité absolues, que notre volonté doit alors s'exercer. *Fiat* : et pourvu que nous ne manquions alors
ni de fermeté, ni de constance dans notre résolution [47], nous aurons obtenu du simple mouvement de
notre volonté ce que nous aurions vainement attendu
de notre entendement : à la fois notre salut et la
découverte de quelque vérité.

Sur le caractère de notre volonté que manifeste
l'exercice de cette règle ? Pas plus que celle de Dieu
dans la création, notre volonté n'est soumise dans
l'action à la considération d'aucune vérité. De même
que Dieu n'a pas voulu ces choses parce qu'elles
étaient bonnes mais qu'elles sont bonnes parce qu'il
les a voulues [48], de même ce n'est pas parce que notre
action est bonne que notre volonté s'y détermine
mais c'est parce que notre volonté s'y détermine avec
résolution que notre action est bonne. Comme Dieu
n'a pas voulu les vérités parce qu'elles étaient nécessaires mais qu'elles sont nécessaires parce qu'il les

---

47. Nous demandons qu'on veuille bien rapprocher ici l'exposé de
cette deuxième règle et la définition de la générosité. Cf. *Discours*,
AT, VI, 24 : « Ma seconde maxime était d'être le plus ferme et le
plus résolu en mes actions que je pourrais, et de ne suivre pas
moins constamment... » Cf. aussi *Les Passions de l'âme*, art. 153 :
«je crois que la vraie générosité... consiste seulement... en ce
qu'il sent en lui une ferme et constante résolution d'en bien user
(de ses volontés), c'est-à-dire de ne manquer jamais de volonté...».

48. Cf. *Sixièmes Réponses*, § 8, AT, IX-1, 235.

a voulues [49], de même l'exercice de notre volonté dans l'action suffit à changer l'inconnu en connu, et la possibilité en réalité.

D'une part, notre volonté n'est donc pas bornée par la finitude de notre entendement. D'autre part, pouvant ne se déterminer que par elle-même, elle s'identifie au principe même de notre liberté [50]. Si absolument libre que tout dans notre existence en dépende sans qu'elle dépende de rien, notre volonté enfin est en nous comme le pressentiment et comme l'image de la liberté de Dieu [51] : comme la marque de l'absolu dans le relatif, et de l'infini dans le fini.

4. *La jouissance de l'infini.*

Cette absolue liberté de la volonté que nous avons vu s'exercer dans la première règle, cette présence de l'infini dans le fini que manifestait la seconde, la

49. Cf. A Mesland, 2 mai 1644, AT, IV, 118.

50. Cf. *Troisièmes Réponses*, AT, IX-1, 148 : « Il n'y a personne qui, se regardant seulement soi-même, ne ressente et n'expérimente que la volonté et la liberté ne sont qu'une même chose, ou plutôt qu'il n'y a point de différence entre ce qui est volontaire et ce qui est libre. » Cf. aussi A Mesland, 2 mai 1644, AT, IV, 116 (FA, III, 73) : « Je nomme généralement libre, tout ce qui est volontaire »

51. Cf. A Mersenne, 25 décembre 1639, AT, II, 628 : « C'est principalement à cause de cette volonté infinie qui est en nous qu'on peut dire qu'il nous a créés à son image. » Cf. *Quatrième Méditation*, AT, IX-1, 45 : « c'est elle principalement qui me fait connaître que je porte l'image et la ressemblance de Dieu ». Cf. aussi A Christine de Suède, 20 novembre 1647, AT, V, 85 (FA, III, 748) : « le libre arbitre est de soi la chose la plus noble qui puisse être en nous, d'autant qu'il nous rend de quelque façon pareils à Dieu et semble nous exempter de lui être sujets ». *Les Passions de l'âme*, art. 152 : « il n'y a que les seules actions qui dépendent de ce libre arbitre pour lesquelles nous puissions avec raison être loués ou blâmés, et il nous rend en quelque façon semblables à Dieu en nous faisant maîtres de nous-mêmes ».

troisième règle les requiert comme ses propres conditions.

Le texte du *Discours* expose d'abord l'exercice [52] de cette troisième règle, en explique l'efficacité [53], et en donne pour finir un témoignage servant de preuve à sa validité [54].

L'exposé de la règle progresse du conditionnant au conditionné, ou des moyens à la fin. On peut donc en comprendre régressivement les exigences. Son but est de « me rendre content ». Or cela n'est possible qu'à la condition d'acquérir tout ce que je désire. A quelles conditions cela même est-il possible ? Il faut pour cela soit que je puisse posséder tout ce que je désire, soit que je puisse ne désirer que ce que je possède. Comme ni le monde ni la fortune ne dépendent de moi, il me faut donc « changer mes désirs (plutôt) que l'ordre du monde » et « tâcher toujours plutôt à me vaincre que la fortune ». Mais comment cela encore est-il possible ? Comment puis-je disposer des pensées, souhaits, inclinations et sollicitations qui me viennent ? Une condition est à cela nécessaire : c'est que nos pensées soient, comme le dit Descartes, « entièrement en notre pouvoir ».

Mais quelles sont ces pensées ? [55] Certes il n'est en

---

52. Cf. AT, VI, 25, l. 20-30 : « Ma troisième maxime... pour me rendre content. »

53. *Ibidem*, p. 25, l. 31 - p. 26, l. 14 : « Car notre volonté... des ailes pour voler comme les oiseaux. »

54. *Ibidem*, p. 26, l. 17 - p. 27, l. 2 : « je crois que c'est principalement en ceci... tout ce qu'ils veulent ».

55. La réponse de Descartes à Reneri pour Pollot d'avril ou mai 1638 (AT, II, 36-37 ; FA, II, 51-52) pourrait risquer d'égarer le commentaire. Avant d'exposer ses objections à la radicalité du Cogito (§ 3) ou à l'indépendance de nos pensées par rapport à notre corps (§ 4), Pollot avait en effet exposé celles qu'il élevait contre la deuxième et contre la troisième règle de la morale formée par provision (§ 1 et 2, cf. lettre CIV, AT, I, 513). Or voici comment Descartes répond à cette dernière : « Il ne me semble point que

mon pouvoir ni de ne pas voir ce que je vois, ni
de percevoir les choses autrement, ni de choisir mes
rêves, ni d'avoir d'autres souvenirs : ni mes sensations, ni mes perceptions, ni mes imaginations, ni
mes souvenirs ne dépendent par conséquent de moi.
Quant à ce que je conçois, s'il est en mon pouvoir
de nier que trois et deux fassent cinq, il n'est pas
au pouvoir de mon entendement de me représenter

ce soit une fiction, mais une vérité, qui ne doit point être niée
de personne, qu'il n'y a rien qui soit entièrement en notre pouvoir que nos pensées ; au moins en prenant le mot de pensée
comme je fais, pour toutes les opérations de l'âme, en sorte que
non seulement les méditations et les volontés, mais même les
fonctions de voir, d'ouïr, de se déterminer à un mouvement plutôt qu'à un autre, etc., en tant qu'elles dépendent d'elle, sont des
pensées. » S'agissant d'une question qui lui est posée sur la troisième règle, il semblerait donc ici que la doctrine de Descartes
fît de l'âme une sorte de monade leibnizienne, tirant de la spontanéité de sa volonté jusqu'à la moindre de ses perceptions. Descartes contredirait alors ici sa doctrine du Traité de *L'Homme*,
celle de la cinquième partie du *Discours*, et celle qu'il développe-
pera dans les *Passions de l'âme*. Il suffit cependant de lire la suite
du texte pour comprendre qu'il n'en est rien. « Et il n'y a rien
du tout, ajoute-t-il en effet, que les choses comprises sous ce
mot (pensée) qu'on attribue proprement à l'homme en langage
de philosophe : car pour les fonctions qui appartiennent au corps
seul, on dit qu'elle se font dans l'homme, et non par l'homme... »
On voit ici que Descartes donne de l'homme et de la pensée la
même définition qu'il en donnera dans la *Méditation seconde* (cf.
AT, IX-1, 20-21 et 22), en sorte que son argumentation ne répond
pas en fait à la question posée sur la troisième règle de la morale,
mais à la question métaphysique de savoir si nos pensées *dépendent*
de notre âme ou si elles *dépendent* de notre corps. Il est clair en
effet que cette notion de *dépendance* n'est pas univoque lorsqu'on
dit que nos pensées sont entièrement en notre pouvoir parce
qu'elles *dépendent* de nous, ou lorsqu'on dit qu'elles sont entièrement en notre pouvoir parce qu'elles ne *dépendent* pas de notre
corps mais seulement de notre âme. Ici nous disons que toutes nos
pensées sont volontaires. Là, nous disons qu'aucune pensée n'est
divisible, ni étendue, ni corporelle : et Descartes ne veut pas dire
autre chose.

qu'ils ne le fassent pas. Il ne reste donc que mes volontés qui puissent être « entièrement en notre pouvoir »[56]. Le fondement même, la condition originaire de la troisième règle est donc cette « libre disposition de (nos) volontés » qu'en 1649 Descartes nommera *générosité*.

Or, comment allons-nous user de notre pouvoir sur nos pensées pour nous rendre contents ? Comment cette générosité va-t-elle s'exercer ? Il suffit de connaître les rapports de l'entendement et de la volonté pour changer tous nos désirs. En effet, remarque Descartes, « notre volonté ne se portant naturellement à désirer que les choses que notre entendement lui représente en quelque façon comme possibles, il est certain que, si nous considérons tous les biens qui sont hors de nous *comme également éloignés de notre pouvoir*, nous n'aurons pas plus de regret de manquer de ceux qui semblent être dus à notre naissance, lorsque nous en serons privés sans notre faute, que nous avons de ne posséder pas les royaumes de la Chine ou du Mexique ; et que faisant, comme on dit, de *nécessité* vertu, nous ne désirerons pas davantage d'être sains, étant malades, ou d'être libres, étant en prison, que nous faisons maintenant d'avoir des corps d'une matière aussi peu corruptible que les diamants, ou des ailes pour voler comme les oiseaux ».

Le procédé est donc tout simple. Puisque je ne suis privé que de ce que je désire, je ne peux pas être privé de ce que je ne désire pas. Comment, alors, ne pas désirer ce dont je suis privé ? Comme on ne veut que ce qu'on pense possible, il suffit donc

---

56. Cf. A Christine de Suède, 20 novembre 1647, AT, V, 83 (FA, III, 746) : « il ne reste que notre volonté, dont nous puissions absolument disposer » ; *Les Passions de l'âme*, art. 17.

de tenir pour impossible tout ce dont nous sommes privés pour que du même coup, cessant de le vouloir, nous cessions d'en être privés.

Semblant ainsi se résumer à la pusillanime sagesse des nations et à faire, comme le dit Descartes, de nécessité vertu, cette morale pourrait donc paraître banale, à moins qu'on ne se rendît attentif au prodigieux pouvoir de la volonté qui s'y exerce et qui la fonde. Pour parvenir au contentement qu'elle nous promet, nous avons vu en effet qu'il suffit de *considérer* « tous les biens qui sont hors de nous *comme également* éloignés de notre pouvoir ». Hors de notre puissance, au-delà de nos possibilités, ces biens « éloignés de notre pouvoir » sont ceux pour lesquels il n'y a pas de possibilité que nous les acquérions : ce sont donc ceux qu'il nous est *impossible* de posséder. L'impossibilité de toute possibilité étant la nécessité même, l'exercice de cette règle consiste donc à considérer *comme nécessaire* que nous soyons dépourvus de tout ce que nous ne possédons pas. Puisqu'il est nécessaire que nous ne l'ayons pas, l'acquérir serait aussi contradictoire que pour un triangle d'acquérir un côté de plus ou pour un homme d'avoir des ailes. Cependant, s'il serait évidemment contradictoire qu'un triangle eût plus de trois côtés ou qu'un homme eût des ailes d'oiseau, serait-il *également* contradictoire que nous n'eussions pas mangé la viande malsaine qui nous incommoda, ou comme dans les romans de Gomberville que le cavalier qui affréta un navire pour Naples ne fût pas captif à Alger, ou qu'un double exil n'eût pas fixé dans les Provinces la fille du roi d'Angleterre et reine de Bohême ? C'est pourtant ce que cette règle fort explicitement nous commande : nous devons considérer que « *tout* ce qui manque de nous réussir est, au regard de nous, *absolument impossible* ».

Pourtant s'il est en effet impossible à notre entendement de considérer qu'un triangle puisse avoir quatre côtés ou qu'un homme puisse avoir un corps de diamant, il lui est cependant tout aussi impossible de concevoir comme contradictoire qu'un homme puisse manger sans être empoisonné, ou que l'épouse du roi de Bohême, couronnée à Prague, puisse régner paisiblement sur ses états. Intrinsèquement, l'idée que je puisse posséder les royaumes de la Chine ou du Mexique est à la fois *possible* et extrêmement improbable, de même qu'en 1619 l'idée qu'Elisabeth d'Angleterre demeurât en Bohême était à la fois *possible* et extrêmement probable. Les diverses idées ou représentations ont un contenu intrinsèque, que perçoit notre entendement, et dans lequel leur position dans l'existence est incluse. Qu'une chose soit impossible, possible, probable ou improbable, cela est inhérent à l'idée même de cette chose et ne dépend pas de l'entendement qui la perçoit. Pour l'entendement « tous les biens qui sont hors de nous » *ne sont donc pas* « également éloignés de notre pouvoir » de même que « tout ce qui manque de nous réussir » *n'est pas* « absolument impossible ».

De même que la première règle remarquait ce pouvoir qu'a la volonté de tenir encore pour bon ce que notre entendement nous montre pourtant être mauvais, de même que la deuxième règle nous prescrivait de prendre comme très certain ce que notre entendement conçoit cependant comme très douteux, de même que l'exercice méthodique du doute nous commandera de prendre pour faux ce que notre entendement éprouve être néanmoins vraisemblable, ainsi cette troisième règle nous demande donc de *prendre ce qui est effectivement possible pour impossible et ce qui est effectivement contingent pour nécessaire.*

Comme elle aussi implique par conséquent l'indépendance absolue de notre volonté par rapport à notre entendement, elle manifeste en outre cette libre disposition de nos volontés selon laquelle, *de même que je ne veux que ce que je veux vouloir, je ne pense que ce que je veux penser*[57]. Voilà donc comment on peut « s'accoutumer à croire qu'il n'y a rien qui soit entièrement en notre pouvoir, que nos pensées ».

Ce pouvoir de notre volonté sur nos volontés, comment toutefois s'exerce-t-il ? Il ne peut consister qu'à consentir ou refuser, à affirmer ou à nier ce que l'entendement nous représente. Ici, le pouvoir absolu de la volonté ne s'exerce que dans *la négation :* qu'il aurait été possible que je ne fusse pas malade, ou que je n'eusse pas été fait prisonnier, ou que l'armée de Frédéric V n'eût pas été vaincue à la Montagne Blanche, — je le nie.

Puisque je ne puis être privé que de ce que je désire et puisque je ne puis désirer que ce que je juge possible, *je nie* qu'ait jamais été possible rien que je ne possède. Tout ce qui m'est refusé, ainsi je le refuse. Or combien y a-t-il de choses que nous ne possédions pas ? Combien dont nous puissions être privés ? Combien qui puissent venir à me manquer si je venais à les désirer ? Une infinité. L'exercice de cette troisième règle consiste donc à *opposer*

---

57. C'est pourquoi Descartes peut inviter la princesse Elisabeth à rendre son « âme contente, malgré les disgrâces de la fortune » (18 mai 1645, AT, IV, 201), l'assurer « qu'il se faut entièrement délivrer l'esprit de toutes sortes de pensées tristes » (mai ou juin 1645, AT, IV, 220) et « détourner sa pensée des objets qui la peuvent attrister » (juin 1645, AT, IV, 237), car « les indispositions qui... altèrent seulement les humeurs, et font qu'on se trouve extraordinairement enclin à la tristesse, ou à la colère, ou à quelque autre passion... peuvent être surmontées ». (1er septembre 1645, AT, IV, 282-283.)

un refus infini à l'infini qui nous est refusé. Ainsi notre volonté est-elle tenue d'y développer, quoique dans la négativité, un pouvoir infini.

Reste cependant à comprendre que nous puissions de la sorte nous rendre contents. Résiliant, récusant, répudiant, repoussant, niant et refusant, passe encore de nous épargner l'échec, la mélancolie et l'amertume ; mais suffit-il pour être content de n'être pas mécontent ? Tout le sens de la morale cartésienne ne nous semble avoir été parfois méconnu qu'autant que fut généralement mésestimée la plénitude de ce contentement [58]. Ce n'est pas faute pourtant que Descartes ne s'en explique : le contentement résulte de ce que nous ne pouvons pas contenir plus de satisfactions ni de plus grandes qu'elles n'en excèdent le pouvoir que nous avons d'en jouir [59]. Il est donc tout un avec avec « la plénitude » [60], « la satisfaction intérieure » [61], « la parfaite félicité » [62], la « souveraine félicité » [63], « la plus grande félicité de l'homme » [64],

---

58. Cf. AT, VI, 25, l. 30 ; 28, l. 2 et 14.

59. Cf. A Elisabeth, 4 août 1645, AT, IV, 264-265 (FA, III, 588-589) : « Comme un petit vaisseau peut être aussi plein qu'un plus grand, encore qu'il contienne moins de liqueur, ainsi prenant le *contentement* d'un chacun pour la *plénitude* et l'accomplissement de ses désirs réglés selon la raison, je ne doute point que les plus pauvres et les plus disgrâciés de la fortune ou de la nature ne puissent être *entièrement contents* et satisfaits... Or, il me semble qu'un chacun peut se rendre content de soi-même, et sans rien attendre d'ailleurs, pourvu *seulement* qu'il observe trois choses, auxquelles se rapportent les trois règles de morale, que j'ai mises dans le Discours de la Méthode. »

60. *Ibidem.*

61. *Ibidem*, AT, IV, 264, l. 9 (FA, III, 588, l. 3).

62. Cf. A Elisabeth, 18 mai 1645, AT, IV, 202, l. 18 (FA, III, 566, l. 4).

63. Cf. A Elisabeth, 21 juillet 1645, AT, IV, 252, l. 15-16 (FA, III, 585, l. 4).

64. Cf. A Elisabeth, 4 août 1645, AT, IV, 267, l. 15-16 (FA, III, 590).

« la volupté en général » [65], que Descartes nomme toutes généralement d'un seul mot : « *la béatitude* » [66].

Que cette béatitude nous soit déjà véritablement procurée par l'exercice de cette morale formée par provision, tous les textes concourent à nous le montrer. Elle est en effet absolument indépendante de tous les biens qu'on peut acquérir et de toutes les choses extérieures. C'est d'ailleurs en quoi, nous dit Descartes, elle se distingue du bon-heur, car « l'heur ne dépend que des choses qui sont hors de nous... au lieu que la béatitude consiste... en un parfait contentement d'esprit... que n'ont pas ordinairement ceux qui sont les plus favorisés de la fortune, et que les sages acquièrent sans elle » [67]. Cela fait aussi que « les plus pauvres et les plus disgrâciés » n'en sont pas moins capables que les plus fortunés, car chacun ne peut la recevoir que de soi [68]. Conquise en notre pure intériorité la béatitude ne résulte donc que du libre usage de nos volontés, c'est-à-dire de notre générosité.

65. Cf. A Elisabeth, 18 août 1645, AT, IV, 276, l. 22-23 (FA, III, 597).

66. Cf. A Elisabeth, 4 août 1645, AT, IV, 264 (FA, III, 588) : « la béatitude consiste, ce me semble, en un parfait contentement d'esprit » ; 18 août 1645, AT, IV, 277 (FA, III, 597) : « la béatitude ne consiste qu'au contentement de l'esprit ».

67. Cf. A Elisabeth, 4 août 1645, AT, IV, 264 ; cf. aussi 6 octobre 1645, AT, IV, 306 (FA, III, 611).

68. Cf. A Elisabeth, mai ou juin 1645, AT, IV, 221 : « faire que mon principal contentement ne dépendît que de moi seul ». 21 juillet 1645, AT, IV, 252 : « cette souveraine félicité... que nous ne saurions avoir que de nous-mêmes » ; 4 août 1645, AT, IV, 265 : « chacun se peut rendre content de soi-même, et sans rien attendre d'ailleurs »; 1er septembre 1645, AT, IV, 281 (FA, III, 599) : « une béatitude qui dépend entièrement de notre libre arbitre et que tous les hommes peuvent acquérir sans aucune assistance d'ailleurs » ; AT, IV, 284-285 (FA, III, 603) : « si la bonne fortune s'oppose à nos desseins et les empêche de réussir, nous... ne laisserons pas de jouir de toute la béatitude naturelle dont l'acquisition aura été en notre pouvoir ».

En effet, nous dit Descartes, le contentement ou la béatitude ne consistent qu'en la possession du souverain bien [69]. Cette béatitude [70] et le souverain bien [71] se résument à l'exercice même de la vertu ; la vertu ne dépend que de l'exercice de notre libre arbitre [72] et ne consiste que dans la fermeté et la constance de notre résolution [73], qui sont la géné-

69. Cf. A Elisabeth, 18 août 1645, AT, IV, 275 (FA, III, 595) : « la béatitude n'est pas le souverain bien ; mais elle le présuppose, et elle est le contentement ou la satisfaction d'esprit qui vient de ce qu'on le possède ».

70. Cf. A Elisabeth, 18 mai 1645, AT, IV, 201 (FA, III, 565) : « il est à craindre que vous (ne) puissiez être du tout délivrée (de votre tristesse), si ce n'est que, *par la force de votre vertu*, vous rendiez votre âme contente, malgré les disgrâces de la Fortune ».

71. Cf. A Elisabeth, 6 octobre 1645, AT, IV, 305 (FA, III, 610) : « je distingue entre le souverain bien, *qui consiste en l'exercice de la vertu*... et la satisfaction d'esprit qui suit de cette acquisition ». A Christine de Suède, 20 novembre 1647, AT, V, 83 (FA, III, 746) : « C'est en cela seul que consistent toutes les vertus... C'est en cela que consiste le souverain bien. »

72. Cf. A Elisabeth, 18 août 1645, AT, IV, 276 (FA, III, 597) : « le souverain bien... ne consiste qu'en la vertu, parce qu'il n'y a qu'elle seule, entre tous les biens que nous pouvons avoir, qui dépende entièrement de notre libre arbitre » ; 6 octobre 1645, AT, IV, 305 (FA, III, 610) : « le souverain bien... consiste en l'exercice de la vertu, ou, ce qui est le même, en la possession de tous biens dont l'acquisition dépend de notre libre arbitre ».

73. Cf. A Elisabeth, 4 août 1645, AT, IV, 265 (FA, III, 589) : « La seconde (règle de la morale est) qu'il ait une ferme et constante résolution d'exécuter tout ce que la raison lui conseillera... et c'est la fermeté de cette résolution que je crois devoir être prise pour la vertu » ; 18 août 1645, AT, IV, 277 (FA, III, 598) : « pour avoir un contentement qui soit solide, il est besoin de suivre la vertu, c'est-à-dire d'avoir une volonté ferme et constante d'exécuter tout ce que nous jugerons être le meilleur ». Tous ces textes sont comme des fragments préparant la définition de la générosité, dont Descartes nous dit qu'elle consiste à sentir « en soi-même une ferme et constante résolution (de) bien user (de la libre disposition de ses volontés), c'est-à-dire de ne manquer jamais de volonté pour entreprendre et exécuter toutes les choses (qu'on) jugera être les meilleures. Ce qui est suivre parfaitement la vertu ». (Cf. *Les Passions de l'Ame*, art. 153.)

rosité même. Ainsi, de notre générosité, qui est l'expérience originaire et métaphysique de notre liberté, dépend l'usage que nous faisons de notre volonté, que nous exercions notre vertu, que nous en venions à posséder le souverain bien, et qu'en cette vie même nous soyons comblés de béatitude.

Béatitude, parfaite félicité, souverain contentement, qu'y a-t-il donc que nous puissions encore désirer ou vouloir ? Rien. Le but dernier que toute action poursuit [74], nous y voici conjoint. Par un prodigieux paradoxe, refusant de rien posséder c'est alors que nous possédons tout. Mais comment cela est-il possible ?

Notre volonté étant infinie, à moins que par l'infini comment pourrait-elle être jamais satisfaite ? Sinon Dieu même, qui est l'infini, qu'y a-t-il qui la puisse contenter ? Le langage de Descartes pourtant nous en avertit : cette même délectation que verse surnaturellement la grâce dans l'âme des élus, naturellement la liberté en comble les âmes généreuses. Comme le secours extraordinaire de Dieu peut nous procurer la béatitude, il suffit pour en jouir de l'exercice ordinaire de notre liberté. C'est pourquoi, comme il y a une béatitude surnaturelle qu'il ne dépend que de Dieu de nous accorder, il y a « *une béatitude naturelle* » [75] qu'il ne dépend que de nous d'obtenir. C'est pourquoi aussi, comme la grâce procure aux bienheureux une parfaite félicité dans leur vie surnaturelle [76], le bon usage de notre volonté procure aux âmes généreuses « la parfaite félicité dont elles jouis-

74. Cf. A Elisabeth, 18 août 1645, AT, IV, 275 (FA, III, 595-596).
75. Cf. A Elisabeth, 4 août 1645, AT, IV, 267 (FA, III, 590) ; 1er septembre 1645, AT, IV, 285 (FA, III,, 603).
76. Cf. *Troisième Méditation*, AT, IX-1, 42 : « la foi nous apprend que la souveraine félicité *de l'autre vie* ne consiste que dans cette contemplation de la Majesté divine ».

sent *dès cette vie* »[77]. S'il est vrai que la béatitude est la possession du souverain bien[78], il est non moins vrai que le souverain bien n'est autre que Dieu même[79]. Qu'il s'agisse de la jouissance que Dieu tire de soi ou de celle que les élus tirent de l'intimité de Dieu, il nous faut donc comprendre que *la béatitude est la jouissance que procure la présence de l'infini*; et par conséquent que la béatitude naturelle consiste à jouir de soi *comme* la béatitude surnaturelle consiste à jouir de Dieu. On ne saurait d'ailleurs le montrer plus explicitement que ne le fait Descartes : rien que l'exercice de cette troisième règle, assure-t-il en effet, avait dû suffire aux philosophes stoïciens pour qu'ils puissent « disputer de la félicité avec leurs dieux »[80].

77. Cf. A Elisabeth, 18 mai 1645, AT, IV, 202 (FA, III, 566).

78. Cf. A Elisabeth, 18 août 1645, AT, IV, 275 (FA, III, 595).

79. Cf. *Secondes Réponses*, AT, IX-1, 113 : « Dieu étant le souverain Etre, il faut nécessairement aussi qu'il soit le souverain bien... » A Christine de Suède, 20 novembre 1647, AT, V, 82 (FA, III, 745) : « il est évident que c'est Dieu qui est le souverain bien ».

80. Cf. *Discours*, 3ᵉ partie, AT, VI, 26. On a souvent remarqué l'inspiration stoïcienne de tout ce texte. (Sur cette question, cf. J. Laporte, *op. cit.*, p. 437-440). Descartes a toutefois le sentiment de découvrir ici la théorie d'une pratique qu'avaient seulement exercée les Stoïciens. En quelque sorte Descartes reconnaît que, sur ce point, les Stoïciens étaient pratiquement cartésiens avant la lettre. Se servant de leur témoignage pour en assurer par le fait la validité de sa doctrine, il ne cesse toutefois de leur reprocher l'insuffisance de leur théorie. Touchant le souverain bien, les explications de Sénèque, dit-il, « me semblent toutes fort obscures » (cf. A Elisabeth, 18 août 1645, AT, IV, 273) ; « aucune... ne l'explique suffisamment ; et elles font paraître, par leur diversité, que Sénèque n'a pas clairement entendu ce qu'il voulait dire » (*ibidem*, p. 274). Aussi Descartes ne tient-il nullement les Stoïciens pour des précurseurs de sa doctrine morale. Par exemple, ayant défini la vertu comme « la constante résolution d'exécuter tout ce que la raison conseillera », « je ne sache pas, ajoute-t-il, que personne l'ait jamais ainsi expliquée » (cf. A Elisabeth, 4 août 1645, AT, IV, 265). Et en effet, selon nous, alors que, chez les Stoïciens, le bon-

Car voilà le fait : dans la solitude et le retranchement, sans rien posséder, ni disposer de rien que de sa volonté, l'homme est capable d'une telle félicité que celle même de Dieu ne peut être plus grande[81], et qui est donc infinie.

Hors la possession de la nature et hors la présence de Dieu, sans même que nous soyons véritablement assurés de leur existence, qu'y a-t-il donc alors qui soit infini et dont la possession puisse nous procurer cette félicité infinie ? Evidemment rien, que notre volonté.

Mais comment pouvons-nous jouir de l'infinité de notre volonté si elle ne peut jamais avoir occasion d'affirmer qu'un nombre fini de vérités et de nous acquérir qu'un nombre fini de choses ? Comme le remarque Descartes, si riche ou si puissant qu'aucun homme puisse être, il ne peut jamais disposer de *tout* ce qu'il veut[82], car ce qu'il veut est infini et nous n'avons jamais affaire qu'à du fini. Pour que nous puissions disposer de *tout* ce que nous voulons, c'est-à-dire de l'infini[83], il n'y a donc que notre volonté même dont il nous faille disposer. C'est en ce sens que, chez Descartes, la liberté pourrait être définie comme la possession de l'infini.

heur du sage est fondé sur l'assentiment, c'est au contraire sur l'infinité de son refus qu'est fondée la béatitude du généreux cartésien.

81. Que peut-il en effet y avoir de plus plein que la « plénitude » (AT, IV, 264) ? Quel contentement peut être plus grand que le « parfait contentement » (*ibidem*) ? Quelle félicité serait plus que « souveraine » (AT, IV, 252) ?

82. Cf. *Discours*, 3e partie, AT, VI, 26-27.

83. Cf. A Mersenne, 25 décembre 1639, AT, II, 628 : « Le désir que chacun a d'avoir toutes les perfections qu'il peut concevoir, et par conséquent toutes celles que nous croyons être en Dieu, vient de ce que Dieu nous a donné une volonté qui n'a point de bornes. » Ainsi donc, selon Descartes, toute volonté infinie est volonté de l'infini.

Cependant, nous ne pouvons jouir de l'infinité de notre volonté qu'à la condition qu'elle exerce cette infinité même, c'est-à-dire à condition qu'elle veuille ou qu'elle désire soit l'être infini soit l'infinité des êtres. La première voie est celle de l'amour de Dieu, dans lequel notre volonté s'identifie tellement à la volonté même de Dieu qu'elle vient à recevoir tout ce qui s'accomplit comme son propre accomplissement [84]. La seconde voie ne peut être que celle du *refus infini que notre volonté oppose à l'infinité des choses qui nous sont refusées*, et dans lequel nous avons vu que consiste l'exercice de la troisième règle. En effet, si elle s'exerce dans l'ordre des affirmations, il n'y a qu'un nombre fini de choses que notre volonté puisse désirer et posséder ; mais, dans l'ordre des négations, infinies sont les choses que nous pouvons refuser. Aussi n'est-ce que dans le refus que notre volonté peut exercer son infinité : *elle ne peut s'éprouver infinie que dans la négativité.*

C'est pourquoi, alors que les plus chanceux, les plus riches, et les plus puissants ne peuvent jamais

---

84. Cf. A Elisabeth, 15 septembre 1645, AT, IV, 291-292 et 294 (FA, III, 605-606, 608) : « cela nous apprend à recevoir en bonne part toutes les choses qui nous arrivent, comme nous étant expressément envoyées de Dieu ; et parce que le vrai objet de l'amour est la perfection... nous nous trouvons naturellement si enclins à l'aimer, que nous tirons même de la joie de nos afflictions, en pensant que sa volonté s'exécute en ce que nous la recevons... » A Chanut, 1er février 1647, AT, IV, 609 (FA, III, 716-717) : « se joignant entièrement à (Dieu) de volonté il l'aime si parfaitement, qu'il ne désire plus rien au monde, sinon que la volonté de Dieu soit faite. Ce qui est cause qu'il ne craint plus ni la mort, ni les douleurs, ni les disgrâces, parce qu'il sait que rien ne peut lui arriver, que ce que Dieu aura décrété ; et il aime tellement ce divin décret, il l'estime si juste et si nécessaire, il sait qu'il en doit si entièrement dépendre, que, même lorsqu'il en attend la mort ou quelque autre mal, si par impossible il pouvait le changer, il n'en aurait pas la volonté ».

être parfaitement contents [85], c'est au contraire l'infortune, la disgrâce et le malheur qui sont pour les grandes âmes les instruments de leur béatitude : « les afflictions même leur servent, dit en effet Descartes, et contribuent à la parfaite félicité dont elles jouissent dès cette vie » [86]. Car « les grandes prospérités... leur fournissent toujours moins d'occasion de s'exercer, que ne font les adversités » [87]. C'est que la béatitude ne peut être éprouvée que par la présence de l'infini, que la présence de l'infini ne peut être éprouvée que dans l'expérience de notre volonté, et que notre volonté ne peut exercer son infinité que dans le refus.

Descartes en effet nous le dit : si nous jouissons de la béatitude naturelle, c'est-à-dire si nous éprouvons en l'existence profane la présence de l'infini, ce ne peut être que par le *témoignage* que nous en donne l'exercice de notre volonté opposant une négation infinie à l'infinité du monde. Ainsi, explique-t-il, si les « plus grandes âmes ont de la satisfaction, en elles-mêmes, de toutes les choses qui leur arrivent, même des plus fâcheuses et insupportables », c'est parce que « cette *épreuve* qu'elles font de leur force leur est agréable » [88]. Cette force : celle de leur volonté. Cet agrément : celui d'éprouver leur volonté irréductible, incoercible, absolument indépendante de la nature, absolument libre et d'un tout autre ordre [89]. Cette

85. Cf. *Discours*, AT, VI, 26, 1. 27-27, 1. 2 ; A Elisabeth, 4 août 1645, AT, IV, 264 (FA, III, 588) : « la béatitude consiste, ce me semble, en un parfait contentement d'esprit et une satisfaction intérieure, *que n'ont pas ordinairement ceux qui sont les plus favorisés de la fortune*, et que les sages acquièrent sans elle ».
86. Cf. A Elisabeth, 18 mai 1645, AT, IV, 202 (FA, III, 566).
87. Cf. A Elisabeth, juin 1645, AT, IV, 237 (FA, III, 579).
88. Cf. A Elisabeth, 18 mai 1645, AT, IV, 203 (FA, III, 566-567).
89. Cette expérience de la liberté de notre volonté par rapport à la nature fonde la certitude que notre âme est métaphysique-

satisfaction : celle d'une volonté infinie jouissant de sa propre infinité en acte. Voilà pourquoi « *il suffit* », pour être comblés de béatitude, « que notre conscience nous *témoigne* que nous n'avons jamais manqué de résolution et de vertu pour exécuter toutes les choses que nous avons jugé être les meilleures » [90], ce qui est la générosité même. Et tant il est vrai que rien n'est parfait que l'infini, si « tout notre contentement ne consiste qu'au *témoignage* intérieur que nous avons d'avoir quelque perfection » [91], c'est que la béatitude ne consiste bien en effet qu'à éprouver en nous cette présence de l'infini dont témoigne l'infinité de notre volonté, mais qu'elle ne peut exercer et nous faire éprouver que dans la négation.

Ainsi, « voyant leurs amis en quelque grande afflic-

ment une réalité d'un tout autre ordre que celle de notre corps, en sorte que « la philosophie naturelle fait espérer à notre âme un état plus heureux après la mort, que celui où elle est à présent ». (Cf. A Elisabeth, 1er septembre 1645, AT, IV, 282 ; FA, III, 60. Cf. aussi 18 mai 1645 AT, IV, 202 ; FA, III, 566). On pourrait trouver ici quelque contradiction dans la pensée de Descartes, car si nous pouvons jouir « dès cette vie » de la parfaite félicité et de la béatitude, comment aucun état, même « après la mort », pourrait-il être « plus heureux » ? A cela, nous ferions deux réponses. D'une part, lorsque Descartes parle de notre âme, il ne désigne pas ces grandes âmes généreuses capables d'éprouver par elles seules la béatitude naturelle. D'autre part, la béatitude naturelle elle-même ne peut être obtenue qu'en nous retranchant de la nature, par une paradoxale résiliation de notre existence naturelle, en dérobant notre volonté aux inclinations dont notre corps la sollicite, c'est-à-dire en répudiant notre nature métaphysique en tant que nous sommes l'union d'une âme et d'un corps. La béatitude surnaturelle ne pourrait donc être dite de quelque façon plus heureuse que la béatitude naturelle qu'au sens où la jouissance de l'infinie positivité pourrait être dite plus heureuse que la jouissance de l'infinie négativité, et au sens où notre âme jouirait d'autant plus parfaitement de l'infini qu'elle serait, après la mort, parfaitement détachée de toute finitude.

90. Cf. A Elisabeth, 4 août 1645, AT, IV, 266 (FA, III, 590).
91. Cf. A Elisabeth, 1er septembre 1645, AT, IV, 284 (FA, III, 601).

tion », les âmes généreuses « compatissent à leur mal, et font tout leur possible pour les en délivrer, et ne craignent pas même de s'exposer à la mort pour ce sujet, s'il en est besoin. Mais, cependant, *le témoignage* que leur donne leur conscience, de ce qu'elles s'acquittent en cela de leur devoir, et font une action louable et vertueuse, les rend plus heureuses, que toute la tristesse que leur donne la compassion ne les afflige »[92]. Difficultés, obstacles, résistances, douleurs, misères, infortune, ne sont donc pour notre volonté que des occasions d'exercer sa liberté et sa puissance de refus. Aussi le succès ni la fortune ne sont-ils pas ce qui importe, mais seulement la satisfaction que nous tirons d'avoir manifesté notre volonté comme le pouvoir en nous d'un infini détachement et d'une liberté infinie. C'est le spectacle de l'infinité de notre volonté qui fait toute notre béatitude, et non pas rien de fini qu'elle obtienne ou qu'elle manque. Ainsi, dit Descartes, les grandes âmes « font bien tout ce qui est en leur pouvoir pour se rendre la fortune favorable en cette vie, mais néanmoins elles l'estiment si peu... *qu'elles n'en considèrent* quasi les événements que comme nous faisons ceux des comédies »[93]. De même par conséquent que le plaisir du théâtre postule la dualité du personnage et du spectateur, de même la

92. Cf. A Elisabeth, 18 mai 1645, AT, IV, 203 (FA, III, 567).
93. *Ibidem*, AT, IV, 202 (FA, III, 566); cf. aussi janvier 1646, AT, IV, 355 (FA, III, 635) : « nous pouvons empêcher... que tous les maux qui viennent d'ailleurs, tant grands qu'ils puissent être, n'entrent plus avant en notre âme que la tristesse qu'y excitent les comédiens, quand ils représentent devant nous quelques actions fort funestes » ; *Les Passions de l'âme*, art. 147 : « lorsque nous lisons des aventures étranges dans un livre, ou que nous les voyons représenter sur un théâtre, cela excite quelquefois en nous la tristesse... ; mais avec cela nous avons du plaisir de les sentir exciter en nous ».

béatitude naturelle qui est la volupté de la générosité, postule la dualité de notre nature métaphysique. En effet, comme ce qui nous plaît au théâtre n'est pas ce qui arrive aux personnages mais l'émotion que nous ressentons à l'occasion de ces péripéties dramatiques, ainsi les grandes âmes tirent leur béatitude non pas de tout ce qui peut leur arriver dans la vie mais bien d'éprouver à cette occasion l'infinité de leur volonté qui s'emploie. Une chose sont les malheurs d'Iphigénie, autre chose est le plaisir que nous retirons de la tristesse qu'ils nous donnent. Une chose sont l'union de notre âme à notre corps fini, ses efforts et ses souffrances ; autre chose aussi est cette âme pure, indépendante de toute corporéité, et jouissant avec béatitude d'éprouver la liberté et l'infinité de sa volonté à l'occasion de ces efforts et de ces souffrances. Son refus du fini dans l'action permet ainsi à l'âme de contempler sa propre infinité ; et c'est ce spectacle de l'infini dont la béatitude est la jouissance.

***

En montrant à quelle béatitude nous introduit cette morale de la volonté, notre analyse rend difficile de concevoir en même temps que cette morale puisse être provisoire au sens où elle aurait à être dépassée.

Comme elle est tout entière fondée sur la générosité, sur la liberté et l'infinité de notre volonté, nous pourrions la définir comme la morale du *bien vouloir*. Or, si elle était provisoire, il faudrait penser que le pouvoir de bien faire nous dispensât de bien juger, et que le pouvoir de bien juger enfin nous dispensât de bien vouloir, ce qui est absurde.

Tout au contraire, en exigeant de nous la libre

disposition de nos volontés, rien que cette morale nous rend capables de nous délivrer de la prévention et de la précipitation, et par conséquent de bien juger, et par conséquent de bien faire. Maîtres et possesseurs de la nature, nous ne le deviendrons en effet qu'autant que nous sommes maîtres et possesseurs de notre volonté. Cette souveraineté intérieure est la condition de notre souveraineté extérieure. Nous ne pourrons conquérir l'infinité de la nature qu'autant que nous régnerons sur l'infinité de notre volonté : ainsi irons-nous de la fulgurante infinité des négations à la carrière infinie mais laborieuse des affirmations, comme d'un royaume à l'autre.

Car telle est bien la prodigieuse découverte que fait Descartes en cette troisième partie du *Discours* : à la béatitude que procure dans l'autre vie la présence de l'infinité divine correspond la béatitude que procure en cette vie l'expérience de l'infinité de notre volonté ; au pouvoir infini qu'a Dieu de créer le monde correspond le pouvoir infini que nous avons de nous en retrancher ; à la positivité infinie de Dieu correspond l'infinie négativité de notre volonté.

Tel serait donc le diabolisme de notre condition métaphysique si Dieu ne nous créait à chaque instant, c'est-à-dire si dans la négativité de notre volonté ce n'était la positivité de la sienne qui fulgure, et si notre liberté pouvait n'être pas toujours qu'un effet de la sienne [94].

Si l'infinité de sa volonté fait en effet de l'homme le double de Dieu, c'est au sens où la marque empreinte sur l'ouvrage est le double qu'y a laissé

_____

94. Cf. A Elisabeth, 3 novembre 1645, AT, IV, 332 (FA, III, 626-627).

le sceau. Attente et exigence de l'infini [95], notre volonté est en nous la place vide de Dieu. Le royaume infini que nous découvre la générosité et qu'elle nous livre dans le refus n'est que celui de l'absence. En ce sens, la béatitude naturelle serait la vertigineuse jouissance d'éprouver notre volonté comme le gouffre en nous de Dieu, si la négation infinie de tout ce qui est fini ne nous préparait à découvrir l'intimité originaire que nous avons avec Dieu, par Dieu avec l'infinité des vérités et par l'infinité des vérités avec l'infinité du monde.

Ainsi, par l'infinité de notre volonté Dieu nous est rendu originairement présent, mais sur le mode de l'absence. Dieu est cette plénitude dont notre volonté est en nous le manque originaire. Dieu hante notre volonté comme son corrélat. C'est pourquoi l'amour de Dieu donne une destination ontologique à l'infinité de notre volonté [96].

Mais dans l'attente du moment qui nous réunira surnaturellement à lui, rien ne peut nous donner le sentiment de restaurer notre condition métaphysique que de progresser indéfiniment dans la découverte des vérités [97] et la domination de la nature.

95. Cf. A Mersenne, 25 décembre 1639, AT, II, 628 ; A Chanut 1er février 1647, AT, IV, 608 (FA, III, 716).

96. Cf. lettre-préface des *Principes*, AT, IX-2, 4 (FA, III, 771) : « Il n'y a point d'âme tant soit peu noble qui demeure si fort attachée aux objets des sens qu'elle ne s'en détourne quelquefois pour souhaiter quelque autre plus grand bien, nonobstant qu'elle ignore souvent en quoi il consiste. Ceux que la fortune favorise le plus, qui ont abondance de santé, d'honneurs, de richesses, ne sont pas plus exempts de ce désir que les autres ; au contraire, je me persuade que ce sont eux qui soupirent avec le plus d'ardeur après un autre bien, plus souverain que tous ceux qu'ils possèdent. »

97. *Ibidem* : « Or, ce souverain bien considéré par la lumière naturelle sans la lumière de la foi, n'est autre chose que la connaissance de la vérité par ses premières causes, c'est-à-dire la sagesse, dont la philosophie est l'étude. »

En tant que nous avons une volonté infinie, nous sommes apparentés à l'être infini, créateur de toutes les vérités et de toutes les existences ; et il ne dépend alors que de notre volonté de retrouver en nous cette intimité originaire que Dieu mit entre notre esprit, les vérités, et le monde, en les créant. Mais c'est précisément l'infinité de notre volonté qui nous fait de toutes parts éprouver notre finitude dans la nature, et la fragilité des choses, et la précarité des vraisemblances, et l'indigence de nos occupations. C'est pourquoi, s'avisant « de faire une revue sur les diverses occupations qu'ont les hommes en cette vie, pour tâcher à faire choix de la meilleure », Descartes pense ne pouvoir mieux faire que de continuer à « avancer, autant (qu'il pourrait), en la connaissance de la vérité suivant la méthode (qu'il s'était) prescrite » [98]. Car le progrès de la science consiste, évitant la prévention et la précipitation, à force d'attention et de persévérance, à tirer l'infinité des vérités du petit nombre des axiomes et des idées innés : ainsi, comme l'arbre de la science croît et se ramifie en ne faisant que développer les semences de vérité, l'infinité de notre volonté féconde la finitude de notre entendement.

98. Cf. *Discours*, 3e partie, AT, VI, 27 ; cf. aussi 1re partie, AT, VI, 3.

CHAPITRE VI

LA LIBERTÉ OU LA GRACE PROFANE

1. *La liberté de la volonté et son usage logique.*

Une fois découverte cette morale assurant à nos actions un succès si peu redevable aux lumières de l'entendement et qui néanmoins nous procure plus de contentement que ne pourrait faire la plus grande fortune, voici notre esprit enfin « *libre* de tous soins »[1] et capable de se vouer à la recherche de la vérité. Comme la première règle de la méthode nous prescrivait de ne recevoir aucune chose pour vraie que nous n'en ayons éprouvé l'évidence, et comme nulle idée ne peut être tenue pour évidente qu'autant qu'elle est indubitable, rien ne nous pourra donc manifester la vérité d'aucune de nos idées que de les soumettre toutes à l'épreuve du doute. C'est pourquoi, dit Descartes, « je m'appliquerai sérieusement et *avec liberté* à détruire généralement toutes mes anciennes opinions »[2]. Généralement : en les exami-

---

1. Cf. *Première Méditation*, AT, IX-1, 13.
2. *Ibidem.*

nant non pas une à une, mais par genre et dans leur généralité. Mais, dans un si complet dépouillement, en quoi consiste cette liberté ? Comme nous avons vu, dans la morale, notre volonté se déterminer indépendamment de toute considération théorique, ici nous la voyons se déterminer indépendamment de toute considération pratique. Qu'il s'agisse d'une connaissance technologique capable de conduire utilement notre action, qu'inversement il s'agisse de conduire notre action et d'en retirer notre félicité indépendamment d'aucune connaissance qui y puisse servir, ou qu'il s'agisse de la pure découverte réflexive de la vérité, ce sont *trois ordres* : parce que les fins qu'elle y poursuit sont différentes, c'est notre liberté qui reconnaît ces ordres, c'est elle qui les délimite et les sépare, c'est elle qui se détermine selon chacun en déterminant chacun d'eux. Aussi, dans la connaissance comme dans l'action, notre volonté se découvre comme une pure spontanéité, aussi bien capable de déterminer son jugement contre toute vraisemblance qu'elle le fut de déterminer son action sans le secours d'aucune vraisemblance.

Comme, dans la morale, notre volonté put se déterminer tant à prendre le douteux comme s'il était vrai et le probable comme s'il était certain, qu'à prendre le possible pour impossible et le contingent pour nécessaire, c'est avec la même liberté qu'elle se détermine, dans la recherche de la vérité, à prendre pour faux tout ce qui n'est que vraisemblable[3].

---

3. Cf. *Discours*, 4ᵉ partie, AT, VI, 31 : « J'avais dès longtemps remarqué que, pour les mœurs, il est besoin quelquefois de suivre des opinions qu'on sait être fort incertaines, tout de même que si elles étaient indubitables, ...parce qu'alors je désirais vaquer seulement à la recherche de la vérité, je pensai qu'il fallait que je fisse tout le contraire, et que je rejetasse, comme

Là-dessus toutefois c'est la démarche des *Méditations* qu'il nous faut analyser. Car si l'argumentation du doute peut sembler reprendre celle du *Discours*, la démarche en est cependant tout autre. Si on compare les deux textes, on remarque certes ici et là l'identité du mouvement logique qui consiste à régresser méthodiquement du douteux à l'indubitable ; mais l'expérience métaphysique est si différente que d'un doute métaphysiquement si différent s'ensuit un statut métaphysiquement différent de l'indubitable qu'il découvre : le *Cogito* du *Discours* est l'évidence ontologique d'un sujet pensant ; le *Cogito* des *Méditations* est la découverte métaphysique d'un être en proie à l'infini et à la liberté[4].

Dans la *Première Méditation* l'entreprise du doute se développe en effet selon deux moments : l'un proprement logique, l'autre proprement métaphysique. Dans l'un et l'autre certes c'est notre libre arbitre ou notre volonté qui s'exercent, mais pas de la même façon.

Dans le premier moment[5] notre libre arbitre s'emploie à faire l'inventaire de nos connaissances, comme dans la comparaison des *Septièmes Réponses* on viderait tous les fruits de la corbeille afin d'examiner chacun et de n'y remettre que ceux qu'on « verrait n'être point gâtés »[6]. Tachés ou non, les

absolument faux, tout ce en quoi je pourrais imaginer le moindre doute. »

4. C'est pourquoi F. Alquié a raison de dire que « le véritable *Cogito* » ne se trouve pas dans le *Discours* (cf. *La découverte métaphysique*, p. 133), qu'on n'y trouve « aucun exposé proprement métaphysique du doute, et même du *Cogito* » (p. 147), et que » le *Cogito* du *Discours* répond seulement à des préoccupations scientifiques et méthodologiques » (p. 153). Cf. aussi p. 180-181.

5. Cf. *Première Méditation*, § 3-10.

6. Cf. *Septièmes Réponses*, AT, VII, 481 (FA, II, 982).

fruits le sont toutefois indépendamment de notre jugement : leur tache, comme leur couleur, est une de leurs propriétés intrinsèques, que notre vue perçoit. Douteuses ou non, nos connaissances le sont donc de même indépendamment de notre jugement : *notre entendement nous les montre* telles. D'où cette observation attentive, cet examen, cette enquête, ces confrontations et ces délibérations pour établir le degré de validité de nos diverses connaissances et diagnostiquer jusqu'à quel point *elles sont* ou non douteuses. D'où ce débat qui s'éploie tout au long de la *Première Méditation* et la patiente lenteur de ce doute qui ne progresse qu'après avoir réduit les objections qui s'élèvent pour lui résister. Au doute s'apprêtant à emporter d'un seul coup tout ce qui vient du sensible[7], voici par exemple que résiste l'objection de la folie[8], jusqu'à ce qu'elle soit elle-même culbutée par l'équivoque de la veille et du songe[9] qui ne fait plus de la folie que le cas fort extraordinaire d'une fort ordinaire illusion : les fous sont d'insomniaques rêveurs. Si la folie n'est donc qu'une sorte de rêve éveillé, tant d'hommes qui ne savent pas même s'ils ne rêvent ne sont que fous en liberté[10]. La considération du rêve livre aussitôt au

7. Cf. *Première Méditation*, § 3.
8. *Ibidem*, § 4.
9. *Ibidem*, § 5.
10. Bien loin que la pensée cartésienne nous paraisse conspirer si peu que ce soit au « grand renfermement » des fous, elle nous semble tout au contraire montrer que l'humanité n'est guère composée que de fous en liberté. Affirmant comme très vrai ce qui est très douteux, croyant très réel ce qui peut ne l'être pas du tout puisqu'ils n'en ont aucune certitude, les hommes sont ordinairement possédés d'une douce folie. Ce n'est donc pas l'exercice du doute qui risque de nous rendre semblables à des fous : rien que le doute au contraire peut nous éveiller de l'originaire vésanie. Comme il dira que « c'est proprement avoir les yeux fermés, sans tâcher jamais de les ouvrir, que de vivre sans philo-

doute non seulement l'existence matérielle mais même l'idée des « choses générales » (« à savoir des yeux, une tête, des mains, et autres semblables » [11]) en tant qu'elles sont composées et que nous n'avons aucune certitude de la vérité de leur composition : du même coup physique, astronomie, médecine, en sont aussi rendues « fort douteuses et incertaines », et toutes les autres sciences ayant pour objet l'existence de choses composées [12]. Résistent cependant encore les sciences qui, comme l'arithmétique ou la géométrie, n'ont pour objet que des « choses fort simples » et sans considération de leur existence, en sorte que ni l'hypothèse du rêve, ni celle d'une composition fantaisiste n'en peuvent entamer la certitude. Pour cela, fouillant notre entendement, notre libre arbitre ne pourra trouver que deux arguments : l'équivoque de la vérité et de l'erreur (puisque le propre de ceux qui sont dans l'erreur est de se croire dans la vérité) et l'hypothèse d'un Dieu trompeur [13].

L'inventaire achevé, toutes causes entendues, toutes délibérations closes, Descartes peut alors conclure : « je suis contraint d'avouer que, de toutes les opinions que j'avais autrefois reçues en ma créance pour véritables, il n'y en a pas une de laquelle je ne puisse maintenant douter, non par aucune inconsidération ou légèreté, mais pour des raisons très fortes et mûrement considérées » [14]. Ces raisons de douter, qui sont en quelque sorte des propriétés négatives de nos diverses connaissances, Descartes les avait demandées

sopher », Descartes montre ici qu'excepté ceux qui philosophent tous les hommes sont des fous.

11. Cf. *Première Méditation*, § 6-7.
12. *Ibidem*, § 8.
13. *Ibidem*, § 9.
14. *Ibidem*, § 10, AT, IX-1, 17.

à l'entendement : l'entendement les a exhibées. Dès lors que notre libre arbitre avait demandé à l'entendement quelles raisons il y avait de douter, il est *contraint* de les reconnaître et d'*avouer* qu'il n'y a rien de certain.

Dans cette entreprise, il est certes vrai que c'est parce que nous voulons découvrir une irréfragable certitude que librement nous décidons de douter ; mais, dans ce premier moment, notre pensée ne fait que *recevoir* de l'entendement les raisons qu'il y a de douter : alors *le doute est une passion.* Plutôt que la puissance de notre volonté, il exprime alors en effet l'impuissance de notre entendement : est douteux tout ce dont *je ne peux pas* être certain. Dans le jugement la volonté s'assujettit ici à l'entendement.

2. *Le Cogito ou la découverte métaphysique de la liberté.*

Or, autant il est passionnel, autant ce doute en est rendu précaire. Comme se combattent les diverses passions, ce que notre entendement perçoit dans nos connaissances comme étant douteux combat dans notre volonté avec ce qu'il y perçoit aussi comme étant vraisemblable. Ne se déterminant dans son jugement que selon les raisons que l'entendement lui donne, notre volonté ne peut faire qu'en même temps que notre entendement lui montre nos connaissances « telles qu'elles sont en effet, c'est à savoir en quelque façon douteuses », il ne les lui montre cependant comme étant aussi « fort probables, en sorte que l'on a beaucoup plus de raison de les croire que de les nier » [15]. Où elle cherche les raisons objectives de douter, voici donc que notre volonté trouve aussi les

15. *Ibidem,* § 11.

raisons objectives de ne pas douter. En tant qu'elle fait dépendre sa détermination de l'entendement, notre volonté ne peut alors qu'être rendue hésitante. Pour conduire l'entreprise du doute avec l'irréductible opiniâtreté qu'exige la recherche de l'indubitable, il ne peut donc suffire à la volonté des raisons que lui mesure l'entendement. Cette démarche logique doit être abandonnée. Il faut libérer la volonté de la sujétion de l'entendement.

« C'est pourquoi, dit Descartes, je pense que j'en userai plus prudemment, si, prenant un parti contraire, j'emploie tous mes soins à me tromper moi-même... »[16]

Ici se produit la révolution copernicienne du doute. Alors que, dans le premier moment, le doute résultait d'une enquête de l'entendement, il va s'ensuivre maintenant du simple exercice de notre volonté[17]. Au lieu que soit douteux tout ce dont notre entendement *ne peut pas* être certain, sera maintenant douteux tout ce que notre volonté *peut* nier. Au doute comme passion va donc se susbtituer *le doute comme action*. Désormais ce n'est plus le douteux qui déterminera notre doute, mais notre doute qui déterminera le douteux.

Afin de donner à notre doute la plus grande radicalité, la plus grande puissance et la plus grande extension, Descartes va utiliser[18] la fiction d'un malin

16. *Ibidem.*
17. Cf. H. Gouhier, *La Pensée métaphysique de Descartes*, 2e éd. Paris, 1969, p. 27 : « Ce premier temps est occupé par une enquête de l'entendement qui recherche et apprécie les raisons de douter... c'est l'*intellectus* qui mène le jeu... », p. 28 : « Ce deuxième temps est dominé par l'action de la volonté ; c'est elle qui écarte le probable par une assimilation du douteux au faux... »
18. Dans ses *Essais*, H. Gouhier le caractérise comme un « artifice méthodologique » (p. 154) ou comme un « procédé méthodologique » (p. 162). M. Guéroult en fait également remarquer le

génie, « non moins rusé et trompeur que puissant, qui (aurait) employé toute son industrie à me tromper ». Il ne s'agit là en rien d'un avatar du Dieu trompeur [19]. Le Dieu trompeur est une idée de l'entendement. Si peu vraisemblable qu'elle puisse être, c'est à elle qu'ultimement recourt l'entendement pour donner à notre volonté quelque raison de douter des idées mathématiques [20]. Or, c'est l'intrinsèque fragilité d'une telle idée, l'invraisemblable collusion de la tromperie et de la toute-puissance qui, rendant ainsi fragile le doute qu'elles fondent, obligent Descartes à renverser le système du doute et à ne plus suspendre notre volonté aux raisons de l'entendement. Dès lors, sans que notre entendement n'ait plus à chercher aucune raison de douter, notre volonté va s'y déterminer avec une absolue spontanéité. Car ce malin génie, c'est moi qui en crée la fiction : c'est moi qui feins « que toutes (mes) pensées soient fausses et imaginaires » [21]. Sous le truchement de

---

caractère » artificiel » (cf. *Descartes selon l'ordre des raisons*, t. I, p. 39 ; *Nouvelles réflexions sur la preuve ontologique*, Paris, 1955, p. 82, 85 et 94).

19. Sur cette question, cf. M. Guéroult, *Nouvelles réflexions sur la preuve ontologique*, p. 82-94.

20. L'argumentation de Descartes est la suivante. Moins parfaite est la cause, plus imparfait risque d'être l'effet. Notre existence a pu être produite soit par un être tout-puissant, soit par des causes moins parfaites comme le destin, le hasard, ou l'enchaînement aveugle et infini des phénomènes. L'hypothèse la plus favorable à la véracité de notre connaissance est que nous ayons été produits par un Dieu tout-puissant. Or, étant *tout* puissant, un tel Dieu *pourrait* aussi avoir fait que nous fussions toujours dans l'erreur. Il serait donc possible que nous nous trompions même en jugeant que trois et deux font cinq. De la véracité originaire de notre pensée, jusque sur les choses les plus simples, il n'y a donc aucune assurance absolue. Par conséquent, les connaissances mathématiques aussi peuvent être considérées comme douteuses. Là-dessus, cf. aussi *Principes*, I, 5.

21. Cf. *Première Méditation*, § 11 ; cf. aussi § 12 : « *je* supposerai

« ce grand trompeur », c'est moi qui « emploie tous mes soins à me tromper moi-même » [22]. Ce « trompeur très puissant » n'a d'être que le mien, de puissance que la mienne. Alors que le Dieu trompeur était l'idée que concevait l'entendement d'un être extérieur à moi et qui m'aurait créé, tout à l'inverse le malin génie est une puissance qui m'est intérieure et que je crée : *il est le travesti de ma volonté* [23].

Si, négligeant la différence de leur origine, la différence de leur statut, la différence de leur fonction logique, quelque lecture hâtive toutefois put jamais les confondre, c'est d'une part parce que l'un et l'autre exercent une puissance semblablement infinie et semblablement négative, et d'autre part parce que cette fiction du malin génie ne sera finalement levée dans la *Troisième Méditation* que par la découverte de l'existence et de la véracité de Dieu [24]. Cependant, s'il est vrai que le malin génie comme le Dieu trompeur a une puissance infinie, il faut se rappeler que le malin génie *ne* peut exercer l'infinité de sa puis-

---

donc qu'il y a, non point un vrai Dieu, ...mais un certain malin génie... *Je* me considérerai moi-même comme n'ayant point de mains, point d'yeux, point de chair... *Je* demeurerai obstinément attaché à cette pensée... ».

22. *Ibidem*, § 11.

23. Cf. H. Gouhier, *Essais*, p. 151 : « le malin génie est la personnification de cette volonté » ; p. 156 : « Il est l'œuvre de ma volonté » ; p. 163 : « le malin génie est une création aussi artificielle qu'artificieuse, ...et dont l'essence n'a point de secret pour moi, puisque j'en suis l'auteur. » Cf. aussi M. Guéroult, *Descartes selon l'ordre des raisons*, t. I, p. 38 et 39.

24. Cf. *Troisième Méditation* § 5, AT, IX-1, 28-29 : « je dois examiner s'il y a un Dieu, sitôt que l'occasion s'en présentera ; et si je trouve qu'il en ait un, je dois aussi examiner s'il peut être trompeur : car sans la connaissance de ces deux vérités, je ne vois pas que je puisse jamais être certain d'aucun chose ». L'existence de Dieu est découverte dans le § 37 (AT, IX-1, 40), et sa véracité dans le § 40 (AT, IX-1, 41).

sance *que* dans la négativité ; tandis que Dieu, s'il peut être trompeur, bien plus vraisemblablement peut aussi ne l'être pas, en sorte que s'il peut exercer son infinie puissance dans la négativité, plus vraisemblablement encore il peut ne l'exercer que dans la positivité.

Or, comme la troisième partie du *Discours,* cette révolution copernicienne du doute manifeste l'indépendance absolue de notre volonté par rapport à notre entendement. La doctrine du jugement et de la liberté qu'exposera la *Quatrième Méditation* s'y trouve donc d'ores et déjà impliquée. En effet, étant toujours libres de nier même ce que l'entendement perçoit comme le plus vraisemblable, s'il ne dépend pas de nous qu'il perçoive toujours la vérité et que nous la connaissions, à tout le moins ne dépend-il que de nous de n'être jamais abusés par l'erreur.

Davantage encore, cette puissance infinie que déploie le malin génie nous découvre *par le fait* l'infinité de notre volonté même. Mais cette infinité, elle ne peut l'exercer que dans la négativité. Ces choses qu'à la fin de la *Première Méditation* nous pouvons « révoquer en doute », quelles sont-elles ? Toutes celles que Dieu a créées. Combien ? Une infinité. La volonté de l'homme s'identifie donc à sa liberté au sens aussi où rien ne lui peut être imposé : la reconnaissance de Dieu, la découverte des vérités, son alliance avec le monde, non seulement il ne peut les obtenir que librement mais ce n'est même que de sa liberté qu'il les peut obtenir.

Enfin, à cet infini négateur, qu'y a-t-il qui puisse échapper ? Quelle affirmation pourrait jamais résister à cette puissance infinie de nier ? Pourtant, « qu'il me trompe tant qu'il voudra, il ne saurait jamais faire... »[25]. Sur cette petite phrase, on sait que toute

---

25. Cf. *Méditation seconde,* § 4, AT, IX-1, 19.

la démarche des *Méditations* soudainement bascule. Peut-être cependant en sommes-nous devenus si familiers que nous en avons perdu l'étonnement. Car il y a tout de même ici quelque chose de provocant : cet infini négateur, comment y aurait-il en effet une seule chose qu'il ne niât ? Comment serait-il possible que son infinie puissance fût impuissante à subvertir la moindre certitude ? Il y a une chose pourtant que ce négateur infini ne peut nier : c'est qu'il nie. Ce qui échappe à la puissance négatrice du malin génie, c'est lui-même. Lorsque Descartes écrit : « il n'y a donc point de doute que je suis, s'il me trompe », qui me trompe si ce n'est moi ? Cela revient à dire que, comme le malin génie ne peut pas tout nier sans s'affirmer, l'infinité de ma volonté ne peut pas nier l'existence de toutes choses sans affirmer cependant la sienne. *Volo, existo.*

Ainsi, me découvrant l'évidence de mon existence par l'acte même de ma pensée, le mouvement du doute me découvre dans la même évidence ma pensée comme volonté infinie. Contre notre expérience, contre nos habitudes, contre nos passions, contre l'entendement, contre toute vraisemblance, contre notre nature, c'est notre liberté qui s'exerce dans le doute. C'est elle dont le doute découvre l'évidence.

Mais cette liberté qui ne découvre son évidence qu'en niant notre nature manifeste du même coup son origine surnaturelle : dans notre nature finie, son apparentement à l'infini.

3. *La liberté comme prédestination.*

De devenir maîtres et possesseurs de la nature et d'effacer ainsi les marques de notre finitude, il ne dépend que de la rectitude de nos jugements. Quant à bien juger, ce n'est affaire que de notre volonté.

Puisque la volonté est en chacun également infinie et qu'elle s'identifie à notre liberté, tous les hommes doivent être également libres et également capables de vérité.

Si ce n'était d'ailleurs parce que le propre de tout homme est de toujours reconnaître la vérité, comment le propre de la vérité pourrait-il être qu'elle fût reconnue par chacun ? Or, cette universelle reconnaissance est pour Descartes un critère de la vérité [26] : ayant son fondement dans l'entendement même, il n'est vérité où toute l'humanité ne se reconnaisse en la reconnaissant. C'est en ce sens qu'étant « l'universelle sagesse » [27], « le bon sens est la chose du monde la mieux partagée » [28]. Quant à la lumière naturelle, étant « un instinct » purement intellectuel, « elle est en nous en tant qu'hommes » [29] et c'est donc notre nature de n'en pouvoir manquer.

Pourtant Descartes ne cesse de remarquer la grande disparité des esprits face à la vérité. Là-dessus, du début à la fin, il n'y a pas dans sa pensée le moindre changement. « Tous les esprits ne sont pas également doués *de nature* pour faire des découvertes par leurs propres forces. » [30] « Il est bien clair, en effet, que certains s'y trouvent, de naissance, beaucoup plus aptes que d'autres. » [31] D'une part, « l'entendement de quelques-uns n'est pas si bon que celui des autres » [32], en sorte que les divers esprits sont plus ou moins

---

26. Cf. *Regulae*, II, AT, X, 363, l. 8-11 ; *Discours*, 1re partie, AT, VI, 8.
27. Cf. *Regulae*, I, AT, X, 360, l. 19-20.
28. Cf. *Discours*, 1re partie, AT, VI, 1.
29. Cf. A Mersenne, 16 octobre 1639, AT, II, 599 (FA, II, 146).
30. Cf. *Regulae*, X, AT, X, 404, l. 5-6.
31. Cf. *Regulae*, IX, AT, X, 402, l. 2-3.
32. Cf. épître dédicatoire des *Principes*, AT, IX-2, 22.

justes [33], plus ou moins perspicaces [34], plus ou moins
sagaces [35]. D'autre part, soit manque de volonté soit
excès de précipitation, « le monde n'est quasi composé que de deux sortes d'esprits » : les uns sont
modestes mais si faibles qu'ils ne peuvent même oser
d'entreprendre, les autres sont entreprenants mais si
légers qu'ils s'égarent aussitôt qu'ils s'élancent [36].
Voilà sans doute pourquoi, tenant la métaphysique
pour « une science que presque personne n'entend » [37],
Descartes ne pense pas « que toutes sortes d'esprits
soient capables d'entendre » les *Méditations* [38], et
pourquoi aussi il marque une si grande différence
« entre les plus grandes âmes et celles qui sont basses
et vulgaires » [39].

Si le bon sens est l'universelle sagesse, si la lumière
naturelle est en chacun aussi innée qu'un instinct,
si la volonté est en chacun infinie, d'où vient alors
cette inégalité des esprits ?

Peut-être ce bon sens et cette lumière naturelle ne
sont-ils pas tant en nous comme une aptitude immé-

33. Cf. *Regulae*, IX, AT, X, 401.

34. Cf. *Principes*, AT, VIII-1, 3 : « quidam aliis multo perspica-
ciorem habent intellectum ».

35. Cf. A Elisabeth, 18 août 1645, AT, IV, 272 (FA, III, 593) :
« encore que *plusieurs* ne soient pas capables de trouver d'eux-
mêmes le droit chemin, il y en a *peu* toutefois qui ne le puissent
assez reconnaître lorsqu'il est clairement montré par quelque
autre... ».

36. Cf. *Regulae*, XII, AT, X, 428 ; *Discours*, 2ᵉ partie, AT, VI, 15 ;
préface des *Principes*, AT, IX-2, 13 (FA, III, 778).

37. Cf. A Mersenne, 27 août 1639, AT, II, 570 (FA, II, 136) ;
16 octobre 1639, AT, II, 596 (FA, II, 143) ; cf. aussi mars 1637,
AT, I, 350.

38. Cf. A Gibieuf, 11 novembre 1640, AT, III, 237 (FA, II, 278).

39. Cf. A Elisabeth, 18 mai 1645, AT, IV, 202 (FA, III, 565) ;
21 juillet 1645, AT, IV, 252 (FA, III, 585) ; cf. aussi *Les Passions
de l'âme*, art. 159 : « ceux qui ont l'esprit fort et généreux..., ceux
qui l'ont faible et abject... ».

diate que comme une faculté qui ne se développe
qu'autant qu'on s'y exerce. C'est d'ailleurs ce que
nous donne à comprendre Descartes lorsqu'il conseille
à celui qui veut rechercher la vérité de n'avoir principalement souci que de « développer *(augere)* la
lumière naturelle de sa raison » [40], et lorsqu'il fixe le
programme que doivent suivre « ceux qui travaillent
à s'élever jusqu'au bon sens » [41]. D'où la nécessité
d'exercer notre jugement et les soucis pédagogiques
de la méthode cartésienne [42]. Ces notions de type
aristotelicien telles qu'étaient les *semences* de vérité,
comme sont celles d'accoutumance et d'exercice,
manifestent d'ailleurs que l'esprit, conçu sous les
catégories du dynamisme, est une tout autre substance que le corps conçu sous les seules catégories
du mécanisme.

40. Cf. *Regulae*, I, AT, X, 361, 1. 18-19.
41. Cf. *Regulae*, VIII, AT, X, 395, 1. 21-22.
42. Cf. *Regulae*, IX, AT, X, 401 : « Il faut donc que tous s'accou-
tument à embrasser de la pensée si peu d'objets à la fois, et de si
simples, qu'ils ne pensent ne rien savoir lorsque... » ; *Regulae*, X,
AT, X, 404 : « il faut d'abord examiner les techniques les plus
insignifiantes et les plus simples, et de préférence celles ou règne
davantage un ordre, comme celles des tisserands ou des bro-
deuses... » ; AT, X, 405 : « Il faut nous exercer d'abord dans ces
questions plus faciles, mais en usant de méthode, afin de nous
accoutumer... » ; *Discours*, 2ᵉ partie, AT, VI, 19 : je n'espérais
aucune autre utilité des mathématiques « sinon qu'elles accou-
tumeraient mon esprit à se repaître de vérités » ; AT, VI, 21 : « je
sentais en pratiquant (la méthode), que mon esprit s'accoutumait
peu à peu à concevoir plus nettement et plus distinctement ses
objets » ; AT, VI, 22 : j'avais « employé beaucoup de temps à m'y
préparer... et en m'exerçant en la méthode que je m'étais prescrite, afin de m'y affermir de plus en plus ». Cf. aussi à Hoge-
lande, 8 février 1640, FA, II, 160 : « nul ne parviendra à devenir
un mathématicien αὐτάρκης s'il n'a reçu... de la nature un esprit
tout à fait apte à cela, et s'il ne l'a pas cultivé par un long
exercice ».

Toutefois la principale différence entre les esprits vient de ce que la plupart d'entre eux sont incapables de détacher leur esprit de leurs sens. *Abducere mentem a sensibus :* voilà la première condition de la vérité [43], car faute de s'y exercer et de s'y accoutumer, nul n'est capable de se résumer en la pureté de ses intuitions originaires, et par conséquent d'accéder à la vérité. Or, ce qui en rend certains incapables, c'est « l'habitude de confondre les choses intellectuelles avec les corporelles, qui s'est enracinée en nous pendant tout le cours de notre vie » [44]. Mais d'où vient alors cette habitude ? d'où vient cet enracinement ? Cette généalogie de tous les préjugés et de la pensée confuse est analysée dans les *Principes* [45].

Avant que nous ne devinssions « capables de bien user de notre raison », il y eut « un temps que nous n'étions pas capables de bien juger », et durant lequel s'enracinèrent tous nos préjugés. Ce temps lui-même s'articula d'ailleurs en deux moments. D'abord, « pendant les premières années de notre vie... notre âme était si étroitement liée au corps, qu'elle *ne* s'appliquait à autre chose *qu'*à ce qui causait en lui quelques impressions ». Notre corps était donc pour elle l'unique réalité. Il était l'unique objet de notre pensée, mais en même temps l'unique sujet puisque rien n'avait d'existence qu'en lui et par lui. Car ce n'est pas aux causes que s'intéressait

43. Cf. A Mersenne, 24 février 1637, AT, I, 350-351 (FA, I, 523) ; A ***, fin mai 1637, AT, I, 353 (FA, I, 537) ; *Discours*, 4e partie, AT, VI, 37 ; Au P. Vatier, 22 février 1638, AT, I, 560 (FA, II, 26) ; A Mersenne, 24 décembre 1640, AT, III, 267 (FA, II, 301) ; *Secondes Réponses*, AT, IX-1, 125-126.

44. Cf. *Secondes Réponses*, AT, IX-1, 103-104.

45. Cf. *Principes*, I, 71.

notre pensée [46], mais aux impressions qu'elles produisaient et qui étaient les uniques choses qu'elle ressentît. Pure sensation [47], notre âme à ce moment ne se distingue pas plus de notre corps qu'elle ne le distingue des choses qui agissent sur lui. Comme elle ne fait pas de différence entre le possible et le réel [48], elle n'en fait pas davantage entre l'intérieur et l'extérieur, ni entre le sujet et l'objet, ni entre les modifications de l'un et les propriétés de l'autre : en ce monisme de la confusion aussi bien serait-elle odeur de rose.

Mais voici le deuxième moment : le désir fissure cette confusion. « Lorsque nous avons été quelque peu plus avancés en âge », nous avons éprouvé certaines choses comme désirables et d'autres comme nuisibles. Poursuivant les unes, évitant les autres, nous avons fait l'expérience de la distance, de la résistance, et de l'obstacle. Ainsi, « *faisant réflexion sur les choses* » que notre corps rencontrait ou fuyait, notre âme a alors remarqué « qu'elles existaient au dehors » : elle a distingué son intériorité de leur extériorité. Mais ce n'est que par rapport à notre corps qu'elle se représentait l'extériorité des choses, car elle-même n'éprouvait pas qu'elle eût aucune réalité indépendamment de notre corps. Aussi considérait-elle toute pensée comme une sensation, et toute sensation comme une empreinte ou comme un reflet des corps extérieurs sur notre propre corps. C'est

46. *Ibidem :* « elle ne considérait pas encore si ces impressions étaient causées par des choses qui existassent hors de soi ».

47. *Ibidem :* « seulement elle sentait de la douleur... ou du plaisir..., elle avait des sentiments tels que ceux qu'on nomme goût, odeur, son, chaleur... ». Cf. aussi A ***, août 1641, AT, III, 424 (FA, II, 361).

48. *Ibidem :* « Elle apercevait aussi des grandeurs, des figures et des mouvements... qui lui semblaient *exister* ou *pouvoir exister* hors de soi, *bien qu'elle n'y remarquât pas cette différence.* »

ainsi qu'elle leur attribuait non seulement les grandeurs, les figures et les mouvements qu'elle concevait à leur occasion, mais même les odeurs ou les couleurs qu'elle apercevait. Ainsi encore, faisant de nos sensations la mesure de la réalité, elle attribuait aux diverses choses plus ou moins de réalité selon que notre corps en était plus ou moins affecté : parce qu'elles opposaient plus de réalité à notre corps les pierres lui semblaient avoir plus de réalité que l'eau ; le vent lui semblait quelque chose parce qu'elle le sentait, et l'air lui semblait n'être rien parce qu'elle ne le sentait pas ; parce que les sensations qu'elle recevait des étoiles ou d'une flamme de chandelle étaient identiques, elle pensait que leurs grandeurs aussi devaient être identiques ; et il suffisait qu'elle ne sentît pas que la terre fût en mouvement pour qu'elle se crût assurée qu'elle était immobile... Et voilà comment nous fûmes « si fort prévenus de mille autres préjugés [49] que lors même que nous étions capables de bien user de notre raison, nous les avons reçus en notre créance ; et au lieu de

---

49. Voici quelques-uns des principaux préjugés de notre enfance que relève Descartes :
— qu'il n'y a pas d'autre réalité que corporelle et sensible ; cf. *Principes*, I, 73 ;
— qu'il n'y a pas d'autres corps que ceux qu'on peut sentir ; cf. *Le Monde*, ch. IV, AT, XI, 16-17 et 21 ;
— que les mouvements s'arrêtent d'eux-mêmes ; cf. *Principes*, II, 37 ;
— d'attribuer au corps des propriétés de l'âme et à l'âme des propriétés du corps ; cf, A l'abbé de Launay, 22 juillet 1641, AT, III, 420 (FA, II, 353) ;
— qu'il est requis plus d'action pour le mouvement que pour le repos ; cf. *Principes*, II, 26 ;
— que le monde n'est fait que pour nous ; cf. A Reneri pour Pollot, avril ou mai 1638, AT, II, 37 (FA, II, 52) ;
— que les bêtes ont une âme semblable à la nôtre ; cf. A Reneri pour Pollot, avril ou mai 1638, AT, II, 39-40 (FA, II, 55).

penser que nous avions fait ces jugements en un temps que nous n'étions pas capables de bien juger... nous les avons reçus pour aussi certains que si nous en avions eu connaissance distincte » [50].

Pour comprendre l'origine de préjugés si enracinés, il faut donc nous reporter à ce « temps (où) nous n'étions pas capables de bien juger », et examiner quelle était alors la situation de notre esprit. D'où venait cette incapacité ? Descartes nous le dit : nous n'avions pas alors « atteint l'usage entier de notre raison » [51].

D'ores et déjà nous pouvons donc comprendre que la raison est en nous une faculté et non une sorte d'instinct : nous ne sommes pas immédiatement, parfaitement, et comme involontairement raisonnables. « L'usage entier », puisqu'il nous faut « l'atteindre », c'est qu'il ne peut être obtenu que progressivement, par exercice.

Mais comment s'exerce la raison ? Elle est précisément « la puissance de bien juger et distinguer le vrai d'avec le faux » [52]. Or si la lumière naturelle suffit à éclairer cette distinction, c'est à condition d'enchaîner nos pensées avec ordre, de réduire le complexe au simple, d'apercevoir quelles intuitions composent nos pensées, d'« éviter soigneusement la prévention et la précipitation », et d'avoir par conséquent la libre disposition de nos volontés. A cela même il y a une condition : c'est que notre esprit soit libre de toute passion [53], et qu'il soit par consé-

50. Cf. *Principes*, I, 71.
51. Cf. *Principes*, I, 71 : « Nous étions si fort prévenus... que lors même que nous étions capables de bien user de notre raison... » ; I, 72 : « Enfin, lorsque nous avons atteint l'usage entier de notre raison... »
52. Cf. *Discours*, 1re partie, AT, VI, 2, l. 4-7.
53. Cf. *Les Passions de l'âme*, I, art. 40 : « le principal effet de toutes les passions dans les hommes est qu'elles incitent et dis-

quent indépendant des actions et des mouvements de notre corps. Ainsi, ne pouvant s'exercer sans la liberté de notre volonté, notre raison dépend de notre générosité et de la séparation métaphysique de notre esprit par rapport à notre corps. Non seulement nous n'en pouvons donc atteindre l'usage entier que volontairement, mais même nous ne le pouvons que par la volonté de vouloir.

Nous comprenons donc maintenant l'origine de nos préjugés, et pourquoi tous les hommes ne sont pas également capables de vérité. Tous nos préjugés viennent de ce que, dès son union à notre corps, notre âme est tellement obsédée de passions que sa propre spontanéité en est inhibée et qu'elle en vient jusqu'à se méconnaître elle-même. Mais « si étroitement liée au corps »[54] et « si fort offusquée du corps »[55] qu'elle puisse être durant toutes nos premières années, vient toujours le moment où, « n'étant plus si sujette au corps »[56], elle « atteint l'usage entier de sa raison »[57] et devient *capable* de bien juger. Tel est cet *âge de raison* qui consiste donc dans l'aptitude naturelle que nous avons acquise à exercer l'activité de notre esprit indépendamment de notre corps. Etant par conséquent celui où *nous pouvons* librement user de notre volonté sans qu'elle soit déterminée par notre corps, l'âge de raison est le moment où nous sommes devenus *capables* de générosité. Nous pourrions donc caractériser l'âge de raison comme le moment à partir duquel notre

posent leur âme à vouloir les choses auxquelles elles préparent leur corps... » ; III, art. 156 : « Ceux qui sont généreux... sont entièrement maîtres de leurs passions. »

54. Cf. *Principes*, I, 71.
55. *Ibidem.*
56. *Ibidem*, I, 72.
57. *Ibidem.*

nature métaphysique peut s'exercer dans notre nature physique ; et le définir comme le moment où nous sommes devenus capables de découvrir notre identité métaphysique : c'est-à-dire notre liberté.

Dès qu'ils ont atteint cet âge de raison, tous les hommes ont naturellement acquis le pouvoir de bien juger et de découvrir la vérité. Ce qui fait *qu'ils sont* inégalement capables de vérité, c'est qu'ils n'exercent pas également ce pouvoir. Sans cela, comment comprendrait-on en effet que la générosité consistât dans la « ferme et constante résolution » de bien user de notre libre arbitre, « c'est-à-dire de ne manquer jamais de volonté pour entreprendre et exécuter toutes les choses » que nous jugeons les meilleures ? Si c'était simplement de la volonté qu'il s'agît, comment personne pourrait-il jamais en manquer puisqu'elle est en chacun infinie ? Ce n'est donc pas de volonté que nous pouvons manquer, mais *d'exercer l'infinité de notre volonté*. Tous pourraient librement disposer de leurs volontés, mais tous ne veulent pas également user de cette liberté. Ainsi les hommes sont inégalement capables de vérité parce qu'ils sont inégalement capables d'user de leur liberté ; et ils n'en sont inégalement capables que parce qu'ils sont inégalement *généreux*.

La générosité est en effet la volonté de vouloir l'infinité de notre volonté. Elle est la liberté d'exercer notre liberté. Aussi consiste-t-elle dans l'expérience métaphysique de la séparation de l'âme et du corps, et dans la reconnaissance de notre identité métaphysique [58].

---

58. Cf. *Les Passions de l'âme*, art. 153 : « la vraie générosité, qui fait qu'un homme s'estime au plus haut point qu'il se peut légitimement estimer, consiste seulement... *en ce qu'il connaît qu'il n'y a rien qui véritablement lui appartienne* que cette libre disposition de ses volontés... ».

De la résolution que nous sentons en nous de bien user de notre volonté, il suit que nous en éprouvons l'infinité et que, déçus par tout ce qui est fini, nous ne pouvons plus nous satisfaire des sciences comme elles sont enseignées ni des coutumes comme elles sont pratiquées. Connaissant qu'il n'y a rien qui véritablement nous appartienne que la libre disposition de nos volontés, nous n'attendons alors plus rien que de nous : de nous garder de l'erreur, de donner à nos certitudes un fondement absolu, de nous découvrir l'infinité des vérités et de nous rendre maîtres de la nature, nous nous en remettons entièrement à notre volonté. C'est donc notre générosité qui nous fait éprouver l'humiliation de notre finitude, et c'est elle qui nous fait entreprendre de nous en régénérer. Pouvant seule nous procurer sur les choses un pouvoir infini, et en nous-mêmes la jouissance de l'infini, elle est la vertu de notre salut profane.

Elle seule en outre nous fait éprouver que nous portons la ressemblance de Dieu, et que c'est en imitant son infinité quoique dans la finitude que nous gagnerons la béatitude naturelle. En ce sens, nous conjoignant naturellement à l'infini, elle est bien une grâce profane.

Mais s'il ne dépend que de notre volonté de rompre avec les illusions de notre enfance, de nous délivrer des préjugés, et de rechercher l'évidence, il ne dépend pas de notre volonté qu'elle le veuille : car elle peut être passionnée, en sorte que nous n'ayons pas la libre disposition de nos volontés. En ce sens, cette spontanéité et cette liberté de la volonté dépendent de la générosité. Mais notre générosité ne dépend pas de nous : c'est en quoi elle est une passion. Ou bien elle n'est en nous qu'une virtualité inemployée. Ou bien elle est excitée, entretenue, développée et conditionnée en nous par une heureuse éducation [59]. Ou bien, absorbant toute notre attention, cette passion de l'infini et de la liberté est en nous comme une grâce de prédestination.

Autant elle nous reprend des mains de Dieu pour n'obtenir notre salut que de notre liberté, autant elle nous fait reconnaître jusqu'en cette liberté même la volonté dont Dieu nous crée à chaque instant.

C'est pourquoi, comme la générosité commande aussi l'humilité [60], elle nous prépare à comprendre que nous puissions être entièrement libres et entièrement prédestinés [61].

---

59. *Ibidem*, art. 161 : « encore qu'il n'y ait point de vertu à laquelle il semble que la bonne naissance contribue tant... et qu'il soit aisé à croire que toutes les âmes que Dieu met en nos corps ne sont pas également nobles et fortes (ce qui est cause que j'ai nommé cette vertu générosité...), il est certain néanmoins que la bonne institution sert beaucoup à corriger les défauts de la naissance, et que si on s'occupe souvent à considérer ce que c'est que le libre arbitre, et combien sont grands les avantages qui viennent de ce qu'on a une ferme résolution d'en bien user... on peut exciter en soi la passion et ensuite acquérir la vertu de générosité... ».

60. *Ibidem*, art. 155.
61. Cf. *Principes* I, 39-41.

INDEX DES NOTIONS

TABLE DES MATIÈRES

ACHEVÉ D'IMPRIMER
EN MARS 2010
PAR L'IMPRIMERIE
DE LA MANUTENTION
A MAYENNE
FRANCE
N° 82-10

Dépôt légal : 1er trimestre 2010